U0509923

郑秉文　　张盈华◎主编

失业保险改革探索

——兼论国际比较

Exploration on Reform of
Unemployment Insurance and
International Comparison

经济管理出版社
ECONOMY & MANAGEMENT PUBLISHING HOUSE

图书在版编目（CIP）数据

失业保险改革探索：兼论国际比较/郑秉文，张盈华主编. —北京：经济管理出版社，2021.2

ISBN 978-7-5096-7791-9

Ⅰ.①失…　Ⅱ.①郑…　②张…　Ⅲ.①失业保险—保险改革—研究—中国
Ⅳ.①F842.61

中国版本图书馆 CIP 数据核字（2021）第 038779 号

组稿编辑：张永美
责任编辑：胡　茜　李光萌
责任印制：黄章平
责任校对：陈晓霞

出版发行：经济管理出版社
　　　　　（北京市海淀区北蜂窝 8 号中雅大厦 A 座 11 层　100038）
网　　址：www.E-mp.com.cn
电　　话：(010) 51915602
印　　刷：唐山昊达印刷有限公司
经　　销：新华书店
开　　本：710mm×1000mm/16
印　　张：20.25
字　　数：353 千字
版　　次：2021 年 3 月第 1 版　　2021 年 3 月第 1 次印刷
书　　号：ISBN 978-7-5096-7791-9
定　　价：89.00 元

目 录

导论　失业保险的改革历程与疫情应对

2017 年 11 月，人力资源和社会保障部向全社会发布了《失业保险条例（修订草案征求意见稿）》，按惯例，几个月或半年左右，经过修订的《失业保险条例》便会通过国务院常务会议以国务院令的形式公开发布，但 3 年过去了，新《失业保险条例》始终未能公布。在社会保险历史上，《失业保险条例》修订出现这种"好事多磨"的情况不多见。

人们肯定还记得，经济进入新常态以来，为保增长、稳就业，2013 年 11 月召开党的十八届三中全会通过的《中共中央关于全面深化改革若干重大问题的决定》就指出"适时适当降低社会保险费率"，失业保险费是第一个降费的社会保险项目，此后便连续下降，一直持续至今：

2015 年 2 月，国务院常务会议召开，随即，2015 年 2 月 27 日，人力资源和社会保障部、财政部联合发布《关于调整失业保险费率有关问题的通知》（人社部发〔2015〕24 号）①，决定失业保险费率由当时《失业保险条例》规定的 3%（单位 2%，职工 1%）降至 2%，其具体办法是在充分考虑提高失业保险待遇、促进失业人员再就业、落实失业保险稳岗补贴政策等因素的基础上，由各地决定单位和个人缴的相应比例，其具体目标是每年为企业和员工减轻缴费负担 400 多亿元。

2016 年 7 月 27 日，人力资源和社会保障部与财政部联合发布《关于阶段性降低社会保险费率的通知》（人社部发〔2016〕36 号），决定从 2016 年 5 月 1 日起，失业保险总费率再次降至 1%~1.5%，其中个人不超过 0.5%，降低费率的期限暂定按两年执行，具体方案由各省（区、市）确定。

2017 年 2 月 16 日，人力资源和社会保障部与财政部再次联合发布《关于阶段性降低失业保险费率有关问题的通知》（人社部发〔2017〕14 号），决定从 2017 年 1 月 1 日起，失业保险总费率从 1.5% 降至 1%，降低费率的期限执

---

①　以下关于文件请见人力资源和社会保障部官网。

行至 2018 年 4 月 30 日。

2018 年 4 月 20 日，人力资源和社会保障部与财政部第四次联合发布文件《关于继续阶段性降低社会保险费率的通知》（人社部发〔2018〕25 号），失业保险总费率按 2017 年 14 号文执行 1% 的，延长至 2019 年 4 月 30 日。

2019 年 4 月 4 日，国务院办公厅发布《关于印发降低社会保险费率综合方案的通知》（国办发〔2019〕13 号），规定自 2019 年 5 月 1 日起，失业降费办法延长至 2020 年 4 月 30 日。

2020 年 2 月 20 日，人力资源和社会保障部、财政部和国家税务总局联合发布《关于阶段性减免企业社会保险费的通知》（人社部发〔2020〕11 号），为抗击疫情和纾解企业困难，规定从 2020 年 2 月起，可根据受疫情影响情况免征中小微企业失业保险单位缴费部分，期限不超过 5 个月；大型企业可减半征收不超过 3 个月；湖北免征期限不超过 5 个月；严重困难的企业可缓缴社会保险费不超过 6 个月，免收滞纳金。

2020 年 6 月 22 日，人力资源和社会保障部、财政部和国家税务总局再次联合发布《关于延长阶段性减免企业社会保险费政策实施期限等问题的通知》（人社部发〔2020〕49 号），要求各省对中小微企业失业保险单位缴费部分免征的政策延长执行到 2020 年 12 月底；对大型企业减半征收和湖北对大型企业部分免征继续执行到 2020 年 6 月底；严重困难的企业缓缴政策继续执行到 2020 年 12 月底。

综上，2015 年以来，总计连续 7 次大幅降费，2015~2018 年 5 次减费共计 5500 亿元，2019 年第 6 次更大规模减费 4252 亿元，6 次减收五项社会保险费（2019 年是三项社会保险）近万亿元，其中，失业保险减费做出了很大贡献；2020 年为应对疫情实施了第 7 次社会保险费减收，包括大规模的"免缴"，这是建立社会保险制度以来从未有过的，截至 2020 年 4 月底①，共计减免三项社保单位缴费 3402 亿元，其中，中小微企业减免 2696 亿元，占整个受益面的80%，预计上半年总共减免额度将超 6000 亿元。医疗保险从 2 月开始执行 5 个月的减半征收职工医保单位缴费政策，可减少企业负担 1500 亿元。预计 2020年全年社会保险减费近万亿元，是上一年即 2019 年五项社会保险费收入 7.49

---

① "六保"之首！今年就业怎么保障？人民网发布人社部权威回应 [EB/OL]．[2020-05-26]．http：//society.people.com.cn/GB/140459/432784/432785/index.html.

万亿元的 13% 左右①。

我国社会保险费率普遍过高，这是多年来业界和学界普遍的共识，尤其失业保险，长期以来，我国失业保险制度存在三个顽疾：

一是失业受益率（领取失业金人数占失业人数比例）太低。例如，2018年调查失业率是 4.9%，失业人数是 2130 万人，但年末领取失业金的人数只有 223 万人，仅占失业人数的 10%。220 万左右已经成为一个奇怪的"常数"——2009 年是国际金融危机冲击最严重的一年，那年末领取失业金的人数仅为 235 万人（见图 0-1）。

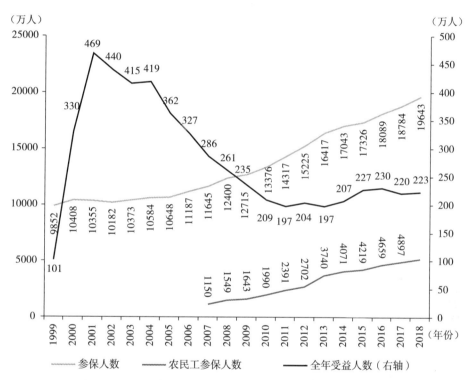

图 0-1　1999~2018 年失业保险基金的参保人数与受益人数

资料来源：历年《人力资源和社会保障事业发展统计公报》，见人社部官网。

①　2019 年度人力资源和社会保障事业发展统计公报［EB/OL］.［2020-09-11］.http://www.mohrss.gov.cn/ gkml/ghtj/tj/ndtj/202009/t20200911_385449.html；2019 年医疗保障事业发展统计快报［EB/OL］.［2020-03-30］.http://www.cnpharm.com/c/2020-03-30/719206.shtml.

二是参保受益率（领取失业金人数占参保人比例）持续下滑。2004 年参保受益率是 4.0%（年末领取失业金人数是 419 万人，参保人数是 1.06 亿人），到 2018 年降到 1.1%（领取失业金人数 223 万人，参保人数是 1.96 亿人），15 年间领取失业金人数减少了近一倍，而参保缴费的人数增加了一倍。

三是失业保险基金规模越来越大。失业保险制度里交钱的人越来越多，领钱的人越来越少，于是，失业保险基金逐年增加，2004 年基金累计余额仅为 386 亿元，到 2018 年增加到 5817 亿元（见图 0-2），14 年里增加了 14.07 倍，这个数字还是在 2006 年以来不断增加就业培训和稳岗补贴等各种名目的支出范围以及 2015 年以来连续 5 年降费之后的结果，否则，基金余额还要更大。

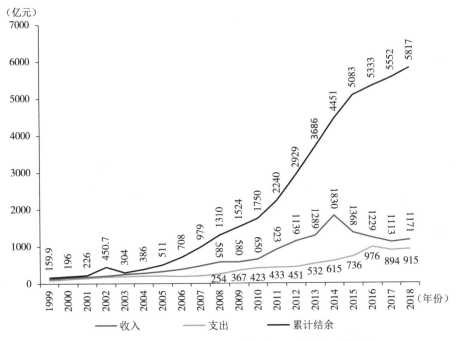

图 0-2　1999~2018 年失业保险基金收入、支出和余额变化

资料来源：历年《人力资源和社会保障事业发展统计公报》，见人社部官网。

经济是有周期性的，建立失业保险制度的目的是应对经济周期，失业保险基金结余的正常增长曲线本应是一条波浪形的，经济景气时呈上升趋势，衰退时呈下降趋势。例如，2009 年美国将以往 6~7 年积累的失业保险基金全部支付给失业者，还向财政借钱。但中国失业保险基金结余量的增长是一条永远向右上方攀升的曲线，2008 年国际金融危机就是一个明证，这是很不正常的。

2020 年 4 月份城镇调查失业率是 6%，5 月、6 月和 7 月分别是 5.9%、5.7% 和 5.7%，失业人数大约在 2400 万~2600 万人，超过 90% 的人将无资格领取失业金。可以预见到，如果没有改革，失业金发放范围必然还是在两三百万人左右。为应对疫情，"两会"期间笔者提交了关于发挥失业保险作用、尽快修订《失业保险条例》的提案，建议疫情期间特事特办，向所有失业人员发放失业金，不惜把"所有子弹"都打出去，甚至不惜让 5800 亿元失业保险金清零，让失业保险的作用回归"本源"。

在这个提案中，笔者还建议应尽快修订《失业保险条例》，改革失业保险制度。这次疫情是不应浪费的一次改革机会。长期看，修订《失业保险条例》是改革的根本，其重点主要有两方面内容：一是提高制度瞄准度。就目前来看，很多失业风险高的群体和企业没有参加失业保险，而参加进来的群体有很多是不存在失业风险的，比如，像我们中国社会科学院这样的国务院直属事业单位几乎不存在失业的问题。二是完善制度设计。目前《失业保险条例》规定的领取失业金条件十分严苛，地方反应十分强烈。例如，"非因本人意愿中断就业"这一限定条件在实际执行过程中引发了一些难以回避的现实问题：现实中有大量"被辞职"的现象，很多企业常以减薪、调岗等方式，逼迫劳动者主动辞职，这么做既规避了规模裁员的制约，又可以规避支付经济补偿金，同时劳动者也不愿意在其个人档案中记录下被辞退的情形，导致大量劳动者享受不到应有的失业保障。更为急迫的是，应放宽失业农民工领取失业保险金的限制。

由于疫情的原因，2020 年的"两会"推迟至当年的 5 月 21 日开幕。5 月 20 日笔者进入驻地之后就向媒体公布了提案，引起媒体热议，关于失业保险的这个提案在 20 日当天就有很多媒体转载，其中，百度百家号的阅读人次仅第 1 天就高达 458 万，点赞 4.1 万条，引起社会广泛共鸣①。2020 年 5 月 27 日 11 时多（下午是全国政协闭幕式），人力资源和社会保障部失业保险司一位负责

---

① 全国政协委员郑秉文：建议发挥失业保险作用　尽快修订《失业保险条例》［EB/OL］．［2020-05-20］．https：//news. stcn. com/news/202005/t20200520_1927967. html；郑秉文委员：应放宽失业农民工领取失业保险金的限制［EB/OL］．［2020-05-20］．http：//www. bjnews. com. cn/finance/2020/05/20/729248. html？from＝singlemessage&isappinstalled＝0；全国政协委员郑秉文：失业高峰或不期而至　应让所有失业人员都有失业金［EB/OL］．［2020-05-21］．https：//www. chinatimes. net. cn/article/96984. html；胡明山．失业保险遇挑战？建议发放失业金打出"所有子弹"［N］．南方都市报，2020-05-22（09）．

同志来电说，他们已就扩大发放失业保险范围草拟了文件初稿，受国务院某领导机关委托向笔者征求意见，笔者均表示同意。5 月 29 日，人力资源和社会保障部与财政部联合发布了《关于扩大失业保险保障范围的通知》（人社部发〔2020〕40 号）①。

《关于扩大失业保险保障范围的通知》（人社部发〔2020〕40 号）这个文件的发布非常及时，对扩大失业金发放资格和范围做了两个重大完善：一是对原不符合领金条件的失业人员阶段性实施"失业补助金"政策。本来，按《失业保险条例》的规定，参保缴费不满 1 年、因本人意愿中断就业的失业人员不具有领取失业保险金的资格，现调整为，2020 年 3 月至 12 月这类人员可以申领 6 个月的"失业补助金"，标准不超过当地失业保险金的 80%。二是对原不符合领取生活补助的失业农民工阶段性实施"临时生活补助"政策。本来，《失业保险条例》仅规定连续工作满 1 年的失业农民工可领取一次性生活补助，现调整为，2020 年 5 月至 12 月期间，2019 年 1 月后参保不满 1 年的失业农民工可按月发放不超 3 个月的"临时生活补助"，标准参照当地城市低保标准。在疫情期间对上述两个重要调整不仅显示了我们的制度优越性，失业群体救助范围可及时得以扩大，还为尽快推进修订《失业保险条例》打下了基础。

可以肯定地认为，在《失业保险条例》还未正式修订的情况下，为应对疫情期间能做出这样的既符合条例的相关推定，又能为企业纾困的紧急举措，是难能可贵的。

其实，对失业保险存在的上述问题，早在 10 多年前就已经受到有关行政主管部门的高度重视，并逐渐采取诸多举措。例如，2006 年东部七省（市）开始扩大失业保险基金支出范围试点，就是一个重要举措。本书的主要研究内容之一就是分析 2006 年以来的这项试点工作。

1999 年颁布实施的《失业保险条例》构建了这项制度总体框架和基本内容。这项制度在国有企业改革过程中发挥过至关重要的作用，在 2008 年发生的全球金融危机时期为援企稳岗立下汗马功劳。进入 21 世纪后，我国劳动力市场结构发生明显变化，进城务工人员（农民工）规模越来越大，灵活就业形式越来越普遍，电商、平台、快递等新就业形态从业人数越来越多，失业保险制度的运行环境与制度建立初期大不相同。

---

① 关于扩大失业保险保障范围的通知［EB/OL］.［2020-05-29］. http：//www.mohrss.gov.cn/SYrlzyhshbzb/shehuibaozhang/zcwj/202006/t20200609_375841.html.

2008～2009 年全球金融危机影响面大，受到冲击的国家失业率上升，领取失业保险金的人数和失业保险基金的支出规模明显增加，但是，中国却是个例外。2008 年全国登记失业 886 万人，比上年增加近 50 万人，领取失业保险金 517 万人，却比上年减少 20 万人。此后，登记失业人数逐年上升、领取待遇的人每年都在减少，二者的"剪刀差"不断扩大。这种"逆势而为"揭示了失业保险制度的"短板"：占劳动力群体相当大份额的农民工和城镇灵活就业人员没有加入到失业保险中来，这些人都是失业风险高发群体；即使参保，也有相当大比例人员因无法满足严苛条件而失去领取待遇资格。结果是，失业人数增加但失业保险待遇人数不升反降。

截至 2018 年底，我国失业保险参保人数超过 1.96 亿人，提前三年完成了"十三五"规划目标（社会保障"十三五"失业保险参保人数目标为 2020 年达到 1.8 亿人），但是，全部参保人员仍不到 4.34 亿城镇就业人员的一半，大批劳动者仍暴露在失业保障之外。近年来，中央高度重视农民工的权益保障问题，高度重视灵活就业人员的社会保障问题，以及应届大学毕业生的就业促进问题，党的十九大提出要"全面实施全民参保计划"，全面深化失业保险制度改革就要求破除参保藩篱，扩大覆盖面，农民工、城镇灵活就业人员和毕业后半年仍未找到工作的应届大学毕业生都是扩面重点。2017 年 11 月人力资源和社会保障部向全社会发布了《失业保险条例（修订草案征求意见稿）》，对我国失业保险制度的目标定位和制度功能等进行了新的定义，信息量非常大，重新调整了这项制度的改革方向。

完善我国失业保险制度，既需要体系化的顶层设计，又需要有重点问题的特殊考量。为此，本书围绕失业保险制度为谁提供（制度覆盖面）、提供什么（制度内在设计）和如何提供（制度运行）三个核心问题，提出一系列制度创新：以失业保险制度为中心构建我国失业者保护体系，对经济补偿制度进行替代，并厘清与积极劳动力市场政策的关系；以结构性改革扩大失业保险制度覆盖面，探索建立三个子制度，为参保不足一年的农民工建立"一次性失业补贴制度"，为城镇灵活就业人员建立"失业保险个人账户制度"，为半年未就业的应届大学毕业生建立"见习岗位津贴制度"；以参数式改革提升制度参保和再就业激励性，通过失业保险金与缴费工资挂钩提升待遇水平，增进参保激励性，缩短领取失业保险金期限并建立待遇梯次递减机制以提高再就业激励性；等等。

在这本书里，我们对全球失业保险制度及其改革趋势做了全面介绍。1901

年，比利时根特市政府实施了一项创举，由政府向工会组织和非工会成员提供补贴，前者用于补助工会发起的失业保险，后者向非工会成员提供相当于失业保险金60%的失业救助。这项被称为"根特模式"的政策成为全球第一个正式的失业保险制度，欧洲其他国家纷纷效法。法国在1905年设立自愿型失业保险制度，英国在1911年建立全球第一个强制性失业保险制度，失业保险逐渐发展为社会福利体系的重要组成部分。经过100年的发展，全球共有64个国家建立了失业保险制度，另外分别有八个和六个国家建立了单一的失业救助和失业保险储蓄账户制度。

现在，这些制度都在面临重大考验：发展中国家的非正规就业规模越来越大，这些群体加入正式的失业保险制度非常困难，失业之后成为"城市边缘人"；人口老龄化进程加快，劳动力供给不足的问题正在由老牌资本主义大国向新兴经济体转移；全球化和科技发展迫使各国加快经济结构调整步伐，结构性失业问题日益突出；"阿拉伯之春"带给发达国家新的思考，如何避免经济波动带来的失业问题，以及如何解决长期失业和青年失业问题，都在考验着决策者的智慧。2008~2009年爆发的全球金融危机，各国将失业保险和积极劳动力市场政策融合在一起，共同迎战经济危机造成的大规模失业尤其是青年失业和长期失业问题，失业保险制度由单一的保障生活功能向预防失业和促进就业多种功能扩展的趋势更加明显。

在本书中，读者不仅可以了解各种失业保险制度的框架内容、资格条件、待遇标准、筹资来源，还可看到典型国家失业保险制度的发展历程以及应对经济波动时所做的各种改革。

本书由导论和四篇十八章组成。

第一篇共五章，介绍我国失业保险制度的建立和发展，回顾失业保险制度的初建、成型、规范、调整等四个历史阶段，分别以1986年、1999年和2011年为时间节点。从宏观经济角度看，失业保险在20世纪八九十年代助力国有企业改革，在经济下滑阶段遏制失业激增，在自然灾害面前支援就业；从自身建设角度看，失业保险制度覆盖面逐渐扩大、财务能力增强、法制法规逐步完善、预警和监测机制初步形成。但仍存在一些问题：制度覆盖面不宽、待遇瞄准度不高、经办管理能力仍有待提高。近年来我国对失业保险制度进行了一些改革，失业保险的多重功能得到有力发挥，在制度覆盖面、基金管理、提高待遇、收缩待遇期等方面仍有改进空间。

第二篇共四章，2006年东部七省（市）扩大失业保险基金支出范围试点是失业保险制度的重要改革，失业保险由保障生活的单一功能转变为"保障生活、预防失业、促进就业"相结合的"三位一体"功能。本篇详细介绍了东部七省（市）扩大失业保险支出范围试点政策的形成与试点过程，分析试点遇到的问题，总结了试点在推动失业保险发挥促进和稳定就业功能的经验。

第三篇共四章，介绍国外失业保险制度和改革动态。世界各国实行的失业者生活保障制度可以分为失业保险制度、就业保险制度、失业救助制度、失业保险储蓄账户制度、解雇金制度、公共岗位与保留工作计划制度等几个主要模式。其中，前四类制度通过缴费筹资，制度主要覆盖正规部门，收入分配效果不明显；后两类制度资金来自财政，覆盖范围广，指向性强，有较强的收入再分配效应。分别介绍各类制度的覆盖面、保障度、收入再分配、劳动力市场和宏观经济的影响。从20世纪80年代中期开始，欧洲一些国家开始改革失业保险制度，逐步引入激励因素。2008~2009年全球金融危机，发达国家一方面提高待遇水平以保障失业者尤其是长期失业者的基本生活，另一方面广泛采用积极劳动力市场政策以鼓励失业者尽早就业，失业保险制度调整更加灵活，改革措施也越来越丰富。

第四篇共五章，分别介绍德国、美国、日本、韩国和中东欧转型经济体的失业保险制度。德国是一个将充分就业作为政府首要任务的国家，失业保险制度与预防失业和促进就业措施从未分家，结果德国成了仅有一个在危机时期失业率不升反降的国家。美国失业保险财务机制好、指向性强、反周期效果佳，高效的税收调节和待遇指向机制确保政府可以根据失业率的变动随时调整基金收支规模。日本是较早实行雇用保险制度的国家，将保障生活、雇用安置和能力开发等多重功能融于一体。韩国从制度设计之初就确定了就业导向的原则，放低资格门槛，结果吸引更多微小企业和非正规就业者加入，形成颇具特色的就业保险制度。本书的最后一章译自世界银行一份题为《中东欧地区失业保险金制度：20世纪90年代的回顾》（缩减版）的报告，这份报告介绍了20世纪90年代中东欧国家的失业保险制度。这些转型国家用高失业待遇解决下岗裁员的问题，然后致力于压缩待遇的改革以实现财务平衡。

从1999年《失业保险条例》正式实施至今，经过20多年的实践探索，我国失业保险制度从单一的保障生活功能向"三位一体"功能转变，摸索出了符合中国国情的失业保险制度改革路径。本书对这个过程进行回顾梳理，结合失业保险制度改革的国际经验和就业形式的多样性，针对问题提出建设性意见，为推动我国失业保险制度深化改革贡献绵薄之力。

第一篇

制度建立、发展与完善

第一章　我国失业保险制度发展沿革的考察

中华人民共和国成立以来，我国失业保险一度处于空白。中华人民共和国成立初期，百废待兴，失业仍十分严重，城镇失业人数为 472.2 万人，失业率为 23.6%[①]，政府采取失业救济解决失业者基本生活问题。1951 年国务院（原政务院）颁布我国第一部社会保险法规《劳动保险条例》，将年老、工伤、疾病、生育等列入劳动保险范围[②]，失业并未列入其中。1986 年《国营企业职工待业保险暂行规定》（国发〔1986〕77 号）发布，以此为标志拉开了失业保险制度建设的序幕。1993 年《国有企业职工待业保险规定》（国务院令第 110 号）发布，1999 年《失业保险条例》（国务院令第 258 号）实施，失业保险制度不断发展与完善。进入 21 世纪，失业保险制度开始探索拓宽功能，形成了保障生活、预防失业、促进就业"三位一体"的制度体系[③]。

我国失业保险制度纵深发展，不断根据社会主义市场经济发展和劳动力市场变化趋势调整和完善。对失业保险制度发展历程的全面回顾，有助于立足现在、着眼未来，为进一步完善制度做好理论铺垫，促进政策供给端的充足性，让失业保险制度成为保障人民美好生活、助力社会经济稳定发展、服务国家社会治理的重要政策工具。

---

① 杨燕绥. 社会保险法［M］. 北京：中国人民大学出版社，2000：173.

② 金丽馥，石宏伟. 社会保障制度改革研究［M］. 北京：中国经济出版社，2000：64.

③ 对失业保险制度发展阶段性划分，是与社会保障的阶段划分密切相关。从社会保障在历次全国人民代表大会报告中的位置和全部报告的结构上看，在 1997 年党的十五大报告和 2002 年党的十六大报告中，社会保障都是在"经济建设和经济体制改革"部分提及的；然而在 2007 年党的十七大报告和 2012 年党的十八大报告中，社会保障都是在"以改善民生为重点的社会建设"部分提及的；在 2017 年党的十九大报告中社会保障是在"提高保障和改善民生水平，加强和创新社会治理"的部分提及。根据社会保障在报告中的位置，结合失业保险制度自身发展情况，笔者认为失业保险制度经历了"配套经济改革""促进经济发展""提升社会治理"三个阶段。

第一节　配套经济改革：失业保险制度
初建阶段（1986~1998 年）

我国失业保险制度的初建阶段，也可以称为"待业保险阶段"，以《国营企业职工待业保险暂行规定》《国有企业职工待业保险规定》两个文件为重要时间节点，划分为两个时期。总体而言，这一阶段待业保险作为国有企业改革的配套措施，并为国有企业改革发挥了重要作用。

一、以《国营企业职工待业保险暂行规定》发布为标志开始制度建设（1986~1993 年）

党的十二届三中全会提出"进一步贯彻执行对内搞活经济、对外实行开放的方针，加快以城市为重点的整个经济体制改革的步伐，以利于更好地开创社会主义现代化建设的新局面"，改革的重心从农村向城市转移，其中国有企业改革是城市经济体制改革的重点。这一时期，国有企业改革的主要措施有：1986 年 7 月，国务院发布《国营企业实行劳动合同制暂行规定》《国营企业招用工人暂行规定》《国营企业辞退违纪职工暂行规定》等，对国营企业新招工人实行劳动合同制，企业有了用工自主权，允许企业辞退员工，实行劳动优化组合，对固定工制度实行改革，并出台了《中华人民共和国破产法》等，使用人制度改革不断推进深化，我国失业保险制度有了存在的社会土壤，随着国有企业劳动用工制度的改革应运而生。

1986 年 7 月，为配合国有企业改革，实行劳动合同制，促进劳动力的合理流动，国务院颁布了《国营企业职工待业保险暂行规定》，将失业保险覆盖范围确定为"四类人"：宣告破产企业的职工；濒临破产企业法定整顿期间被精简的职工；企业停止、解除劳动合同的工人和企业辞退的职工。资金的筹集与管理上，确定以基金制方式筹集保险费，规定企业按全部职工标准工资总额 1%缴纳保险费，将保险待遇定义为"待业救济金"，规定了领取救济金的资格条件和待遇水平，建构了失业保险制度框架及失业保险筹资模式，并对管理机构及其职责做了原则性规范。《国营企业职工待业保险暂行规定》的颁布，是适应劳动合同制和企业破产制度改革的产物，有力配合了国有企业改革①，也标志着我国失业保险制度的正式建立，是我国失业保险制度建设的开端。

失业保险制度的建立，是我国发展市场导向型就业机制的重要环节，为劳动就业从计划经济向市场经济过渡创造了有利条件，也填补了我国社会保障制度建设在失业保障领域的空白。制度设计上，在保障失业人员基本生活的同时，也促进其重新就业。待业保险与业已存在的职业介绍、就业训练、生产自救相互配合，形成了我国就业服务体系的初步框架。但《国营企业职工待业保险暂行规定》未对失业者个人缴费做出规定，未体现劳动者个人的责任，覆盖范围仅限于国营企业，未能适应多种所有制形式的就业形势；在待遇资格方面，并未明确非本人过失才有权享受失业保险待遇的原则；从待遇水平方面看，人均待业救济金为 40 元/月，低于当时国家规定的生活困难补助标准 50元/月，失业救济的特征明显②。

二、《国有企业职工待业保险规定》推动制度建设步伐加快 (1993~1998 年)

随着我国社会主义市场经济体制改革不断深入，特别是 1992 年初邓小平同志南方谈话后，改革进程加快，1992 年 7 月 23 日国务院颁布《全民所有制工业企业转换经营机制条例》，加大了落实国有企业经营和用人自主权的力度。1993 年 4 月，国务院发布了《国有企业职工待业保险规定》，在《国营企业职工待业保险暂行规定》基础上做出重要突破：一是进一步扩大了保障对象的范围，由原来的"四类人"扩大到了七类九种人员，尤其是第二十二条还规定实行企业化管理的事业单位职工也要参加待业保险；二是缴费标准灵活性提升，由"全部职工标准工资总额的 1%"调整为"全部职工工资总额的 0.6% 缴纳待业保险费"，并给予地方一定的弹性标准可以适当增加或减少失业保险费，最高上限不超过职工工资总额的 1%；三是待业救济金的发放标准做了调整，由原来按本人失业前两年月平均标准工资的 50%~75% 改为按当地社会救济金的 120%~150% 发放，体现失业保险金不同于社会救助的固有属性等。

---

① 王东进. 中国社会保障制度的改革与发展［M］. 北京：法律出版社，2001：139.

② 李沛瑶. 有必要加强失业保险理论研究——在失业保险理论研讨会上的讲话［A］//劳动部劳动科学研究所劳动法及社会保险研究室. 失业保险的理论与实践［M］. 北京：中国劳动出版社，1991：1-5.

《国有企业职工待业保险规定》以解决职工暂时失去工作待业期间的生活保障为基本目的，但不仅仅是通过单纯的经济手段，使待业职工在待业期间能获得物质帮助，制度也力求使劳动者通过转业培训和职业介绍顺利重新就业；《国有企业职工待业保险规定》扩大了省级人民政府的权限，除保障范围外，缴费费率、建立调剂金、基金支出项目、救济金发放标准、医疗费发放标准、转业训练费和生产自救费安排、管理机构人员编制和管理费开支标准等，均授权省级人民政府规定。《国有企业职工待业保险规定》的颁布，适应了经济体制深化改革的需要，也为后来失业保险制度的建立进一步奠定了基础。

《国有企业职工待业保险规定》改变了"国营企业"的提法，改用"国有企业"，反映了国有企业改革的深化，政企分离的发展趋势；不过仍沿用"待业保险"一词，没有出现"失业保险"的概念。1993 年 11 月，党的十四届三中全会通过的《中共中央关于建立社会主义市场经济体制若干问题的决定》中首先提出"失业保险制度"，"失业"与"失业保险"成为法律法规和政府文件的规范用语。《国有企业职工待业保险规定》在保障群体、地方权限灵活度、待遇标准方面有所突破，但它自身仍有不足之处，如覆盖范围仍限于国有企业，资金来源仍是企业缴纳；失业保险基金统筹层次限于市、县一级，缺乏互济性等。

1993 年 11 月，党的十四届三中全会通过《关于建立社会主义市场经济体制若干问题的决定》，明确提出：继续深化企业改革，必须解决深层次矛盾，着力进行制度创新，转换经营机制。同时特别强调，建立现代企业制度是发展社会化大生产和市场经济的必然要求，是国有企业改革的方向，为配合国有企业改革，促进失业职工尽快再就业，帮助企业妥善安置和分流富余职工，我国于 1993 年正式推出了"再就业工程"。"再就业工程"于 1994 年初首先在上海、沈阳、杭州等 30 个城市进行试点，1995 年经国务院批准在全国实施，1996 年原劳动保障部要求把这项工作推向深入。"再就业工程"的重点对象是失业六个月以上有求职要求的失业人员和六个月以上基本生活无保障的企业富余人员，目的是通过提供就业信息、开展培训活动等八项措施来实现再就业[1]。

各地在推进"再就业工程"的过程中，做了大量工作，并结合当地实际不

---

① 胡晓义. 走向和谐：中国社会保障发展 60 年［M］. 北京：中国劳动社会保障出版社，2009：262.

断创新。其中以上海市创建再就业服务中心的做法尤为引人注目，再就业服务中心承担起了基本生活保障和促进再就业的双重功能，这一做法在全国得到推广，各地都陆续建立起了再就业服务中心，推动再就业工作进入了新的发展阶段。1998 年 5 月 14 日至 16 日，中共中央、国务院在北京召开了国有企业下岗职工基本生活保障和再就业工作会议，随后发出《关于切实做好国有企业下岗职工基本生活保障和再就业工作的通知》。该通知特别强调，建立再就业服务中心是保障国有企业下岗职工基本生活和促进再就业的有效措施，是当前一项具有中国特色的社会保障制度，规定凡是有下岗职工的国有企业，都要建立再就业服务中心或类似机构。至此，国有企业下岗职工基本生活保障有了原则性的统一制度规定。根据该通知要求，再就业服务中心用于保障下岗职工基本生活和缴纳社会保险费用的资金来源，原则上采取"三三制"的办法解决，即财政预算安排三分之一、企业负担三分之一、社会筹集（包括从失业保险基金中调剂）三分之一；同时通知要求为完善失业保险机制，提高失业保险基金的支付能力，从 1998 年开始将失业保险基金的缴费比例由企业工资总额的 1% 提高到 3%，由企业单方负担改为企业和职工个人共同负担，其中个人按 1% 缴纳，企业按 2% 缴纳[①]。截至 1998 年底，全国所有下岗职工的国有企业均建立了再就业服务中心，610 万下岗职工中有 604 万进入了中心[②]。

1986～1998 年，经由《国营企业职工待业保险暂行规定》《国有企业职工待业保险规定》，以及特殊形式的下岗保障——再就业服务中心，历经 12 年，制度参保人数、受益人数不断增加，基金结余规模加大，制度功能不断凸显（见表 1-1）。待业保险制度在保障失业者的基本生活的同时，增强了其经济和心理承受能力，对促进就业、维护社会稳定做出了重大贡献。尽管如此，制度仍存在一些不足之处，如覆盖范围仅限于国有企业，非国有企业的从业人员有险无保；基金主要来源于企业，筹资渠道多元化没有建立；一些效益差的企业缴费困难，欠费严重；此外，基金支出结构、经办管理、监督等方面也有待进一步完善。

---

① 参见《中共中央、国务院关于切实做好国有企业下岗职工基本生活保障和再就业工作的通知》，1998 年 6 月 9 日。

② 胡晓义. 走向和谐：中国社会保障发展 60 年 [M]. 北京：中国劳动社会保障出版社，2009：266.

表1-1　1988~1997年失业保险制度一些重要指标的变化情况

年份	参保人数 （万人）	受益人数 （万人）	基金收入 （亿元）	基金支出 （亿元）	基金结余 （亿元）
1988	6074	—	5.8	1.8	8.7
1989	6465	—	6.8	2	13.6
1990	6922	—	8	2.5	19.5
1991	7123	10	9.3	3	25.7
1992	7443	34	11.7	5.1	32.1
1993	7924	103	17.9	9.3	40.8
1994	7968	196	25.4	14.2	52
1995	8238	261	35.3	18.9	68.4
1996	8333	331	45.2	27.3	86.4
1997	7961	319	46.9	36.3	97

注："—"为缺乏数据。

资料来源：胡晓义.走向和谐：中国社会保障发展60年［M］.北京：中国劳动社会保障出版社，2009：260.

第二节　促进经济发展：失业保险规范发展阶段（1999~2010年）

以1999年《失业保险条例》的发布与实施为标志，我国失业保险制度进入法制化发展轨道，并随着社会主义市场经济体制改革、多种所有制经济共同发展的不断深入，失业保险制度开始逐步扩容，面向所有城镇劳动者，并成为服务于"经济建设和经济体制改革"重要社会制度安排。

一、《失业保险条例》推动失业保险进入发展新阶段

人力资源和社会保障部（原劳动和社会保障部）于1998年初向国务院报送了《失业保险条例（草案）》，1999年1月国务院颁布实施《失业保险条

例》。《失业保险条例》实质性地扩大了失业保险的覆盖范围，调整了失业保险的缴费比例，提高了失业保险基金的统筹层次，并完善了对基金的监督管理机制，标志着我国的失业保险制度建设取得了突破性进展。这是我国历史上首次以"条例"冠名的失业保险行政法规，标志着我国失业保险制度在法制化的轨道上向前迈出了重大一步。《失业保险条例》进步性主要表现在以下几个方面：

（一）立法宗旨提升

1986 年《国营企业职工待业保险暂行规定》立法宗旨是"为适应劳动制度改革的需要，促进劳动力合理流动，保障国营企业职工在待业期间的基本生活需要"；1993 年《国有企业职工待业保险规定》是"为了完善国有企业的劳动制度，保障待业职工的基本生活，维护社会安定"；而 1999 年《失业保险条例》立法宗旨是"为了保障失业人员失业期间的基本生活，促进其再就业"。前两个规定立法目的是配合国有经济改革，适应劳动制度改革需要，是作为国有企业改革的配套措施；《失业保险条例》适应市场经济体制改革的需要，把保障失业人员基本生活和促进再就业作为立法的基本目的，对再就业培训和职业介绍提供补贴，并把积极求职作为领取失业保险一项重要条件。

（二）覆盖范围有明显扩大

《失业保险条例》将其覆盖面扩展至所有城镇企业事业单位，即包括国有企业、城镇集体企业、外商投资企业、城镇私营企业以及其他城镇企业，解决了原有制度覆盖面窄的问题。失业保险覆盖面的扩大，有利于企业之间的平等竞争，劳动力的合理流动和劳动力市场的建设与发展，其互济性更易得到体现，从而有利于增强失业保险的保障功能。

（三）建立国家、用人单位和职工三方负担的基金筹集机制

《失业保险条例》改变了原来规定仅由用人单位和国家双方负担缴纳保险费的方式，改为由用人单位、职工本人缴纳失业保险费和财政补贴三方负担模式，即增加了职工个人缴费的义务。其作用在于拓宽了失业保险基金的筹资渠道，增强了基金抗风险能力和职工个人维护自身保险权利的意识。

（四）提高基金统筹层次，确立基金调剂制度

《失业保险条例》规定，失业保险基金在直辖市和设区的市实行全市统筹，其他地区统筹层次由省、自治区人民政府规定，并规定省、自治区可以建立失业保险调剂金，统筹地区的失业保险基金会不敷使用时，由失业保险调剂金调剂、地方财政补贴。即将《国有企业职工待业保险规定》中失业保险基金实行市、县统筹提高到地、市级统筹，有利地发挥了失业保险的互济作用，增强了

基金承受能力。

（五）改待业救济金为失业保险金，提高失业保险金发放标准

1986 年《国营企业职工待业保险暂行规定》按照"月平均标准工资比例制"办法发放待业救济金；《国有企业职工待业保险规定》将待业救济金发放的标准规定改为按当地社会救济金的 120%~150% 发放；《失业保险条例》将以前的"待业救济金"改称为"失业保险金"，明确劳动者参加失业保险是为了在失业时获得保险金，而不是社会救济，是为了保障劳动者的基本生活而不是最低生活，明确了失业保险不同于失业救济。失业保险金的标准，"按照低于当地最低工资标准、高于城市居民最低生活保障标准的水平"，远高于《国营企业职工待业保险暂行规定》和《国有企业职工待业保险规定》的"待业救济金"水平，有力地保障了失业人员失业期间的基本生活。

此外，将农民工覆盖进来是制度的又一创新。《失业保险条例》从城镇劳动力中存在大量农民工的实际出发，将城镇各单位招用的农民合同制工人也纳入了失业保险覆盖范围，实行农民工失业后支付一次性生活补助的保障方式。总体而言，《失业保险条例》颁布之后，我国失业保险制度得到了快速发展。

二、完成企业下岗职工基本生活保障向失业保险并轨

随着社会主义市场经济的建立与发展，政府对失业保险制度的财力投入加大，失业保险制度逐步完善成熟，下岗职工对失业风险和通过市场再就业的承受能力增强，以再就业服务中心为载体的下岗职工基本生活保障制度这一过渡性制度已完成其历史使命，逐步开始退出历史舞台。人力资源和社会保障部（原劳动和社会保障部）在总结各地工作实践经验的基础上，于 1999 年 6 月在贵阳召开全国劳动力市场建设座谈会，提出了国有企业下岗失业人员通过三个阶段实现市场导向就业机制"三步走"战略：第一阶段为"双轨"阶段，大多数下岗职工进入中心，少部分失业人员进入劳动力市场，领取失业保险金，两种方式并存。第二阶段为"转轨"阶段，即在计划经济体制遗留的国有企业富余人员问题基本解决之后，企业新的减员就不再进入再就业服务中心，而是依法解除、终止劳动合同，享受失业保险待遇，直接走向劳动力市场实现再就业。然而此前已进入再就业服务中心的下岗职工，仍维持原政策不变，直到其协议期满出中心。第三阶段为"并轨"阶段，下岗职工全部出中心之后，企业再就业服务中心就完成了其历史使命，企业裁员从下岗、失业两种形态变为失

业一种形态，失业保险成为失业者收入保障来源，市场导向的就业机制也得以形成。

此后，2000 年国务院制定《关于完善城镇社会保障体系的试点方案》，其中涉及推动国有企业下岗职工基本生活保障向失业保险并轨，要求从 2001 年 1 月 1 日起，国有企业原则上不再建立新的再就业服务中心，企业新的减员原则上不再进入再就业服务中心，由企业依法与其解除劳动关系，凡所在单位参加了失业保险并依法足额缴费的，按规定享受失业保险待遇。各地区要区分不同企业情况，实行分类指导，用三年左右时间有步骤地完成向失业保险并轨；已经进入再就业服务中心的下岗职工，其基本生活保障和再就业协议的内容保持不变。协议期满仍未实现再就业的下岗职工，要按规定解除劳动关系，并依法享受失业保险或城市居民最低生活保障待遇①。2002 年，人力资源和社会保障部（原劳动和社会保障部）就下岗失业人员再就业工作中，对下岗失业人员从事个体经营，企业吸纳下岗失业人员和安置富余员工，大龄就业困难对象的再就业援助，以及职业介绍和再就业培训等给予再就业扶持②。2005 年，人力资源和社会保障部（原劳动和社会保障部）、财政部要求 2005 年底，原则上停止执行国有企业下岗职工基本生活保障制度，企业按规定关闭再就业服务中心。并轨人员和企业新裁减人员通过劳动力市场实现再就业，没有实现再就业的，按规定享受失业保险或城市居民最低生活保障待遇③。

2007 年 3 月 5 日，温家宝同志在十届全国人大五次会议上做《政府工作报告》时强调，经过多年努力，国有企业下岗职工基本生活保障向失业保险并轨基本完成。这标志着自 1998 年开始为国有企业下岗职工建立的社会保障制度结束，再就业服务中心与失业保险制度实现"并轨"。

三、失业保险制度拓展功能服务经济发展

随着失业保险制度功能的发展完善，失业保险制度在保障失业人员基本生

---

① 参见《国务院关于印发完善城镇社会保障体系试点方案的通知》（国发〔2000〕42 号），2000 年 12 月 25 日。

② 参见《关于贯彻落实中共中央国务院关于进一步做好下岗失业人员再就业工作的通知若干问题的意见》（劳社部发〔2002〕20 号），2002 年 11 月 25 日。

③ 参见《劳动和社会保障部、财政部关于切实做好国有企业下岗职工基本生活保障制度向失业保险制度并轨有关工作的通知》（劳社部发〔2005〕6 号），2005 年 2 月 24 日。

活之外，功能得到不断扩展，预防失业、促进就业与稳定就业作用开始突显。尤其是在此阶段，东部地区扩大失业保险基金支出、失业动态重点监测与预警制度以及应对 2008 年金融危机的援企稳岗计划、应对汶川大地震等自然灾害等举措，使失业保险制度成为保障失业人员基本生活、实现劳动力市场稳定、促进经济发展的不可或缺的机制设计。

（一）探索建立失业动态监测和预警机制，为科学决策提供数据支持

2002 年 10 月，全国劳动和社会保障信息化工作会议首次提出了"金保工程"建设的总体规划。根据规划要求，"金保工程"是利用先进的信息技术，以部、省、市多级网络为依托，支持社会保障业务经办、公共服务、基金监督和宏观决策等核心应用，建成覆盖全国的统一的社会保障电子政务工程。2004年根据《关于建立失业登记和失业保险监测制度的通知》（劳社厅发〔2004〕16 号）有关要求，开展失业登记和失业保险监测工作。根据 2008 年《就业促进法》关于"建立失业预警制度"的规定和国务院《关于做好当前经济形势下就业工作的通知》（国发〔2009〕4 号）关于"建立失业动态监测制度"的要求，于 2010 年正式开展失业动态监测工作[①]。这对加快建立失业预警制度，更好地把握经济形势变化对就业、失业的影响，有针对性地采取预防和调控失业的政策措施，进一步促进就业和稳定就业具有重要意义。

（二）实施东部七省（市）失业保险基金扩大支出使用范围试点政策

为进一步探索失业保险预防失业、促进就业方面的制度功能，自 2006 年开始，北京、上海、江苏、浙江、福建、山东和广东开展了扩大失业保险基金支出范围试点，着力拓展失业保险制度预防失业、促进就业的功能[②]。

试点期间，东部七省（市）按照国家有关规定，结合本地实际情况，积极探索并规范使用失业保险基金促进就业的支出项目，扩大的支出项目有 10 余项，对象范围涵盖城镇所有登记失业人员和已参加失业保险的就业困难人员，在充分保障失业人员基本生活的基础上，有效发挥了失业保险制度促进就业功能，形成了一些长期性支出项目和受益群体，对提高居民生活质量、稳定就业局势发挥着重要作用。以浙江省为例，2006～2013 年，浙江省失业保险资金促进就业支出占同期失业保险资金支出的比例由 25.6% 提高到 57.9%，支出总额

---

① 参见《关于做好失业动态监测工作有关问题的通知》（人力资源和社会保障部发〔2009〕152 号），2009 年 11 月 18 日。

② 参见《关于适当扩大失业保险基金支出范围试点有关问题的通知》（劳社部发 5 号），2006 年 1 月 11 日。

由 1.6 亿元提高到 25.2 亿元；通过各项促进就业、预防失业补贴，失业人员求职能力和再就业能力得到显著改善，有效降低了失业率，同期城镇登记失业率由 3.51% 下降至 3.01%[①]。

（三）逐步成为经济发展中"反经济周期"的重要手段和工具

2008 年金融危机之前，我国失业保险制度虽经历过 1998 年亚洲金融危机，但应对经济危机的应急措施与长效机制尚不完善。2008 年金融危机发生后，我国失业保险制度通过援企稳岗计划，通过失业保险这一社会政策来配合经济政策的执行，失业保险制度在反经济周期的作用更为重要。

2008 金融危机之后，我国就业局势面临严峻考验，部分企业特别是劳动密集型的中小企业，出现了关闭、停产或者半停产的情况，失业压力陡增。金融危机期间及之后，为实现保就业、保增长、保稳定的目标，人力资源和社会保障部会同有关部门出台了多个做好失业保险支持企业稳定就业的政策文件，如表 1-2 所示。

2008 年 12 月，人力资源和社会保障部、财政部、国家税务总局三部门下发文件，明确了减轻企业负担，稳定就业局势的"五缓四减三补贴"的援企稳岗政策，形成支持企业稳定就业的重大举措，其中涉及失业保险的措施可以归纳为"一缓一减两补贴"："一缓"即在 2009 年，允许困难企业缓缴失业保险费，但最长缓缴期限不超过 6 个月。缓缴失业保险费举措之目的，主要是减轻金融危机期间企业面临的资金压力，暂时缓解企业负担，以此帮助企业渡过难关，但并未使失业保险基金收入总量受损。"一减"即减少失业保险缴费费率，期限最长不超过 12 个月。采取调低失业保险费率的方式来减轻企业负担。"两补贴"即使用失业保险基金向困难企业支付社会保险补贴和岗位补贴，补贴期限最长不超过 6 个月。2009 年 175 号文件又要求，将117 号文件中规定的"允许困难企业在一定期限内缓缴社会保险费""阶段性降低四项社会保险费率""使用失业保险基金帮助困难企业稳定就业岗位"和"鼓励困难企业通过开展职工在岗培训等方式稳定职工队伍"等四项政策执行期限延长至 2010 年底。

---

① 斯燕. 探索中前进——浙江省扩大失业保险基金支出范围见成效 [J]. 中国人力资源社会保障，2014，8（8）：35-37.

表1-2 2008年以来我国失业保险支持企业稳定就业的政策文件

文件号	颁布部门	文件名称
2008年12月人社部发〔2008〕117号	人力资源和社会保障部、财政部、国家税务总局联合	《关于采取积极措施减轻企业负担稳定就业局势有关问题的通知》
2009年12月人社部发〔2009〕175号	人力资源和社会保障部、财政部、国家税务总局联合	《关于进一步做好减轻企业负担稳定就业局势有关问题的通知》
2010年1月人社厅函〔2010〕35号	人力资源和社会保障部	《关于做好当前失业保险工作稳定就业岗位有关问题的通知》
人社部发〔2014〕76号	人力资源和社会保障部、财政部、国家发展和改革委员会、工业和信息化部	《关于失业保险支持企业稳定岗位有关问题的通知》
人社失业司便函〔2015〕10号	人力资源和社会保障部	《关于进一步做好失业保险支持企业稳定岗位工作有关问题的通知》
人社厅发〔2017〕129号	人力资源和社会保障部	《关于实施失业保险援企稳岗"护航行动"的通知》

资料来源：笔者根据人社部网站整理。

援企稳岗政策的实施，开辟了利用失业保险基金稳定就业岗位的新机制。2009年以来，各地积极贯彻落实失业保险制度援企稳岗政策举措，及时快速行动，稳定就业取得了显著效果。以2009年为例，"五缓四减三补贴"政策共减轻企业负担410亿元。其中涉及失业保险资金近200亿元，120亿元属失业保险费缓减；80亿元用于支付社会保险补贴和岗位补贴，有2.5万多户困难企业受益，稳定企业职工740万人。若无援企稳岗政策，740万职工中有一半可能失去工作，进而对社会稳定产生巨大压力①。援企稳岗政策是继十年前失业保险在国有企业改革"两个确保"中发挥重大作用之后，又一次显示出制度优势并做出了重要贡献。

（四）重大自然灾害下失业保险应急机制建设

失业风险的来源，不仅与经济波动有关，也与自然、社会风险等相联。随

---

① 人力资源和社会保障部张小建同志在2010年4月22日举行的"政府扶持与企业社会责任——建立失业保险预防失业促进就业长效机制"研讨会上的发言。见中国政府网.援企稳岗措施成效显著失业保险制度运行良好〔EB/OL〕. http：//www.gov.cn/jrzg/2010-04/22/content_1589931.htm.

着我国失业保险制度的发展，处理自然灾害、社会危机的能力也逐渐加强，在2008年汶川大地震之后，失业保险制度的应急机制逐步建立，成为失业保险制度不断探索新功能的有益尝试。

2008年汶川大地震造成四川1.6万余户企业受灾，因灾新增城镇失业人员高达37万人，地震前新增23.8万就业人员处于新增就业为零的困境，零就业家庭也增加了51000户①；面对灾害后的苦难局势，失业保险制度迅速响应，在灾后重建中发挥了积极作用。为帮助重建汶川，人力资源和社会保障部连发了两个文件，即《关于对地震灾区实施就业援助的通知》（人社部明电〔2008〕8号）、《关于汶川地震灾后恢复重建对口就业援助有关政策的通知》（人社部发〔2008〕64号），通过就业援助和创新社会保险制度等方式予以扶持。在人力资源和社会保障部的指导下，四川省失业保险制度出现了一些创新的举措②，如通过降低失业保险费率（灾区受灾企业恢复生产经营期间，失业保险缴费率下调为单位1%、个人0.5%。下调期限1~3年，视企业恢复生产情况，由参保关系所在地人民政府确定）、保障困难职工基本生活（灾区参加失业保险的企业因灾停产、歇业期间，经统筹地区劳动保障部门批准，对其暂时失去工作岗位的职工，由失业保险经办机构预先进行失业登记，发放失业保险金。发放期限不超过2008年底）、鼓励失业人员自主创业（灾区享受失业保险待遇的失业人员自谋职业、自主创业的，可一次性领取失业保险金；自主创业并招用其他失业人员就业的，经失业保险经办机构核实，从失业保险基金中一次性给予3000元创业补助金）等措施，有力地支援了灾区建设。

通过多项措施共同努力，到2011年170万汶川灾区群众实现了就业，登记失业率从震后的7.5%下降至4%以下③。在大灾害面前通过失业保险制度的帮助，不仅及时解决了现实的困难，有效地援助了汶川地震后重建工作，失业保险制度彰显出了快速的应急能力，而且也为失业保险制度改革起了推动作用，使制度应急机制在实践中逐步确立和完善。

---

① 汶川地震给四川省就业工作造成巨大冲击近80万人失业［EB/OL］.［2008-09-11］. http：//www.gov.cn/zxft/ft141/content_1093193.htm.

② 参见《四川省人民政府办公厅关于支持汶川地震灾后恢复重建就业和社会保险政策实施意见》（川办发〔2008〕30号），2008年7月16日颁布。此文件已于2017年12月29日宣布失效。

③ 汶川特大地震三年就业促进成果——帮助170万灾区群众就业 登记失业率降到4%以下［J］.四川劳动保障，2011（5）：9.

第三节 提升社会治理：失业保险深化 发展阶段（2011年以后）

2011年《社会保险法》正式实施，失业保险制度进入新的发展阶段。制度功能继续拓展，援企稳岗"护航行动"、支持技能提升"展翅行动"，响应国家供给侧结构性改革多次降低费率，通过失业保险基金助力国家脱贫攻坚战略等，多方面、全方位融入社会治理。

一、逐步提升失业人员的保障水平

保障失业人员在失业期间的基本生活是失业保险制度的基本功能。在确保失业保险基金平稳运行的前提下，逐步提升失业保障水平，切实保障好失业人员的基本生活。一是逐步提高失业保险金的标准。2017年9月《人力资源社会保障部　财政部关于调整失业保险金标准的指导意见》（人社部发〔2017〕71号）发布，要求在确保基金可持续前提下，随着经济社会的发展，适当提高失业保障水平，分步实施，循序渐进，逐步将失业保险金标准提高到最低工资标准的90%（2017年为75%[①]）。通过合理、有序提高失业保险金标准，让有就业意愿的失业人员得到更为全面、更加及时、更高水准的生活保障，为他们应对失业、摆脱失业、减少失业提供更加有力的支持。二是建立了针对物价波动提供价格临时补贴。2016年经国务院同意，国家发展和改革委员会印发《关于进一步完善社会救助和保障标准与物价上涨挂钩联动机制的通知》（发改价格规〔2016〕1835号）规定，在居民消费价格指数（CPI）单月同比涨幅达到3.5%，或CPI中粮食价格同比涨幅达到6%时，启动联动机制，对领取失业保险金人员发放价格临时补贴，所需资金从失业保险基金中列支。价格临时补贴实行"按月测算、按月发放"。通过价格临时补贴，有效应对生活必需品物价上涨的冲击，提升失业人员的生活质量。

---

① 桂桢. 承担起新时代赋予失业保险的重要使命 [J]. 中国社会保障, 2017（11）：18-19.

二、推进失业保险稳定就业的作用

2011 年以来，失业保险制度不断增强促进就业、稳定就业的功能，在支持企业稳定就业岗位、增加稳定就业资金规模方面发挥了重要作用。

第一，针对企业继续给予稳定岗位补贴，稳定岗位促进企业发展。2014 年，为贯彻落实《国务院关于进一步优化企业兼并重组市场环境的意见》（国发〔2014〕14 号），在调整优化产业结构中更好地发挥失业保险预防失业、促进就业作用，激励企业承担稳定就业的社会责任，失业保险对实施兼并重组企业、化解产能严重过剩企业、淘汰落后产能企业三类企业，对采取有效措施不裁员、少裁员，稳定就业岗位的企业，由失业保险基金给予稳定岗位补贴①；2015 年又由上述三类企业扩大到所有符合条件的企业②；2017 年进一步深化援企稳岗补贴政策，从 2018 年至 2020 年在全国实施失业保险援企稳岗"护航行动"③。2014 年至 2017 年 10 月，全国共向 64 万户企业发放稳岗补贴 424 亿元，惠及职工 7926 万人④；此后实施力度进一步加大，仅 2018 年 1~9 月向 32 万户企业发放稳岗补贴 96 亿元，惠及职工 2997 万人⑤；根据《国务院关于做好当前和今后一个时期促进就业工作的若干意见》（国发〔2018〕39 号）要求，2019 年 1 月 1 日至 12 月 31 日，对面临暂时性生产经营困难且恢复有望、坚持不裁员或少裁员的参保企业，对不裁员或少裁员的参保企业，可返还其上年度实际缴纳失业保险费的 50%。

第二，针对参保企业员工给予技能提升补贴，提高劳动者抵御失业风险的能力。根据《国务院关于做好当前和今后一段时期就业创业工作的意见》（国发〔2017〕28 号）等文件规定，对参加失业保险累计缴费 3 年及以上，自 2017 年 1 月 1 日起取得初、中、高级职业资格证书或职业技能等级证书的企业

---

① 参见《人力资源社会保障部 财政部 国家发展和改革委员会 工业和信息化部关于失业保险支持企业稳定岗位有关问题的通知》（人社部发〔2014〕76 号），2014 年 11 月 17 日。

② 参见《关于进一步做好失业保险支持企业稳定岗位工作有关问题的通知》（人社失业司便函〔2015〕10 号），2015 年 7 月 3 日。

③ 参见《人力资源社会保障部办公厅关于实施失业保险援企稳岗"护航行动"的通知》（人社厅发〔2017〕129 号），2017 年 9 月 21 日。

④ 参见《人力资源社会保障部关于失业保险条例修订情况的说明》，2017 年 11 月 11 日。

⑤ 参见人力资源和社会保障部：《2018 年三季度人力资源和社会保障工作主要进展情况及下一步打算》，2018 年 10 月 31 日。

职工，可按初级工 1000 元、中级工 1500 元、高级工 2000 元的标准上限申领补贴，所需资金按规定从失业保险基金中列支①。2018 年进一步放宽申请提升补贴申领条件，由企业在职职工参加失业保险 3 年以上放宽至参保 1 年以上②。在此基础之上，2018 年人力资源和社会保障部于全国实施失业保险支持技能提升"展翅行动"③，进一步发挥政策效应，2018 年 1~9 月向 38 万人次发放技能提升补贴 6.2 亿元④。

三、阶段性降费贯彻落实中央"降成本"要求

为了完善失业保险制度，建立健全失业保险费率动态调整机制，进一步减轻企业负担，促进就业稳定，自 2015 年以来失业保险总费率连续四次降低，由 3% 普降至 1%。具体降费过程为：2015 年 3 月 1 日起，失业保险费率暂由《失业保险条例》的 3% 降至 2%，单位和个人缴费的具体比例由各省、自治区、直辖市人民政府确定⑤；2015 年 12 月召开的中央经济工作会议提出供给侧结构性改革，明确将"去产能、去库存、去杠杆、降成本、补短板"作为今后一个阶段的五大重点任务，并且在"帮助企业降低成本"的主题下，进一步指出要降低社会保险费，研究精简归并"五险一金"。2016 年 4 月国务院决定降低社会保险费率，规定养老保险单位缴费率超过 20% 的降到 20%，累计结余可支付月数超过 9 个月的可阶段性降至 19%；失业保险费率降至 1.0%~1.5%，其中个人费率不超过 0.5%；降低费率的期限暂按两年执行。目前各省失业保险费率均降至 1% 或 1% 以下。2019 年，中国共产党中央委员会、中华人民共和国国务院作出的重大决策部署，实施更大规模减税降费措施，降低失业保险费率也是内容之一，自 2019 年 5 月 1 日起，实施失业保险总费率 1% 的省份，延长阶

---

① 参见《人力资源社会保障部 财政部关于失业保险支持参保职工提升职业技能有关问题的通知》（人社部发〔2017〕40 号），2017 年 5 月 15 日。
② 参见《国务院关于做好当前和今后一个时期促进就业工作的若干意见》（国发〔2018〕39 号），2018 年 11 月 16 日。
③ 参见《人力资源社会保障部办公厅关于实施失业保险支持技能提升"展翅行动"的通知》（人社厅发〔2018〕36 号），2018 年 4 月 22 日。
④ 参见人力资源和社会保障部：《2018 年三季度人力资源和社会保障工作主要进展情况及下一步打算》，2018 年 10 月 31 日。
⑤ 参见《人力资源和社会保障部 财政部关于调整失业保险费率有关问题的通知》（人社部发〔2015〕24 号），2015 年 2 月 27 日。

段性降低失业保险费率的期限至 2020 年 4 月 30 日。失业保险降费，在保证制度可持续的前提下，切实减轻了企业和个人负担①。自 2015 年以来失业保险总费率连续四次降低，由 3% 普降至 1%，累计为企业减负超过 1000 亿元②，降低了企业成本，促进了实体经济发展，助推了供给侧结构性改革。相关政策文件如表 1-3 所示。

表 1-3　有关失业保险降低费率的相关政策文件

文件号	文件名称	涉及失业保险降费主要内容
人社部发〔2015〕24 号	《人力资源和社会保障部　财政部关于调整失业保险费率有关问题的通知》	2015 年 3 月 1 日起，失业保险费率暂由《失业保险条例》规定的 3% 降至 2%
人社部发〔2016〕36 号	《人力资源社会保障部　财政部关于阶段性降低社会保险费率的通知》	从 2016 年 5 月 1 日起，失业保险总费率在 2015 年已降低 1 个百分点基础上可以阶段性降至 1%～1.5%，其中个人费率不超过 0.5%，降低费率的期限暂按两年执行
人社部发〔2017〕14 号	《人力资源社会保障部　财政部关于阶段性降低失业保险费率有关问题的通知》	从 2017 年 1 月 1 日起，失业保险总费率为 1.5% 的省（区、市），可以将总费率降至 1%，降低费率的期限执行至 2018 年 4 月 30 日
人社部发〔2018〕25 号	《人力资源社会保障部　财政部关于继续阶段性降低社会保险费率的通知》	自 2018 年 5 月 1 日起，按照人社部发〔2017〕14 号实施失业保险总费率 1% 的省（区、市），延长阶段性降低费率的期限至 2019 年 4 月 30 日
国办发〔2019〕13 号	《国务院办公厅关于印发降低社会保险费率综合方案的通知》	自 2019 年 5 月 1 日起，实施失业保险总费率 1% 的省，延长阶段性降低失业保险费率的期限至 2020 年 4 月 30 日
人社部发〔2019〕35 号	《人力资源社会保障部　财政部　税务总局国家医保局关于贯彻落实〈降低社会保险费率综合方案〉的通知》	自 2019 年 5 月 1 日起，实施失业保险总费率 1% 的省份，延长阶段性降低失业保险费率的期限至 2020 年 4 月 30 日

资料来源：人力资源和社会保障部、中国政府网网站发文整理。

---

① 郑秉文. 供给侧：降费对社会保险结构性改革的意义［J］. 中国人口科学，2016（3）：2-11.
② 参见《人力资源社会保障部关于失业保险条例修订情况的说明》，2017 年 11 月 11 日。

四、发挥政策优势助力脱贫攻坚战略

打好脱贫攻坚战是党的十九大提出的三大攻坚战之一，对如期全面建成小康社会实现"到中国共产党成立100年时（2021年）全面建成小康社会"的第一个百年奋斗目标具有十分重要的意义。习近平同志强调，历史性地解决中华民族千百年来的绝对贫困问题，让现行标准下的贫困人口同全国一道迈入小康社会，是必须完成的重大任务。落实中央关于打好脱贫攻坚战的新任务新要求，立足失业保险制度保生活、防失业、促就业功能作用，发挥扶危扶困政策优势，聚焦激发内生动力，聚焦长远可持续，聚焦深度贫困地区和贫困人员，坚持尽力而为、量力而行，2018年6月，人力资源和社会保障部、财政部联合发出《关于使用失业保险基金支持脱贫攻坚的通知》（人社部发〔2018〕35号），明确三项扶贫政策：一是提高深度贫困地区失业保险金标准，从2019年1月1日起，深度贫困地区失业保险金待遇标准上调至最低工资标准的90%；二是提高深度贫困地区企业稳岗补贴标准，对深度贫困地区的失业保险参保企业，可以将稳岗补贴标准提高到该企业及其职工上年度实际缴纳失业保险费总额的60%；三是放宽深度贫困地区参保职工技能提升补贴申领条件，对深度贫困地区参加失业保险的企业职工申请提升技能补贴，由之前的累计缴纳失业保险费36个月（含36个月）以上放宽到"累计缴纳失业保险费12个月（含12个月）以上"。这是人力资源和社会保障领域贯彻落实中央精准扶贫决策部署的重要行动，是失业保险支持深度贫困地区脱贫攻坚的创新政策，是失业保险助力打赢脱贫攻坚战的有效举措。

五、失业保险法制化建设更趋科学合理

我国现行失业保险制度对于助力国有企业改革、应对经济危机等都发挥了重要的作用，但随着社会经济形势的变化，尤其是中国经济新常态和供给侧结构性改革的历史性阶段，失业保险制度面临新形势、新环境和新情况：一是党的十八大、十八届三中全会有关增强失业保险制度预防失业、促进就业功能的精神需要依法落实；二是根据社会保险法的规定需要对条例的部分内容进行调整；三是条例适用范围偏窄，缴费率偏高，需要根据近年来的实践做法适当修改。根据党的十九大提出的完善失业保险制度和党中央有关更好发挥失业保险

预防失业、促进就业的要求，2017 年，人力资源和社会保障部对《失业保险条例》进行修订，起草了《失业保险条例（修订草案征求意见稿）》，在扩大条例适用范围、降低缴费费率、增加基金支出范围、提高失业保险水平等方面做了调整；同时根据《社会保险法》的规定，对农民合同制工人、判刑收监执行的失业人员停止领取失业保险待遇等方面做了修订。

第二章 我国失业保险制度运行效果与评价

我国失业保险制度自建立起 30 多年以来，尤其《失业保险条例》实施后的 20 年，通过逐步推进改革，制度功能日趋完善，在配套国有企业改革、促进经济发展、提升社会治理水平中发挥了重要作用。因此，需要对这项制度的运行情况进行总结和评价，找到失业保险制度需要优化和改进的切入点和着力点。

第一节 失业保险制度保障生活功能分析

保障参保失业者的基本生活、维持劳动力再生产能力，是失业保险制度的基本职能。30 多年来，我国失业保险制度在保障生活功能方面不断提升，但随着就业形态的多样化和劳动力市场发展的新动态，该功能仍需不断完善。

一、覆盖面不断扩大，但仍有较大提升空间

（一）失业保险参保人数不断增加，2018 年底为 1.96 亿人

我国失业保险覆盖面有一个逐渐发展的过程。随着制度不断发展成熟，失业保险制度覆盖人群不断扩大，从 1986 年《国营企业职工待业保险暂行规定》覆盖的"四类人"，到 1993 年《国有企业职工待业保险规定》的七类九种人员，直至 1999 年《失业保险条例》将城镇企业事业单位、城镇企业事业单位职工纳入覆盖之列，失业保险涵盖群体不断增加。随着失业保险覆盖群体类别的增多，各地也采取许多有效措施，进一步加大了失业保险扩面工作力度，在国有和城镇集体单位从业人员应保尽保的情况下，重点做好外资企业、私营企业以及个体工商户的参保工作，灵活就业人员参保也有了初步进展，这些因素

都导致了参保人数持续上升。2018 年期末参保人数达到 19643 万人①，是 1988 年（6074 万人）的 3 倍多，比 1999 年 9852 万人增加 9791 万人。

（二）参保人口占就业人口的比重不断提升，2018 年底为 25.3%

自 1999 年以来，我国失业保险参保人数占就业人口的比重不断提高，从 1999 年的 13.8% 上升至 2018 年的 25.3%。城镇化使城镇就业人数快速增加，失业保险参保人数占城镇就业人员总数的比例从 1999 年的 44% 一度降至 2007 年的 37.6%，但经过扩面努力，到 2018 年升至 45.2%。这 20 年，城镇就业结构发生很大变化，国有单位和集体单位就业人员占城镇就业人员比重由 25.2% 降至 7.2%，而私营单位就业人员占比由 4.7% 升至 31.4%，失业保险覆盖面逐步向私营经济主体扩大，参保人员的职业特征由"铁饭碗"转变为更加灵活多样就业，失业保险制度覆盖面扩大反映出制度"应变"的能力，也揭示制度继续扩面的突破口和完善制度的改革着力点，如表 2-1 所示。

表 2-1　失业保险参保人数及参保覆盖程度

年份	年末参保人数 （A）（万人）	年末就业人员 （B）（万人）	占就业人员比重 （A/B）（%）	城镇就业人数 （C）（万人）	城镇就业人员比重 （A/C）（%）
1999	9852	71394	13.8	22412	44.0
2000	10408	72085	14.4	23151	45.0
2001	10355	72797	14.2	24123	42.9
2002	10182	73280	13.9	25159	40.5
2003	10373	73736	14.1	26230	39.5
2004	10584	74264	14.3	27293	38.8
2005	10648	74647	14.3	28389	37.5
2006	11187	74978	14.9	29630	37.8
2007	11645	75321	15.5	30953	37.6
2008	12400	75564	16.4	32103	38.6
2009	12716	75828	16.8	33322	38.2
2010	13376	76105	17.6	34687	38.6
2011	14317	76420	18.7	35914	39.9

---

①　2018 年人力资源和社会保障统计快报数据［EB/OL］.［2019-01-30］. http：//www.mohrss. gov. cn/SYrlzyhshbzb/zwgk/szrs/tjsj/201901/t20190130_309968. html.

续表

年份	年末参保人数 （A）（万人）	年末就业人员 （B）（万人）	占就业人员比重 （A/B）（%）	城镇就业人数 （C）（万人）	城镇就业人员比重 （A/C）（%）
2012	15225	76704	19.8	37102	41.0
2013	16417	76977	21.3	38240	42.9
2014	17043	77253	22.1	39310	43.4
2015	17326	77451	22.4	40410	42.9
2016	18089	77603	23.3	41428	43.7
2017	18784	77640	24.2	42462	44.2
2018	19643	77586	25.3	43419	45.2

资料来源：除特别说明外，数据均来源于国家统计局国家数据检索。

（三）我国失业保险制度的有效覆盖面仍有较大提升空间

一是失业保险制度覆盖群体较窄。2018年工伤保险参保人数为23868万人[1]，同期的失业保险参保人数与之相差4225万人。这不仅反映两项社会保险制度对参保群体范围的划定不同[2]，更重要的是，反映出企业参加失业保险的意愿不足。在社保五大子险种的覆盖人群上，失业保险的参保人数最少[3]。二是失业保险制度瞄准度有待提高。失业保险制度覆盖人群从1999年的9852万人增长到2018年的19643万人，城镇登记失业率由3.1%升至3.8%，最高是2003年和2009年的4.3%，失业人数从1999年的575万人到2018年的974万人呈现逐渐增加趋势，但年末领取失业保险金的人数与失业人数并非正向相关，1999年领取失业保险金人数是109万人，最高年份并未出现在失业人数最多的年份，而且从2004年419万人的高值持续下降到2013年不足200万人，此后略有回升，到2018年也只有223万人[4]。三是一些失业高风险人群尚未完全纳入失业保险。如农民工群体、非正规就业部门群体、新就业形态人员以及应届大学毕业生等。以农民工为例，2013年参加工伤保险的农民工为7263万

---

①④ 参见国家统计局国家数据——年度数据检索。

② 《工伤保险条例》的参保范围要求是"中华人民共和国境内的企业、事业单位、社会团体、民办非企业单位、基金会、律师事务所、会计师事务所等组织的职工和个体工商户的雇工"。然而《失业保险条例》仅包括企事业单位人员，至于"社会团体及其专职人员、民办非企业单位及其职工、有雇工的城镇个体工商户及其雇工"，则是由各省根据当地实际确定适用。

③ 笔者认为，养老、医疗是按照个体生命周期、生理条件设定的，国民都会面临这样老年、疾病的问题，参保条件具有普适性；然而工伤、失业保险是职工群体才会面对的风险，参保对象具有特定性。

人，占该项保险参保人数的 36.5%，而失业保险参保比例仅为 22.8%，参加医疗保险的农民工为 5018 万人，也多于参加失业保险的人数①。

二、制度瞄准度不高，受益对象界定精准度有待提升

失业保险制度瞄准度可以用两个指标来衡量：指标一是参保受益率（Insured Unemployment Rate）②，指的是失业并领取失业保险金的人数与正在就业的全部参保人数的比重，不包括领取失业保险金资格过期但尚未再就业的失业人员。这个指标的分母在失业保险覆盖率很高的国家近乎等于该国正规就业部门人口总数，如美国失业保险制度接近覆盖所有正规就业部门，所以其参保受益率非常低，正常年份从未超过 5%，经济危机期间 2009 年仅为 4%③。指标二是失业受益率（Recipiency Rate），即失业保险金领取人数占全国失业人口的比重。这两个指标都是反映一国失业保险制度瞄准度的重要标尺。

从参保受益率看④，我国年末领取失业保险金人员占全部参保人口的比重近年来处于 1% 的水平。参保受益率 2002 年达到 4.3%，这主要是由于大量下岗职工离开再就业中心，进入到失业保险制度，导致失业保险制度领取失业保险金人员明显增加，形成高峰；此后失业人数相对稳定，参保受益率一直走低，2011 年以来处于 1.5% 以下。

从失业受益率看⑤（见表 2-2），2018 年我国失业受益率为 22.9%，城镇登记失业人员中在年末领取失业保险金的不到 1/4。2009 年以来我国失业受益率在 25% 以下，数百万计城镇登记失业人员没有领取失业保险金，例如 2018 年年末领取失业保险金人数是 223 万人，不到登记失业人数的 23%，全年领取失业保险金人数总计 452 万人，不到登记失业人数的一半。如果考虑到我国城镇登记失业人数小于实际失业人数，实际的失业受益率更低。我国失业保险的瞄准度不高、失业受益率低、农民工和中小企业雇员参保易但领金难，相对于

---

① 郑秉文. 新常态下失业保险的三个变化 [N]. 中国劳动保障报，2015-06-09（003）.

②③ 郑秉文. 中国失业保险基金增长原因分析及其政策选择——从中外比较的角度兼论投资体制改革 [J]. 经济社会体制比较，2010（06）：1-20.

④ 由于数据可获性，计算参保受益率时以"年末领取失业保险金人数"代替"全年领取失业保险金人数"，除以参保人数。所以在数值上会略小。

⑤ 由于数据可获性，失业受益率计算为年末失业领取失业保险金人员/城镇登记失业人员。由于城镇登记失业人员统计范围较窄，这种计算办法会使失业受益率偏大。

这些群体的就业特征来说，待遇资格条件过于严苛。

表2-2 2008~2018年失业保险瞄准度相关指标情况

年份	2008	2009	2010	2011	2012	2013	2014	2015	2016	2017	2018
城镇登记失业人数（A）（万人）	886	921	908	922	917	926	952	966	982	972	974
城镇登记失业率（%）	4.2	4.3	4.1	4.1	4.1	4.1	4.1	4.1	4.0	3.9	3.8
参加失业保险人数（B）（万人）	12400	12716	13376	14317	15225	16417	17043	17326	18089	18784	19643
年末领取失业保险金人数（C）（万人）	261	235	209	197	204	197	207	227	230	220	223
参保受益率（C/B）（%）①	2.1	1.9	1.6	1.4	1.3	1.2	1.2	1.3	1.3	1.2	1.1
失业受益率（C/A）（%）	29.5	25.5	23.0	21.4	22.2	21.3	21.8	23.5	23.5	22.6	22.9
农民工参保人数（万人）	1549	1643	1990	2391	2702	3740	4071	4219	4659	4897	—
农民工参保占比（%）	6.9	7.2	8.2	9.5	10.3	13.9	14.9	15.2	16.5	17.1	—

注：农民工参保占比是指参加失业保险的农民工数量占全国农民工的比例。"—"代表数据空缺。《2018年人力资源和社会保障事业发展统计公报》中没有再单独列出农民工参加失业保险的人数。

资料来源：国家统计局官网。农民工数据来自历年《人力资源和社会保障事业发展统计公报》。

失业保险瞄准度不够，结果是失业保险基金"有钱花不出去"，基金收入多、支出少，累计结余规模不断扩大，即使自2006年起基金结余最多的东部七省（市）扩大支出范围试点，仍未扭转全国总计结余持续扩张趋势，到2018年末累计结余超过5800亿元，基金备付（累计结余/基金支出）超过72个月。随着未来我国失业保险制度参保覆盖面不断扩大，如果不能提升制度瞄准度，参保受益率、失业受益率还会继续走低，失业保险基金积累会更多，失业受益率的"剪刀差"（失业人员不断增加、领取失业保险金人员不断下降）会持续增大。

---

① 由于数据可获性，此处以"年末领取失业保险金人数"代替"全年领取失业保险金人数"，在数值上会略小。

三、失业保险金替代率偏低，待遇充足性有待提升

失业保险金替代率是领取的失业保险金与失业前工资的比率，反映对失业期间基本生活的保障水平和待遇充足性。国际劳工组织（ILO）第 102 号公约规定失业保险金不低于参考工资的 45%，此后在第 168 号公约中又将这一比重提高至 50%[①]。从发达国家失业保险待遇执行情况看，失业保险金替代率都高于 50% 的水平，如德国为 60%~70%、丹麦与西班牙为 90% 等[②]。失业保险金待遇过低会损害劳动者的合法权益，但待遇过高会造成劳动力市场僵化，待遇水平的确定应将经济发展水平、工资收入水平、当地消费水平、失业保险缴费水平、失业保险金给付期限以及家庭负担（抚养子女或赡养老人的数量）等因素综合考虑，建立权利与义务关联机制。大多数国家按照失业前一定时期的收入，设定一定的比例发放失业保险金。例如，美国多数州失业保险金为失业前收入的 50%，待遇期限一般为 26 周；加拿大参考收入期内每周均收入的 55%；日本为失业前 6 个月平均日工资的 50%~80%（年龄 60~64 岁的为45%~80%），给付期在 90~330 天；韩国为失业前 3 个月平均日工资的 50%，给付期限为 90~240 天；中东欧转型国家也采取待遇与个人收入挂钩方式，如捷克按失业前 3 个月工资的 50%，此后 3 个月按 45%，最长给付 6 个月；匈牙利给付期为 360 天，前 91 天按照过去 1 年平均工资的 60%，此后按照月最低工资的 60%[③]。

我国《失业保险条例》规定，失业保险金按照低于当地最低工资标准、高于城市居民最低生活保障标准的水平，由省、自治区、直辖市人民政府确定。从全国范围看，2006 年全国平均失业保险待遇为 300 元/月[④]，当年城镇在岗职工月均工资为 1769 元，即失业保险金替代率为全国在岗职工平均工资的 17%；2017 年 1~9 月失业保险金为人均 1100 元/月[⑤]，当年城镇非私营单位就业人员

---

①　参见 http：//www.ilo.org/。

②　阿塔·侯赛因. 欧盟各国的失业保险计划 [J]. 中国社会保障, 2009 (1)：34-36.

③　SSA. Social Security Programs Throughout the World：Asia and the Pacifc, 2016 [Z]. Baltimore：SSA, 2017.

④　郑秉文. 中国失业保险基金增长原因分析及其政策选择——从中外比较的角度兼论投资体制改革 [J]. 经济社会体制比较, 2010 (6)：1-20.

⑤　参见《人力资源社会保障部关于失业保险条例修订情况的说明》, 2017 年 11 月 11 日。

平均工资为 6343 元，失业保险金的平均替代率为 17.3%①，与十年前相比变化不大。从各省市情况看，失业保险金替代率的省际差距也较大。2018 年北京失业保险金的月标准从 1536 元到 1645 元不等（缴费年限不同使待遇有所差别），社会平均月工资为 8467 元，最高档失业保险金替代率为 19.4%，最低档替代率为 18.1%②；上海失业保险金按照梯次递减办法（领取到的失业保险金逐月降低）发放，2017 年支付标准最高为 1660 元/月，当年社会平均月工资为 7132 元，最高失业保险金替代率为 23.3%③。

与上述经济发达或经济转型国家相比，我国失业保险金替代率明显偏低。2017 年人力资源和社会保障部会同财政部共同制定了《关于调整失业保险金标准的指导意见》（人社部发〔2017〕71 号），指导各地在现有基础上适当上调失业保险金标准，形成增长机制，逐步将失业保险金标准提高至最低工资标准的 90%。不过，即使失业保险金标准统一提高至最低工资标准的 90%，失业保险金对城镇在岗职工月均工资的替代率也处于较低水平。这里做一测算和比较，如表 2-3 所示，假定 2016 年各省市失业保险金标准均达到了该地区月最低工资标准的 90%，当年失业保险金替代率最高的河南省仅为 34.5%，替代率超过 30% 的仅有 3 个省份，在 31 个地区中占比仅为 9.7%；替代率在 20%～30% 的有 25 个省份，占比为 80.6%；上海、北京、西藏替代率不足 20%。

表 2-3　假定 2016 年失业保险金提升到最低工资标准 90% 时各地区替代率情况

省份	月最低工资标准（A）（元）	失业保险金（B=A×90%）（元）	城镇单位就业人员平均工资（C）（元）	城镇单位就业人员月均工资（D=C/12）（元）	失业保险金替代率（B/D）（%）
河南	1600	1440	50028	4169	34.5
山西	1620	1458	54975	4581	31.8
河北	1650	1485	56987	4749	31.3
山东	1710	1539	63562	5297	29.1
辽宁	1530	1377	57148	4762	28.9

① 2018 年《中国统计年鉴》，没有延续原来的"城镇单位就业人员平均工资"统计，而是分为"城镇非私营单位就业人员平均工资"和"城镇私营单位就业人员平均工资"两项。

② 依据北京人社局官网相关数据计算。

③ 依据上海市人力资源社会保障网相关数据计算。

续表

省份	月最低工资标准（A）（元）	失业保险金（B＝A×90%）（元）	城镇单位就业人员平均工资（C）（元）	城镇单位就业人员月均工资（D＝C/12）（元）	失业保险金替代率（B/D）（%）
黑龙江	1480	1332	55299	4608	28.9
江西	1530	1377	57470	4789	28.8
内蒙古	1640	1476	61994	5166	28.6
广东	1895	1706	72848	6071	28.1
新疆	1670	1503	64630	5386	27.9
吉林	1480	1332	57486	4791	27.8
湖北	1550	1395	61113	5093	27.4
浙江	1860	1674	74644	6220	26.9
安徽	1520	1368	61289	5107	26.8
云南	1570	1413	63562	5297	26.7
甘肃	1470	1323	59549	4962	26.7
江苏	1770	1593	72684	6057	26.3
陕西	1480	1332	61626	5136	25.9
福建	1500	1350	63138	5262	25.7
广西	1400	1260	60239	5020	25.1
湖南	1390	1251	60160	5013	25.0
贵州	1600	1440	69678	5807	24.8
海南	1430	1287	62565	5214	24.7
四川	1500	1350	65781	5482	24.6
重庆	1500	1350	67386	5616	24.0
天津	1950	1755	87806	7317	24.0
宁夏	1480	1332	67830	5653	23.6
青海	1270	1143	67451	5621	20.3
上海	2190	1971	120503	10042	19.6
北京	1890	1701	122749	10229	16.6
西藏	1400	1260	110330	9194	13.7

注：按2016年替代率测算倒序排列。

资料来源：笔者测算。其中月最低工资标准来源于人力资源和社会保障部《全国各地区月最低工资标准情况（截至2016年12月）》，并按照月最低工资标准第一档测算[1]；城镇单位就业人员平均工资数据来自《中国统计年鉴》（2017年）（光盘版，4-11）。

[1] 全国各地区月最低工资标准情况（截至2016年12月）[EB/OL]．[2020-12-13]．http：//www.mohrss.gov.cn/ldgxs/LDGXqiyegongzi/LDGXzuidigongzibiaozhun/201612/t20161213_261789.html.

第二节 失业保险促进再就业功能分析

失业保险制度自建立之日起一直重视促进再就业功能，这里有几个数据事实可见一斑：

《国营企业职工待业保险暂行规定》颁布之后，截至 1991 年底，待业保险覆盖人数为 7123 万人，累计向 41.5 万待业职工发放了救济金和医疗费，帮助 28 万人重新就业，并在治理整顿期间接济一批停工待工人员渡过了难关[①]。

1993 年开始，国有企业职工大批下岗，"下岗"成为失业的主要原因。根据国家统计局人口变动调查显示，城镇失业人员失业原因中"下岗"位居第一位，占 42.1%[②]。失业保险制度通过资金支持、加强培训、促进再就业等措施，对下岗人员进行技能培训，推动下岗人员再就业。自失业保险制度建立到 2008 年，累计向再就业服务中心调剂基金 270 亿元，改善了下岗人员的生活，促进了下岗职工再就业。据统计，在失业保险制度等多项措施共同努力下，1998~2005 年全国共有 1975 万国有企业下岗人员实现了再就业。2005 年底，国有企业下岗人员存量已由最高峰的 650 多万人下降到 61 万人，国有企业富余人员集中下岗对我国城镇就业造成的冲击基本消除[③]。仅北京而言，自 1999 年至 2008 年 5 月底，失业保险基金支出促进就业经费达 46.1 亿元，共帮助 168 万失业人员实现了就业和再就业[④]。

2006 年东部七省（市）启动扩大失业保险基金支出范围试点，促进再就业是试点的重要任务。2008~2009 年全球金融危机期间我国启动"援企稳岗"政策，失业保险促进再就业功能再度发挥。很多地方将促进再就业范围扩大至

---

① 胡晓义. 走向和谐：中国社会保障发展 60 年 [M]. 北京：中国劳动社会保障出版社，2009：259.

② 国家统计局人口和社会科技统计司，劳动和社会保障部规划财务司中国劳动统计年鉴 2003 [M]. 北京：中国统计出版社，2003：88.

③ 国家统计局庆祝新中国成立 60 周年系列报告之六：《多方式就业格局初步形成 规模显著扩大》[EB/OL]. http://www.stats.gov.cn/tjfx/ztfx/qzxzgcl60zn/t20090914_402586654.htm.

④ 任建新. 发挥失业保险的作用积极应对危机 稳定就业 扩大就业 [A] //人力资源和社会保障部失业保险司，中国就业促进会. 应对危机 稳定就业——发挥失业保险基金预防失业促进就业作用研讨会文集 [C]. 北京：2009.

农民工和灵活就业人员，支出项目在职业培训和职业介绍之外增加了技能提升补贴（仅此一项每年从失业保险基金列支约 25 亿元[①]，2018 年惠及 60 万人[②]）、职业技能鉴定补贴、创业补贴、稳定岗位补贴、高校毕业生见习补贴等。一些地方政府明确了失业保险促进再就业的具体办法，例如《浙江省失业保险基金促进再就业经费管理使用办法》对失业保险基金用于再就业的比例、使用范围和方式都做出了明确规定。

第三节　失业保险制度财务可持续性分析

失业保险基金是实施失业保险制度的物质基础，对失业保险制度发挥功能起着至关重要的作用。1999 年《失业保险条例》颁布实施之后，覆盖群体扩大，参保人数增加，失业保险基金收入和支出均保持两位数增长，且收入增长速度更快。如表 2-4 和图 2-1 所示，截至 2018 年底，失业保险基金累计结余 5817 亿元，滚存结余额相当于当年支出额的 6.36 倍，即基金率 636%[③]，这意味着即使不再征收失业保险费，结余基金可以支付 6 年的失业保险金。这是全国总体情况，各地区之间失业保险基金备付能力还是有较大差距，2017 年度最高的是西藏，可支付 60.7 年，最低的上海也可支付 1.7 年。雄厚的基金积累，为保证待遇支出、发挥"保障生活、预防失业、促进就业"功能奠定了坚实基础。

表 2-4　2017 年各地失业保险基金备付能力排名情况

备付能力排名	省份	当年基金收入（A）（亿元）	当年基金支出（B）（亿元）	年末基金累计结余（C）（亿元）	备付能力（C/B）（年）
1	西藏	2.0	0.3	18.2	60.7
2	江西	9.6	3.8	77.2	20.3
3	青海	3.3	1.6	29.2	18.3

[①]　充分发挥失业保险促进就业的重要作用［EB/OL］.［2017 – 05 – 22］. http：//www. mohrss. gov. cn/SYrlzyhshbzb/zcfg/SYzhengcejiedu/201705/t20170522_271140. html.

[②]　参见人力资源和社会保障部：《2018 年度人力资源和社会保障事业发展统计公报》。

[③]　2017 年失业保险基金累计结余 5817 亿元，当年支出为 915 亿元，基金率 =（5817/915）× 100% = 636%。

续表

备付能力排名	省份	当年基金收入（A）（亿元）	当年基金支出（B）（亿元）	年末基金累计结余（C）（亿元）	备付能力（C/B）（年）
4	内蒙古	17.0	7.3	128.9	17.7
5	山西	25.2	12.3	178.5	14.5
6	甘肃	10.5	5.9	83.1	14.1
7	云南	17.0	11.4	133.4	11.7
8	宁夏	4.8	3.2	36.3	11.3
9	陕西	20.4	14.3	159.6	11.2
10	辽宁	38.9	26.6	282.5	10.6
11	吉林	21.4	12.1	125.7	10.4
12	福建	24.3	16.6	171.6	10.3
13	黑龙江	19.7	17.2	167.8	9.8
14	广东	113.5	71.5	683.3	9.6
15	河南	32.5	19.8	188.4	9.5
16	广西	19.4	15.2	133.9	8.8
17	湖北	26.2	21.0	178.5	8.5
18	湖南	23.2	16.5	132.9	8.1
19	重庆	17.2	15.5	113.8	7.3
20	贵州	13.8	11.3	80.2	7.1
21	海南	5.9	5.2	35.1	6.8
22	四川	136.0	62.2	415.3	6.7
23	浙江	74.2	63.3	411.9	6.5
24	河北	27.7	27.1	158.5	5.8
25	安徽	26.1	25.2	116.4	4.6
26	山东	67.6	65.2	300.1	4.6
27	江苏	88.0	100.0	428.0	4.3
28	北京	82.2	65.9	237.9	3.6
29	新疆	19.9	27.2	84.8	3.1
30	天津	37.9	50.7	91.4	1.8
31	上海	87.2	98.5	169.9	1.7
全国		1112.6	893.8	5552.4	6.2

资料来源：笔者根据《中国统计年鉴》（2018 年）（光盘版，24-29）整理所得。

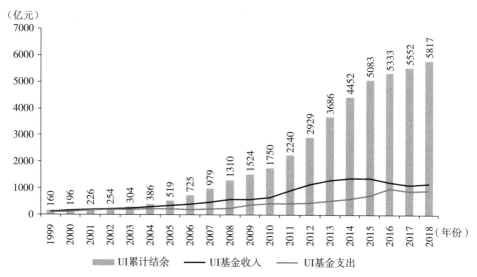

图 2-1　1999~2018 年失业保险（UI）基金收支及结余情况

资料来源：国家统计局。

　　值得注意的是，我国失业保险基金快速增长是在 2006 年东部七省（市）扩大失业保险基金支出范围试点（仅 2006~2012 年就扩大支出 410 亿元[①]，2016 年当年度支出 183 亿元[②]）、援企稳岗（2015 年开始两年半的时间发放稳岗补贴 424 亿元[③]）、技能提升补贴（2017 年为 3 亿元[④]）、代缴医疗保险金、发放价格临时补贴等支出不断增加的情况下发生的。失业保险基金并非是结余越多越好，作为大数法则最为典型的制度之一，失业保险基金收入与支出的平衡与经济周期密切相关，例如，美国的失业保险制度每年收入几百亿美元，七八年遇到一次失业高峰，积攒的一两千亿美元全部支出用于反周期；然后，下一个循环开始。所以美国的失业保险基金余额的消长呈现出十分规律的锯齿形状，从未出现过一条向右上方永远攀升无尽头的斜线。美国的参保受益率平均

　　① 郑秉文. 供给侧：降费对社会保险结构性改革的意义［J］. 中国人口科学，2016（3）：2-11.
　　② 参见人力资源和社会保障部失业保险司有关负责人解读《关于调整失业保险金标准的指导意见》，2017 年 9 月 26 日，人力资源和社会保障部官网。
　　③ 参见《援企稳岗　护航就业——人力资源和社会保障部失业保险司负责人就〈关于实施失业保险援企稳岗"护航行动"的通知〉进行解读》，2017 年 9 月 28 日，人力资源和社会保障部官网。
　　④ 参见《2017 年度人力资源和社会保障事业发展统计公报》，人力资源和社会保障部官网。

在 5%左右，是一条较为平稳的直线①。失业保险基金长期看应该收支平衡，失业保险基金结余能够支付 6~12 个月的失业保险金就已足够②。

第四节　我国失业保险"三位一体"的运行方向

一、失业保险制度运行评价的基本结论

通过失业保险制度运行评价，在现有可得数据基础上，可以对失业保险制度进行一个大致的轮廓构图。总体而言，现行《失业保险条例》规定失业保险制度的主要功能侧重于保障生活、促进就业。通过前文的分析可以看出，在这两项主要功能中，尽管失业保险制度都已经发挥了非常重要的作用，但目前仍存有一些问题，总体而言，失业保险制度存在"一高两低"的特点，即失业保险基金结余偏高，制度瞄准度较低，待遇水平低。

此外，失业保险制度还存在制度激励性不足和基金统筹层次不高的问题。制度激励性不足主要是失业保险制度对促进再就业的激励不足。我国失业保险制度在实施过程中，通过职业介绍、职业培训等措施积极推动失业人员再就业，但整体看失业人员再就业率还有较大提升空间。以北京为例，2015 年失业人员再就业率约为 66%，领取失业保险金时间超过 1 年的占比超过 1/5③。通过制度激励性设计，可以提升失业人员再就业率、缩短领取失业保险金等待就业的时间。基金统筹层次低主要是失业保险基金统筹层次仍处于较低水平。人力资源和社会保障部《关于进一步提高失业保险统筹层次有关问题的通知》（人社部发〔2010〕63 号）要求，2011 年底要在全国范围内基本实现失业保险市级统筹。但截至 2018 年，根据调研数据显示，我国有七个省（市）实现了省

---

① 郑秉文．供给侧：降费对社会保险结构性改革的意义 [J]．中国人口科学，2016（3）：2-11.

② 失业保险金失衡 3000 亿结余够用 6 年 [EB/OL]．[2013-11-28]．https：//www.yicai.com/news/3147104.html.

③ 范肖芬．北京市失业保险促进就业功能的研究 [D]．北京：首都经济贸易大学硕士学位论文，2018.

级统筹，15个省（区、市）实现了市级统筹，仍有九个省份还未实现市级统筹①。

二、失业保险制度面临内外部挑战

内部挑战在于新形势下需要失业保险制度自我完善：一是党的十八大以来明确失业保险预防失业促进就业的功能作用，以及近年来探索的行之有效的援企稳岗和技能提升政策，需要上升到立法层面，形成长效机制。二是制度实施中与人民群众利益息息相关的新问题需加快解决，乡镇企业、个体经济组织、社会团体、社会组织等用人主体还没有实现全覆盖，灵活就业人员还大多徘徊于失业保险制度之外。此外，待遇水平较低，"盯住"最低工资的一定比例使失业保险金对失业前工资的替代水平有限，仅是保基本生活，与"保障适度"的制度目标仍有差距。

外部挑战在于社会经济对失业保险制度提出新期待：一是深化供给侧结构性改革需要失业保险深度参与，表现在不仅要继续降低失业保险费率支持实体经济发展，而且要支持去产能去杠杆，企业继续稳定岗位减少裁员，还要在处置"僵尸企业"过程中保障失业人员的基本生活，减收与增支并存。二是新就业形态的迅速发展需要失业保险制度跟进创新，新就业形态多以灵活就业为主，相对于正规就业来说，失业风险更大，更需要社会保障，要将这些人纳入到制度覆盖中来，是对以单位参保为前提的失业保险制度提出新要求。三是新时代要满足人民对美好生活的需求，作为重要的社会政策，失业保险应在现有基础上，进一步提高保障水平，拓展保障范围，增强政策效能。

三、失业保险"三位一体"的制度选择

从全球失业保险制度发展和我国失业保险制度功能变化轨迹看，失业保险制度已经从最初的保障失业者基本生活进入到"保障生活、预防失业、促进就业"的"三位一体"的功能综合。英国的"求职者津贴"、韩国的"就业保险"以及日本的"雇佣保险"，都证明了失业保险制度能够更好地发挥促进就业、预防失业的功能。我国失业保险制度"三位一体"功能的确定，既来自国

---

① 来源于调研数据。

际经验，又是新时代的要求。

第一，"三位一体"制度选择是新时代赋予失业保险制度的重要使命。中国共产党第十八次全国代表大会报告中有"增强失业保险对促进就业的作用"的目标愿景；党的十八届三中全会提出"增强失业保险预防失业、促进就业功能"；党的十九大明确提出"完善失业保险制度"。落实新时代要求，失业保险制度应从原来保障生活、促进就业扩大到保障生活、促进就业、预防失业三项功能。

第二，我国失业保险制度"三位一体"得到了实践的证实。东七省（市）扩大支出试点、稳岗补贴、提升职业技能补贴等实践，很好地发挥了失业保险促进就业、预防失业功能，再加上探索失业保险标准与物价变动的调整机制，逐步提升失业保险金到最低工资标准的90%，失业保险保障生活的功能也在不断强大。

第三，失业保险"三位一体"的制度目标，需要有一个逐渐发展的过程。失业保险的功能应该与经济发展水平相适应，逐步丰富和完善制度功能，现阶段应该以保障生活作为失业保险的制度重心，向外延伸扩展到预防失业和促进再就业，同时应注重失业保险促进就业功能与积极劳动力市场政策的区分，避免重复保障或保障漏损。

第三章　我国失业保险制度顶层设计应关注的重点问题

要实现"三位一体"制度功能，首先要有科学的制度框架、制度目标和基本原则，即人们常说的制度顶层设计，从失业保险制度有效覆盖面、失业保险制度与其他失业保障、积极劳动力市场政策的边界、失业保险制度运作中的统筹层次等多角度，分别回答为谁提供、提供什么、如何提供等问题。

第一节　制度覆盖对象与提升制度的有效性

失业保险制度为谁提供？这是建立制度必须解决的问题，也涉及制度是否有效的问题①。本部分主要集中于两个问题的讨论：一是失业保险制度的受益对象能否扩大到符合给定条件的参保企业，需要在社会保险法理和条例中予以明确；二是失业保险制度"应保尽保"要求继续扩大覆盖面，当前可针对三类群体设计特殊的制度安排，以提升制度有效覆盖率。

一、参保企业享受失业保险补贴需要法律依据

尽管实践已先行，但我国社会保险法规并未明确参保企业可获得失业保险制度支持。《社会保险法》"总则"第二条规定："国家建立基本养老保险、基本医疗保险、工伤保险、失业保险、生育保险等社会保险制度，保障公民在年老、疾病、工伤、失业、生育等情况下依法从国家和社会获得物质帮助的权

---

① 本书对制度有效性的理解是，制度运行的结果是否体现了制度设计的初衷。具体到失业保险制度有效性，集中体现在失业风险高的人群是否被制度纳入进来并得到失业保险的收入支持。

利。"从中可以看出，失业保险的保障对象是"公民"，保障的是"获得物质帮助的权利"；1999 年《失业保险条例》对失业保险制度的功能定位定义是："为了保障失业人员失业期间的基本生活，促进其再就业"，也将失业保险制度保障对象界定为个体，即"失业人员"；2017 年 11 月人力资源和社会保障部《关于失业保险条例修订情况的说明》中，对失业保险的定义是："失业保险是国家通过立法强制实施，由社会集中建立基金，向中断就业失去工资收入的劳动者提供一定时期的物质帮助和再就业服务的制度，它是我国社会保险制度的重要组成部分，也是我国积极就业政策的有机组成部分"，从该定义中也可以看出，失业保险的对象是"中断就业失去工资收入的劳动者"，定位的也是劳动者个体。可见包括失业保险在内的社会保险制度上，劳动者应是受益者，失业保险待遇由劳动者享受，而不能由用人单位享受。

《失业保险条例》颁布实施 20 多年来，失业保险制度在实践中探索了不少取得较好政策效果的做法，需要对这些做法和经验建议总结凝练，补充和完善《失业保险条例》。我国失业:保险制度从"援企稳岗"等扩大支出试点情况看，失业保险制度的受益对象已超出失业者个体，通过支付社保补贴，对不裁员、少裁员和稳定就业岗位的企业给予"稳岗补贴"、返还缴纳的失业保险费等形式，做了很多制度创新，这些创新可以为完善《失业保险条例》提供有益的补充。

参保企业享受失业保险补贴应寻求法律的支持。2014 年 11 月，人力资源和社会保障部、财政部、国家发展和改革委员会、工业和信息化部联合发布的《关于失业保险支持企业稳定岗位有关问题的通知》决定，失业保险基金对采取有效措施不裁员、少裁员和稳定就业岗位的三类企业（实施兼并重组企业、化解产能严重过剩企业、淘汰落后产能企业）给予"稳岗补贴"，具体比例数额由省级人力资源和社会保障以及财政部门确定，这项政策执行到 2020 年底。在此之前东部七省（市）扩大失业保险基金支出范围试点已历经多年，由失业保险基金向有助于稳定岗位和促进就业的特定企业提供补贴具有常态化趋势，失业保险的受益对象扩展至企业，实践证明对缓解失业问题确实有益，在理论上和法理上对这种实践予以肯定，可以丰富我国失业保险制度内容，有助于深化社会保障制度改革。

二、三类群体需要失业保险制度的特殊安排

失业保险制度受益率和瞄准度不高，许多失业风险较高的劳动者游离于制度之外，失业保险制度在应对新就业形态等劳动力市场新变化上还需加把劲。现有制度诞生之初保障的是正规就业者，诸如平台、快递等新就业形态劳动者很难"原渠道"参保。因此，有必要通过特殊的制度设计，将这类高失业风险群体覆盖到失业保险制度中，尽可能扩大制度覆盖面，充分发挥失业保险制度在劳动者群体间分散风险的作用，提升制度有效性。

第一，失业保险制度需要重点扩面的第一个目标群体：农民工群体。

农民工群体数量庞大，土地越来越难以对这个群体提供所需水平的生活保障。从总量看，截至 2017 年底，我国农民工总量达到 2.86 亿人，其中外出农民工 1.71 亿人（在外出农民工中，进城农民工 1.37 亿人），本地农民工 1.15 亿人；从年龄结构看，50 岁以上农民工所占比重为 21.3%，自 2014 年以来比重提高呈加快态势，1980 年及以后出生的新生代农民工占全国农民工总量的50.5%[1]，这两个群体构成农民工主体。新生代农民工对土地保障的依赖性低于其父辈，根据安徽省新生代农民工调查，大多数新生代农民工已经没有了安居故土的技能——80%的新生代农民工基本上不会干农活，38%的人从来没有务农经验；清华大学"新生代农民工研究"课题组针对长三角、珠三角、环渤海等区域新生代农民工的一项调查也显示，44%的人完全没有务农经历[2]。土地保障功能逐渐弱化，农民工逐渐融入城镇生活，最终成为稳定的城镇劳动力。

农民工就业多为制造业、建筑业和批发零售业，2017 年在这三个行业就业的农民工占全部农民工的 61%[3]。房地产行业整体降温时，可能出现基建农民工集中性失业；产业转型升级（如污染行业整治）也会影响到钢铁冶炼业、造纸业等行业的农民工就业。2010 年的一项调研显示，河北省 11 个地级市的农

---

[1][3]　参见国家统计局.2017 年农民工监测调查报告［EB/OL］.［2018 - 04 - 27］.http：//www. stats. gov. cn/tjsj/zxfb/201804/t20180427_1596389. html.

新生代农民工指的是 1980 年以后出生的、16 周岁以上的青年农民工。2010 年中央一号文件要求"采取有针对性的措施，着力解决新生代农民工问题"，"新生代农民工"提法第一次在中央的正式文件中出现。

[2]　赵展慧，任艳，谢佳沥.新生代农民工：别让他们成为城乡边缘人［J］.决策探索（上半月），2012（8）：82-84.

民工总失业率高达 66.44%[①]。相对正规就业者来说，农民工的失业风险更高，但他们并未得到与风险程度相对应的失业保障。根据《失业保险条例》，单位招用的农民合同制工人连续工作满一年，本单位参保并已缴纳失业保险费，劳动合同期满未续订或者提前解除劳动合同的，由社会保险经办机构根据其工作时间长短，对其支付一次性生活补助。法规上有说法，但实践中有漏洞。农民工的工作流动性强，与雇主签订合同的只是少数，例如 2015 年浙江外出农民工无固定期限和一年及以上劳动合同占比之和为 42.9%[②]，同期全国外出农民工无固定期限和一年及以上劳动合同占比为 35.7%[③]，大批农民工因未签订劳动合同而无法加入失业保险。2017 年我国参保农民工 4897 万人，占全国农民工总量的 17.1%，占外出农民工的 28.5%，占外出进城农民工的 35.7%[④]，约2/3 的农民工没有加入失业保险。

第二，失业保险制度需要重点扩面的第二个目标群体：城镇灵活就业人员。

我国城镇灵活就业人员，类似国际常用表述的"非正规就业人员"。国际劳工组织将其分为以下几类[⑤]：受雇于他人但没有正式合同；家政人员；按天、小时、周发放工资者；家庭雇员；自雇者；个体工商户；正规部门的临时工等。我国灵活就业人员主要包括以下几种类型[⑥]：一是自营劳动者，如自雇者以及自由职业者；二是家庭帮工，即帮助家庭从事生产经营活动的人员；三是非全时工、劳务承包工、劳务派遣工以及家庭小时工等一般劳动者；四是个体工商户；五是平台类就业且未与平台签署就业合同者。有关我国灵活就业人员的数量，仅在 2004 年公布预测我国城镇灵活就业人员总量约为 5000 万人，占

---

① 参见韩伟，徐蕾，穆怀中，等.农民工失业保险制度研究 [J].中国软科学，2010 (8)：37-45.其中，总失业比率=回答有过失业经历的农民工人数/总有效调查问卷份数。

② 参见国家统计局浙江调查总队《2015 年浙江省农民工监测调查报告》，2016 年 3 月 10 日。失业保险参保水平与经济发展程度正相关，经济越发达的地区，农民工在包含失业保险在内的社保参保率越高；反之越低。http://zfxxgk.zj.gov.cn/xxgk/jcms_files/jcms1/web27/site/art/2016/3/10/art_1713_1415711.html.

③ 2015 年农民工监测调查报告 [EB/OL].[2016-04-28].http://www.stats.gov.cn/tjsj/zxfb/201604/t20160428_1349713.html.

④ 依据《2017 年农民工监测调查报告》《2017 年度人力资源和社会保障事业发展统计公报》计算。

⑤ ILO, Who is in the informal economy and why is it growing? [C].Decent Work and the informal Economy, Geneva：ILO, 2002.

⑥ 劳动保障部课题组.我国灵活就业人员情况分析 [J].中国劳动保障，2005 (2)：56.

城镇就业人员总数的 18% 左右①；互联网平台带来大量新形态就业，由此衍生的电商、微商、网约车、快递等行业吸纳大量就业，这些领域绝大多数是灵活就业人员，例如 2016 年快递业灵活就业人数保持 40% 以上的增速②，通过滴滴平台获取收入的就业人员共有 1332 万人③。

这些群体具有流动性大、职业身份易变，从事的职业多属于"满足生存的需要"④。对北京西城区灵活就业人员调研发现，工作类型集中于单位临时性工作、社区服务型工作、家政服务工作，三者占比高达 85%⑤，工作不稳定，更需要社会保险制度的保护。我国城镇灵活就业人员较多，这一群体对社会影响较大，养老保险、医疗保险、失业保险等领域都已经相继出台了针对城镇灵活就业人员参保政策。在灵活就业人员参保失业保险方面，南京、哈尔滨、昆明、黄石、兴安盟等做了有益探索，但制度设计不足和参保积极性不高的问题没有得到根本改变，制度扩面遇到瓶颈。一是从中央到各地都将扩大制度覆盖面作为重要任务，但制度未做根本改变，很难将新形态就业人员、各类灵活就业人员完全覆盖进来；二是一些创新制度没有常态化，例如南通市在 2000 年制定了灵活就业人员参加失业保险办法，但执行两年便终止。应当进行制度创新，通过特殊制度安排将灵活就业人员全部纳入覆盖范围。

第三，失业保险制度需要重点扩面的第三个目标群体：应届大学毕业生。

2000 年以来全国普通高等学校毕业生人数逐年增加，由 2000 年的 107 万人增加至 2010 年的 630 万人，同期，未就业人数则由 30 万人增加至 174 万人⑥。2018 年高校毕业生人数再创新高，达 820 万人⑦，2019 年高校毕业生规

---

① 2004 年城镇灵活就业人员达五千万人 [N]. 中国劳动保障报，2005-01-11.

② 参见国家统计局官网. 国家统计局新闻发言人就 2017 年 5 月国民经济运行情况答记者问 [EB/OL]. [2017-06-14]. http：//www. stats. gov. cn/tjsj/sjjd/201706/t20170614_1503350. html.

③ 参见中国网. 移动出行就业促进报告：滴滴已为超 1330 万司机提供就业 [EB/OL]. [2016-06-23]. http：//finance. china. com. cn/industry/wl/20160623/3780150. shtml.

④ 笔者认为灵活就业人员存在主要有三类情形，第一类是满足生存的需要；第二类是追求自由发展的需要；第三类是规避风险或享受政策优惠.

⑤ 斯琪. 北京市西城区灵活就业状况与就业促进调查研究 [D]. 北京：首都经济贸易大学硕士论文，2013.

⑥ 李通，刘慧侠，史蓉娟. 中国大学生失业保险的需求与供给研究 [J]. 西北大学学报（哲学社会科学版），2010，40（6）：80-84.

⑦ 参见李克强对全国普通高等学校毕业生就业创业工作电视电话会议作出重要批示强调千方百计保持高校毕业生就业水平总体稳定 [EB/OL]. [2018-05-25]. http：//www. moe. gov. cn/jyb_xwfb/s6052/moe_838/201805/t20180525_337058. html.

模进一步增长到 834 万人①，应届大学毕业生"就业难"问题越来越突出。按照现行制度，大学生毕业当年未就业的不算失业人员，因没有参保缴费不具备失业保险待遇资格。考虑到这个群体人力资本较高，闲置机会成本大，促进其尽早就业对经济和社会正向意义明显，既有助于社会稳定，又避免人力资源闲置浪费或者临时就业造成的人才错配。

在促进大学生就业上，国家已经给予了较多关注。人力资源和社会保障部提出要对各类就业困难毕业生和长期失业毕业生实施就业援助②；有些城市将失业的大学生纳入城市低保之中，有些地方开始探索为困难家庭高校毕业生提供失业补助金，也有地方（如哈尔滨市）允许本市高校毕业生以灵活就业人员参保，这些做法虽然暂时缓解了失业大学生的经济压力，但是也存在很多问题，例如城市低保是按照家庭成员人均收入来确定的，若失业大学生家庭成员人均收入符合标准，自然属于低保之列；如对失业大学生实施特惠政策，则违背了最低生活保障制度公平性的要求；领取低保和失业补助金缺乏激励性，也对青年失业者的自尊心和自信心造成不良影响。因而有必要对现行城镇职工失业保险制度进行改革和调整，科学地考虑失业保险制度在促进应届毕业大学生等群体就业问题上的作用与功能。

应届大学毕业生规模扩大、就业难度增加与失业保险着力发挥"三位一体"功能的时间周期交叉，地方政府在扩大失业保险基金支出范围时，利用岗位津贴鼓励用人单位提供实习岗位，支持毕业半年仍未就业的大学毕业生通过实习提高就业能力和就业意愿，实践效果好，经验值得借鉴。

第二节　制度内容设计与提升制度的激励性

失业保险制度激励性问题主要包括两个方面：一是失业人员的再就业激

---

① 参见《人力资源和社会保障部：2019 年应届高校毕业生规模再创新高达 834 万》，中国新闻网，2019 年 1 月 16 日。

② 参见《人力资源社会保障部教育部关于实施高校毕业生就业创业促进计划的通知》（人力资源和社会保障部发〔2016〕100 号）。

励，二是制度参保激励。从国内外实践看，失业保险制度多为强制参加①，除了失业人员基本生活保障以外，越来越强调如何促使领取失业保险金的人员尽快再就业。失业保险制度出现就业激励性不足，主要是由于失业保险制度提供生活保障的同时，也与道德风险或逆向选择相伴相生。道德风险又有两个来源：一是劳动者个体会因为慷慨的失业保险待遇造成再就业努力程度的削弱以及失业率的提升②；二是失业保险制度的保护降低了雇主裁员的成本，进而增加雇主裁员的行为③。

我国失业保险领取期限最长为 24 个月，领取 24 个失业保险金人数比例越高，说明再就业率低、失业保险制度促进再就业的效果越不好。失业动态监测显示，2010 年上半年我国江苏省扬州市领取 24 个月失业保险金的人数占比 49.9%④，近一半的失业者在领取失业保险金期间未能实现再就业。需要从劳动者个体的角度探讨我国失业保险制度再就业激励性不足的原因。

一、我国失业保险制度待遇给付期过长

我国失业保险待遇给付期上限为 24 个月，与国外同类制度相比，领取期限过长。一是与同处于经济转型的中东欧国家相比，除了斯洛文尼亚最长为 25 个月（一般情况下为 12 个月）之外，其他国家待遇给付期都较短，保加利亚为 12 个月，捷克为 11 个月，爱沙尼亚为 12 个月，波兰为 18 个月⑤；二是与欧美发达经济体相比，英国为 6 个月，美国大多数州规定一般情况下失业给付期不超过 26 周。自 20 世纪 90 年代以来，全球失业保险制度改革的趋势是增加缴费和缩短待遇给付，例如 1992 年西班牙缴费要求由 6 个月增加至 1 年；匈牙利于 1993 年将给付期限由 2 年降至 1 年，其后在 1998 年又降至 9 个月；德国

---

① 失业保险制度诞生之初的"根特模式"，是由工会来管理和提供失业保险制度的，工会会员自愿参加。目前自愿参加、由工会管理的失业保险制度仍在工会机构发达的丹麦、瑞典等少数国家实行。

② Peter Fredriksson, Bertil Holmlund. Improving Incentives in Unemployment Insurance: A Review of Recent Research [Z]. IFAU Working Paper, 2003: 5.

③ Bernardus Van Doornik, David Schoenherr, Janis Skrastins. Unemployment Insurance, Strategic Unemployment, and Firm-Worker Collusion [Z]. Banco Central do Brasil Working Paper Series, 2018.

④ 2010 年上半年失业保险动态监测报告 [EB/OL]. http://czj.yangzhou.gov.cn/yzgov/sybx/201111/e9491493e1b54215a5062958f3c4e268.shtml.

⑤ World Bank. Unemployment Benefit Systems in Central and Eastern Europe: A Review of the 1990s [J]. Comparative Economic Studies, 2005, 47 (4): 615-651.

2005 年哈茨改革之后，50 岁以下失业人员的最长给付期由 32 个月调低至 12 个月；2008 年 4 月，瑞典最长给付期限由 600 天削减至 300 天[①]。相比之下，我国失业保险的待遇期过长。

二、失业保险未实行待遇阶梯递减机制

除待遇期限较长外，我国失业保险制度也未建立起待遇梯次递减制度，致使制度的再就业激励性进一步削弱。为了鼓励失业人员尽早再就业，避免对失业保险待遇过度依赖，一些国家规定失业保险金随待遇期递减，例如西班牙规定，待遇期头 180 天可领取相当于失业前 6 个月个人平均收入 70%的失业保险金，180 天后这一比例降为 50%。其他国家例如中东欧的捷克、爱沙尼亚、斯洛伐克，北欧的瑞典，西欧的荷兰等国及拉美地区的智利均实行了此种模式。以智利为例，失业保险待遇期为 5 个月，待遇（替代率）逐月递减，从 70%降至 30%[②]。

三、领取失业保险金的义务性规定有待细化

根据我国《失业保险条例》规定，失业人员领取失业保险金期间的义务性条款仅有一条，即"无正当理由，拒不接受当地人民政府指定的部门或者机构介绍的工作的"，且这一条款也是消极义务规定[③]。领取失业保险金期间失业人员义务性规定，尤其是和就业相关的义务性规定过少或缺失，对失业人员再就业也产生不利影响。美国对失业期间的义务性规定很详细，对如何求职、什么是合适的工作等都有非常细致的规定，一方面能够起到就业指导作用，另一方面也有利于提升领取失业保险金人员的再就业激励。

---

① Van Ours J. , M. Vodopivec. How Shortening the Potential Duration of Unemployment Benefits Affects the Duration of Unemployment: Evidence from a Natural Experiment [J] . Journal of Labor Economics, 2006, 24（2）: 351-378.

② Ana M. Ferrer, W. Craig Riddell. Unemployment Insurance Savings Accounts in Latin America: Overview and Assessment [Z] . The World Bank, Social Policy Discussion Paper, 2009.

③ 消极义务即不作出一定行为的义务，如不得侵入他人住宅的义务。

专栏 3-1　美国纽约州对失业人员求职要求的相关规定

· 关于求职要求的规定

根据纽约州《劳动法》规定，失业人员必须"为寻找工作付出一贯而持续的努力"。按照要求向劳工部证明寻找工作的努力。如果不符合要求，失业保险金可能会被拒发。"一贯而持续努力寻找工作"包括下列要求：

· 必须至少每周有三次求职活动，除非有劳工部批准的求职计划，或者已经被劳工部指定为免除此项求职要求。

· 这三次活动必须在一周的不同日期完成并且其中必须有至少一次活动属于求职活动 1~5（如下），并且另两次活动属于列出的 9 种活动。

求职活动可能包括但不限于：

（1）利用当地纽约州就业中心提供的求职资源，例如：

· 与就业中心的顾问会面；

· 通过就业中心的员工获取有关特定行业或地区工作的信息（获得就业市场信息）；

· 与就业中心员工一同评估您的技能并匹配能胜任的职业和工作（匹配职业的技能评估）；

· 参加指导培训；

· 从就业中心获得工作推荐和匹配工作并跟进雇主。

（2）亲自到访工作场所，向很可能提供就业机会的雇主发送就业申请。

（3）提交就业申请和/或简历，回应公告或招聘广告或很可能提供就业机会的雇主。

（4）参加求职研讨会、定期举办的职业交流会、招聘会或研讨会，获得指导，提高技能，以获得就业。

（5）参加潜在雇主的面试。

（6）向前任雇主申请工作。

（7）在私人职业介绍机构、就业安排服务机构、学校、学院或大学和/或职业机构的工会和就业指导中心注册并报到。

（8）使用电话、企业目录、互联网或在线就业选配系统搜索工作、获得线索、申请推荐或预约面试。

（9）申请和/或注册并参加公务员考试，获得政府职位。

· 关于"合适工作"的界定

合适的工作指通过之前的培训和经验失业人员可以合理从事的工作。

（1）对于领取失业保险金的前 10 整周，合适的工作指必须在最近从事的所有职业中寻找工作。

（2）在失业者申领失业保险金 10 整周之后，合适工作的定义将扩展到包括失业者能够胜任的任何工作，即使在这类工作方面没有经验或没有受过培训。如果失业者在领取失业保险金 10 周后得到工作，符合下列情形时，其必须接受这份工作：

· 能够胜任这份工作；

· 这份工作支付的工资至少是高收入季度基本周期工资的 80%；

· 这份工作支付的工资至少是此类工作的失业保险保底工资。

资料来源：Department of Labor of New York State. Unemployment Insurance Information for Claimants[EB/OL].［2018-8］. https：//labor. ny. gov/ ui/claimantinfo/TraditionalChineseGuide. shtm.

第三节 制度运行机制与提升制度的效率

良好的制度设计需要科学有效的运行机制才能得到切实落地，进而维护好参保人员的切身利益。从我国失业保险制度运行看，制度运行的支持系统，失业保险与其他失业保险制度的关系等，有进一步改进的空间。

一、失业保险经办能力建设有待加强

我国各地失业保险的经办部门不统一，影响了协调管理和信息互通的效果。2018 年，全国各类失业保险经办机构共 3148 家，这些机构分为四种类型，即社会保险经办机构（社保机构）、公共就业服务部门（就业机构）、单独建立的失业保险经办机构（失业保险机构）和其他类型的失业保险经办机构。其中，参保登记方面，社保机构占 67.4%，就业机构占 17%，失业保险机构占 10.3%；缴费基数核定方面，社保机构占 66%，就业机构占 17%，失业保险机构占 10%；失业保险金申领方面，就业机构占 51.3%，社保机构占 30.8%，失业保险机构占 13.9%；稳岗补贴申领方面，就业机构占 51%，社保机构占 23.2%，失业保险机构占 13.2%；技能提升补贴申领方面，就业机构占 52.6%，社保机构占 27.1%，失业保险机构占 13.5%[①]。各地失业保险经办归属不同部门，机构名称五花八门，有的叫"失业保险管理处"，有的叫"劳动就业服务管理局"或"就业服务局"；即使在同一地区，涉及失业保险参保登记、失业保险金发放、稳岗补贴发放等环节，也存在多个机构管理的局面。这些都不利于失业保险的统一管理和信息互通。

失业保险覆盖人数增加、制度职能扩展，造成经办机构工作人员长期超负荷工作。社保经办人均负荷比从 2000 年的 1：2757（即 1 个经办人员对应 2757 参保人次）提高到 2012 年的 1：9692，孟昭喜等人的研究显示 2012 年全国社保经办负荷比大约为 1：6300[②]，失业保险经办负荷比问题更严重，从 1986 年制度建立起，失业保险机构经办机构的人员编制一直"少得可怜"[③]。如表 3-1 所示，2009 年江苏全省失业保险经办人员数与参保人数的配比为 1：2.61 万；在江苏省 108 个经办机构中，全额拨款的有 47 个，只占 44%，绝大部分经办机构为差额拨款和自收自支。失业保险经办机构作为政府的公共服务部门，人员编制和办公经费不足直接影响经办服务效率，失业保险发挥"三位一体"功能更需要强化经办能力。

表 3-1   2009 年江苏省失业保险经办机构及人员配比情况

地区	经办机构数（个）	经办人员数（人）	2009 年末参保人数（万人）	人员配比
南京	13	30	182.0	1：6.1 万
无锡	10	34	143.2	1：4.2 万

---

① 调研统计数据。

② 郑秉文. 中国社会保险经办服务体系的现状、问题及改革思路 [J]. 中国人口科学，2015（6）：2-16+126.

③ 更新管理理念、创新服务机制 不断提高失业保险经办机构能力建设水平 [EB/OL]. [2011-04-18]. http://sybx.jms.gov.cn/jyjl/2011/4/2011041809294773499.html.

地区	经办机构数（个）	经办人员数（人）	2009 年末参保人数（万人）	人员配比
徐州	7	28	70.3	1∶2.5 万
常州	8	32	74.1	1∶2.3 万
苏州	12	36	234.3	1∶6.5 万
南通	7	59	79.2	1∶1.34 万
连云港	5	14	29.5	1∶2.1 万
淮安	9	23	45.3	1∶1.97 万
盐城	11	42	57.7	1∶1.37 万
扬州	8	26	53.9	1∶2.1 万
镇江	5	54	42.9	1∶0.79 万
泰州	7	14	40.9	1∶2.92 万
宿迁	6	22	25.7	1∶1.2 万
合计	108	414	1079.0	1∶2.61 万

资料来源：关于进一步完善失业保险经办管理服务体系的调研报告 [EB/OL]. [2011-03-25]. http://www.jshrss.gov.cn/xwzx/jgdjzl/xxyd/201103/t20110325_81686.htm.

此外，失业保险经办机构需要提升信息化水平，运用信息手段监测失业动态，辅助推进促进失业人员再就业政策。失业保险信息化是社会保障信息化建设的重要组成部分，也是电子政务建设不可或缺的一个重要元素。目前全国没有统一的失业保险经办软件，一些地区单独开发（如湖南的失业保险管理信息系统〈V2.0 版〉软件，重庆的失业保险专项信息系统和基金财务管理信息系统），另一些地区的失业保险信息系统与其他险种或者就业信息系统并用，信息格式不统一，数据难共享，不利于跨域经办。

二、失业保险基金统筹层次应提升至省级

我国失业保险基金以市级统筹管理为主，一些地区仍是县级统筹，统筹层次低造成基金分散且规模差距大，失业保险基金形成数以千百计的"资金池"，各自为战，抵御风险能力被削弱，也影响了基金使用效率。另外，考虑到各地产业结构和劳动力市场结构差异明显，失业风险分布不均，失业原因各地各

异，若基金采取中央集中管理很难"一地一策"地对不同失业风险采取及时、快速、有效地应对，因此失业保险基金不适用全国统筹。

2011 年 7 月实施的《社会保险法》，失业保险基金应"逐步实行省级统筹"，2019 年人力资源和社会保障部、财政部和国家税务总局联合发布《关于失业保险基金省级统筹的指导意见》（人社部发〔2019〕95 号）要求做好省级统筹工作，在省（自治区）内实行"五统一①"。失业保险基金采取省级统筹，实现决策层级的扁平化，既能够兼顾各省实际，满足灵活性的要求，也能够集中使用失业保险基金，提高基金使用效率。

失业保险统筹层次实行以省级政府为责任主体之后，中央政府与地方政府权责界限要有明确区分，以确保失业保险制度能够灵活有效地发挥作用。具体而言，中央政府负责宏观层面指导，主要做好以下几个方面的工作：一是制定统一的失业保险法律，以此为基础，各省依据省情制定本省失业保险规定；二是改进和完善失业率的统计方法，为各省失业保险政策制定提供真实有效的信息，尤其是经济周期性波动时期，中央政府要定期发布失业率变化情况，确定一个基准失业率，用于指导各省失业保险待遇期限；三是中央颁布失业保险费率指导线，确定失业保险费率上限与下限，各省可以在费率波动区间内进行选择；四是对各省失业保险制度监督指导，可以考虑建立中央级统筹基金，对入不敷出的省份提供资金支持；五是对各省失业保险制度实施情况进行评估。

失业保险制度实行省级统筹之后，在中央政府的指导下，失业保险制度具体运作由省级政府管理，如失业保险费收缴、待遇发放等，除此之外，各地方政府对失业保险基金投资运作也可以做出相关探索，以实现基金保值增值。

统筹层次确定后仍需顺畅失业保险关系接续。我国城镇登记失业人数和失业保险受益人数之间有较大差距，除了资格条件受限等原因外，失业保险关系跨统筹地区转移接续运行不畅也是一个重要因素。例如《北京市失业保险规定实施办法》第四十条规定，外省市城镇职工与用人单位终止、解除劳动（聘用）合同或者工作关系后回原籍的，由参统的社保中心将其应享受的失业保险待遇，随失业保险关系一并划转至其户口所在地的县以上经办失业保险的社会保险经办机构；继续在本市就业或者失业的，由社保中心为其开具缴费证明；对失业的，按照本市城镇失业人员的标准，将其应领取的失业保险金通过银行

---

① 统一失业保险参保范围和参保对象，统一失业保险费率政策，统一失业保险缴费基数核定办法，统一失业保险待遇标准确定办法，统一失业保险经办流程和信息系统。

拨付给用人单位，由用人单位一次性发给本人①。这意味着外来从业人员在北京参保多年，如不继续在京工作，只能去户口所在地办理失业保险登记并领取失业保险金，或者由单位一次性支付给本人。此外，在信息系统未完全兼容的情况下，跨统筹地区流动就业需要转移接续失业保险关系时，容易遇到过往缴费记录不能及时录入新就业地信息系统，造成缴费年限无法累计等问题。

三、失业保险与其他失业保障政策的协同问题

（一）失业保险促进就业与积极就业政策的关系

2002 年《关于进一步做好下岗失业人员再就业工作的通知》（中发〔2002〕12 号）规定，享受再就业扶持政策的对象除了国有企业下岗职工和失业人员，还包括"享受最低生活保障并且失业一年以上的城镇其他失业人员"，积极就业政策更具普惠性；政策定位从最初的促进国有企业减员增效中的下岗职工再就业，到促进各类劳动者就业，再到促进就业与鼓励创业相结合，导向更加积极。近年来，国务院下发多个促进大众创业、万众创新的文件，形成了新一轮的以鼓励创业与促进就业相结合为特征的政策集成和创新②。积极就业政策连同失业保险制度，合力促进国企改革和劳动力市场发展。

不过，失业保险扩大职能后，在预防失业和促进就业方面与积极就业政策之间存在边界不清、受益对象重叠的问题。

第一，失业保险促进再就业功能与积极就业政策的边界有交叉。失业保险制度受益对象是失业群体，积极就业政策的受益对象是所有劳动者。德国规定，失业者依据社会法典三（Sozialgesetzbuch Ⅲ，SGB Ⅲ）领取失业保险金，失业保险待遇期满后仍未就业的，依据社会法典二（Sozialgesetzbuch Ⅱ，SGB Ⅱ）可以获得积极劳动力市场政策的支持③。2006 年东部七省（市）扩大失业保险基金支出范围试点，失业保险基金用于应届大学毕业生实习岗位津贴，2008~2009 年全球金融危机期间，一些地区允许失业保险基金用于企业富余人

---

① 参见《北京市劳动和社会保障局关于印发〈北京市失业保险规定实施办法〉的通知》（京劳就发〔1999〕129 号），1999 年 10 月 22 日。

② 莫荣. 中国积极就业政策回眸：不断升级实现跨越式发展 [N]. 中国劳动保障报，2018-11-07.

③ Bernhard Ebbinghaus, Werner Eichhorst. Employment Regulation and Labor Market Policy in Germany [J] . IZA Disussion Paper No. 2505，2006.

员的转岗培训，在促进就业方面，失业保险的受益对象"越界"扩大到非失业群体，与积极就业政策的功能交叉。失业保险筹资来自参保人员缴费，属于社会资金，积极就业政策资金来自政府收入，属于公共财政，失业保险"越界"意味着社会资金分担了公共职能，如图3-1所示。因此，二者的使用对象应清晰划分边界。

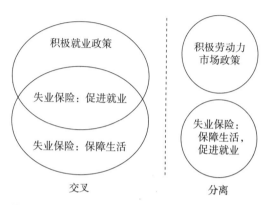

图3-1　失业保险与积极劳动力市场政策的关系

资料来源：笔者绘制。

　　第二，失业保险促进就业的覆盖对象上也存在"缺位"。失业保险属于社会保险五大险种之一，按照权责对应原则运行，享受待遇以履行缴费责任并符合最低缴费年限规定为前提。我国失业保险参保人口不足城镇就业人口的一半，超过一半的城镇就业人口"无权"享受失业保险待遇，这些待遇包括对预防失业和促进就业的支持。补上失业保险在促进就业方面的"缺位"关键是扩大失业保险制度覆盖面，城镇灵活就业人员、进城务工的农民工、新就业形态从业人员、应届大学毕业生等未参保群体是否纳入失业保险促进就业范围内，如何与积极就业政策划分边界，尚需深入研究。

　　（二）失业保险制度与经济补偿金制度之间的关系

　　失业保险和经济补偿金是两种既区别又关联的制度。《失业保险条例》对失业的定义是"非因本人意愿中断就业"，以此作为享受失业保险待遇的先决条件之一，《劳动合同法》第四十六条规定六七种解除劳动合同后用人单位应当向劳动者支付经济补偿的情形，这些情形不排斥"非因本人意愿中断就业"，因此失业保险与经济补偿金两个制度在保障对象上有交叉，符合领取失业保险金条件的人也有机会获得用人单位支付的经济补偿。有学者认为，由于我国失业保险待遇较低，离职（失业）雇员想方设法获得经济补偿金，用经济补偿金替代失业保险金，由此带来劳资摩擦、企业用工成本增加、抑制劳动力市场灵活性的问题①。在"减税降费"时期，失业保险缴费率由雇主雇员合计3%降至1%以下，为企业减负，但也减少了基金收入，需要注意的是，避免因降低费率减少基金收入而影响失业保险待遇保障度，若在实践中由经济补偿金保障，结果反而增加企业负担。

劳动力市场这种"双重保护"，极易出现经济补偿金制度"挤出"失业保险制度。经济补偿金是单个企业的负担，失业保险金是风险由社会共担，当企业遇到困难不得不裁员时，经济补偿金会加重企业负担，对企业生存发展以及其他岗位的保留带来不利影响，社会上出现了取消经济补偿金制度的声音②。根据国际劳工组织的统计，在对失业者提供保护上，有73个经济体采取了强制性失业保险制度，31个经济体并且均为发展中国家采用的是补偿金制度③。避免经济补偿金对失业保险制度的"挤出"，需要厘清失业保险与经济补偿金制度的边界。

---

① 董保华，孔令明. 经济补偿与失业保险之制度重塑 [J]. 学术界，2017 (1)：18-33.

② 东莞统战部长李小梅：应取消经济补偿金 让企业轻装上阵 [EB/OL]. [2016-01-28]. https://www.guancha.cn/society/2016_01_28_349626.shtml.

③ ILO. World Social Protection Report Building Economic Recovery, Development and Social Justice [R]. Geneva：ILO, 2014.

第四章　对《失业保险条例（修订草案征求意见稿）》的讨论和思考

　　自 1999 年 1 月《失业保险条例》发布实施到 2017 年 11 月《失业保险条例（修订草案征求意见稿）》向社会发布，这项制度为助力国有企业改革、保障劳动者权益、完善社保体系发挥了重要作用。为配合供给侧结构性改革，2015 年失业保险率先启动降费，到 2019 年共减轻企业各项社保缴费负担近 5000 亿元①，仅 2019 年减轻企业失业保险和工伤保险缴费负担 1100 多亿元②。在失业保险基金中列支援企稳岗补贴，协助企业缓冲全球金融危机对企业的冲击，2015 年和 2016 年共有 54 万户企业领取稳岗补贴 364 亿元、惠及职工达 6561 万人③，2018 年向 68.1 万户企业发放稳岗补贴 197.7 亿元、惠及职工 6445 万人④，有力地减轻用人单位负担，并提高了基金使用效率。

　　面对经济形势和社会发展的新变化、失业保险制度在实践中探索的新功能，需要修订和完善失业保险立法。2017 年 11 月，人力资源和社会保障部就《失业保险条例（修订草案征求意见稿）》向社会公开征求意见，在总结经验教训、吸收实践成果、借鉴国外有益经验的基础上，做了八个方面的修改。本部分分析失业保险条例修订的背景、内容和意义。

---

　　① 国新办《降低社会保险费率综合方案》有关情况吹风会［EB/OL］.［2019-04-04］. http：// www. gov. cn/xinwen/2019zccfh/19/index. htm.

　　② 预计 2019 年，合计可减轻社保缴费负担 3000 多亿元［EB/OL］.［2019-04-04］. http：// www. gov. cn/xinwen/2019-04/04/content_5379761. htm.

　　③ 郑秉文. 新知新觉：我国社会保障改革成就卓著［N］. 人民日报，2017-10-23（14）.

　　④ 参见中国劳动保障报公众号：《2018 年中国就业十件大事揭晓》，2019 年 1 月 30 日。

第一节 《失业保险条例（修订草案征求意见稿）》的背景

2017 年《失业保险条例（修订草案征求意见稿）》是在中国特色社会主义新时代背景下提出的，响应了劳动力市场新变化新需求、转向高质量就业的需要。

一、新时代基本特征需要失业保险制度与时俱进

党的十九大指出，中国特色社会主义进入新时代，基本特征就是我国经济已由高速增长阶段转向高质量发展阶段。2019 年 3 月 5 日李克强总理做政府工作报告时提及，国内经济下行压力加大，消费增速减慢，有效投资增长乏力，实体经济困难较多，民营和小微企业融资难融资贵问题尚未有效缓解，营商环境与市场主体期待还有差距，自主创新能力不强，关键核心技术短板问题凸显等问题的存在，一定程度上会加重劳动力供给的局部过剩，加重局部领域和行业（如外贸行业，去产能涉及的钢铁行业、煤炭行业等）的失业风险，这对失业保险适应社会经济发展新阶段提出新挑战。

在此背景下，如何巩固和提升就业水平，减少可能出现的失业风险，成为失业保险制度需要考虑的时代命题。在国家不断加大投入，努力创造更多就业岗位的同时，失业保险制度应该发挥"小险种、大作为"的作用，要扩展失业保险制度功能，与积极就业政策、民生保障政策、社会保险政策紧密结合，通过自身制度完善，在制度理念、功能拓展上做出调整，推动提高劳动者的工作技能和素质水平，实现高质量就业，从根本上减少失业的发生，继续对符合条件企业执行稳岗补贴政策，从事后帮扶就业向事前预防失业拓展，前移关口，减少失业的发生。

二、劳动力市场新变化需要失业保险制度予以响应

我国劳动力市场新变化是与我国新时代基本特征、与我国经济新常态直接

关联。在经济新常态时期，就业形势将更加严峻：

第一，就业总量矛盾在短时期内可能更加严峻。我国就业总量庞大，农民工群体数量众多、流动性强，在经济结构性调整时期，重化工比重高、去产能任务重的地区就业压力大、失业风险高，就业总量矛盾和结构性压力同时存在①。研究显示，我国每年需要净增就业岗位 1163 万左右才能满足社会就业需求，而经济增长在 7.5% 水平上拉动城镇就业的岗位数是 1068 万左右②，难以完全满足社会就业需要。在经济下行期，由于经济增速对就业拉动能力下降，就业总量矛盾可能会更加突出。

第二，劳动力供给结构发生变化。一是每年新增大学毕业生人数日益增加，大学生就业压力加大；二是农民工群体数量庞大，但出现两级分化，掌握技能的农民工容易就业，缺乏技能的青年农民工和老一代农民工面临失业风险；三是人口年龄中位数上移，大龄劳动者人数规模和比例扩大，这些年龄偏大的劳动者在认知能力和技能上难以适应产业结构升级换代的要求③，面临着更高的失业风险。

第三，新就业形态正在改变劳动力市场结构。新就业形态是新时代、新经济、新技术发展的必然结果。随着移动互联网、大数据、云计算等信息技术广泛运用，新就业形态不断出现。传统雇佣关系转向平台型关系，创造了更多就业岗位，促进社会阶层流动，增加了就业机会。但这部分群体多为灵活就业、弹性就业、自雇就业，现行社保制度未能完全覆盖。初步估算，约有 1 亿法定人员没有参加养老保险，主要是灵活就业人员、新业态就业人员和中小企业人员④。这些群体也是失业保险制度需要覆盖的群体。

三、失业保险制度内在完善和调整的必要

《失业保险条例》自 1999 年 1 月 22 日颁布实施以来，对于保障失业人员

---

① 就业总量矛盾和结构性压力仍存在 [EB/OL]. [2013 - 03 - 14]. http://www.scio.gov.cn/xwfbh/xwbfbh/wqfbh/37601/38074/zy38078/Document/1625197/1625197.htm.

② 张车伟. 新常态下就业面临的挑战 [J]. 社会观察，2015（1）：18-20.

③ 人均受教育年限随着年龄的提高而明显降低，45 岁以上人口受教育年限低于九年制义务教育水平，60 岁左右时则更接近于小学毕业水平（六年）。

④ 尹蔚民部长在十九大新闻中心"满足人民新期待，保障改善民生"记者招待会上的发言（节选）[EB/OL]. [2017-10-24]. http://www.mohrss.gov.cn/SYrlzyhshbzb/shehuibaozhang/gzdt/201710/t20171024_279934.html.

基本生活，促进其再就业，维护就业局势稳定，服务经济社会发展发挥积极作用。但随着经济社会的发展和有关法律、政策调整，《失业保险条例》已不能完全适应经济社会发展的需要。

一是党的十九大明确提出要完善失业保险制度，党的十八大、十八届三中全会提出要增强失业保险制度预防失业促进就业功能，需要依法落实。按照中央要求，近年来我国制定出台了稳岗补贴、技能提升补贴等一系列防失业促就业的政策。实践表明，这些探索行之有效，社会广泛认可，制度功能日趋完善，需要及时提升到立法层面。

二是2010年《社会保险法》对《失业保险条例》部分内容已经做出修改，如将领取失业保险金人员的医疗补助金改为领取失业保险金期间参加基本医疗保险应当缴纳的医疗保险费等，需要根据上位法规定进行调整（见表4-1）。

表4-1　《失业保险条例》与《社会保险法》规定不同之处比较

涉及内容	《失业保险条例》规定	《社会保险法》规定	差异之处
参保人员方面	城镇企业事业单位、城镇企业事业单位职工；城镇企业事业单位招用的农民合同制工人	职工应当参加失业保险；进城务工的农村居民依照本法规定参加社会保险	《社会保险法》不再区分城镇户籍和农村户籍职工，终止了区分城镇职工和农民合同制工人的做法
医疗保险待遇方面	失业人员在领取失业保险金期间患病就医的，可以按照规定向社会保险经办机构申请领取医疗补助金	失业人员在领取失业保险金期间，参加职工基本医疗保险，享受基本医疗保险待遇	《社会保险法》规定失业人员在失业期间参加医疗保险，确保医疗保险待遇可持续
失业保险待遇方面	失业保险金的标准，按照低于当地最低工资标准、高于城市居民最低生活保障标准的水平	不得低于城市居民最低生活保障标准	《社会保险法》仅规定了最低标准，没有设置上限
失业保险待遇终止方面	有七条，其中（五）被判刑收监执行或者被劳动教养的；（七）有法律、行政法规规定的其他情形的	没有前述（五）（七）的规定	《社会保险法》规定的失业保险待遇终止情形减少

续表

涉及内容	《失业保险条例》规定	《社会保险法》规定	差异之处
统筹层次方面	在直辖市和设区的市实行全市统筹；其他地区的统筹层次由省、自治区人民政府规定	基金逐步实行省级统筹	《社会保险法》要求，基本养老保险基金逐步实行全国统筹，其他社会保险基金逐步实行省级统筹

资料来源：笔者依据1999年《失业保险条例》和2010年《社会保险法》对比整理。

三是《失业保险条例》中对失业保险费率规定偏高，经过多次降费，失业保险缴费率已由3%降至1%以下，需要在制度上予以确认。我国失业保险基金结余不断攀升，2018年底达到5817亿元的规模①。失业保险基金结余并非越高越好，基金结余不断增长的原因，既与失业保险瞄准度低和制度覆盖不足有关，又和我国失业保险缴费率偏高有关，因而需要合理调整失业保险缴费水平。

四是《失业保险条例》实施中反映的一些新问题新期盼需要解决：如覆盖范围偏窄，未能充分反映我国城镇化进程的需求和就业形式多样化的实际；失业保险基金支出范围有限，参保职工和参保企业希望进一步提升保障水平，扩大受益范围；失业保险基金用于预防失业、促进就业的比重偏大，与来自财政促进就业经费相冲突、行政管理上与就业部门相冲突、用于培训的失业保险基金存在浪费和重复使用等问题。失业保险制度存在的问题，不仅是自身制度完善需要，也与相关劳动力市场政策紧密相联。因此，有必要修订《失业保险条例》，使之更加符合经济社会发展的要求，更加符合劳动力市场运行规律，更加符合人民群众的新期盼，切实发挥好保障作用。

修订《失业保险条例》是落实《社会保险法》和完善我国失业保险制度的必然选择。自2012年以后修订《失业保险条例》一直在国务院立法工作计划中"榜上有名"，2017年11月《失业保险条例（修订草案征求意见稿）》向社会公开，此后多次出现在国务院立法工作计划中，如表4-2所示。

---

① 参见人力资源和社会保障部：《2018年度人力资源和社会保障事业发展统计公报》。

表4-2 国务院立法工作计划中对《失业保险条例》的规定

年份	项目紧迫程度	项目类别
2012	需要积极研究论证的项目	有关保障和改善民生、维护社会和谐稳定的项目
2014	预备项目	着力保障和改善民生、创新社会治理体制
2015	预备项目	保障和改善民生、促进社会和谐稳定
2016	全面深化改革急需的项目	贯彻落实"十三五"开局之年经济社会发展等方面的重大决策部署，党中央、国务院确定的立法项目
2017	全面深化改革急需的项目	贯彻落实"十三五"规划、推进供给侧结构性改革等方面的重大决策部署，党中央、国务院确定的立法项目
2018	全面贯彻党的十九大精神，围绕统筹推进"五位一体"总体布局和协调推进"四个全面"战略布局安排政府立法项目	提高保障和改善民生水平，加强和创新社会治理
2019	坚决贯彻落实党中央决策部署，科学合理安排立法项目	提高保障和改善民生水平

资料来源：笔者依据历年国务院立法工作计划整理。

第二节 《失业保险条例（修订草案征求意见稿）》的主要内容

党的十九大报告提出，要按照兜底线、织密网、建机制的要求，全面建成覆盖全民、城乡统筹、权责清晰、保障适度、可持续的多层次社会保障体系，提出要"完善失业保险制度"，在此背景下人力资源和社会保障部向社会发布《失业保险条例（修订草案征求意见稿）》。

一、《失业保险条例（修订草案征求意见稿）》遵循的基本原则

《失业保险条例（修订草案征求意见稿）》总结了《失业保险条例》实

施经验和不足，落实了中央要求，吸收了最新实践成果，借鉴了国外有益经验，在修订过程中主要遵循了以下原则①：

一是健全制度功能原则。《失业保险条例》是在20世纪末21世纪初实施国有企业改革，职工大规模下岗分流的背景下制定出台的，当时的主要任务是"保生活"，而随着改革的深入和我国市场经济体制的逐步完善，仅保生活已经不能适应社会和参保单位、职工的需求，预防失业和促进就业的功能需要明确和增强。近年来，中央对此提出了明确要求，职工和参保单位呼声越来越高。《失业保险条例（修订草案征求意见稿）》顺应形势，落实要求，回应需求，明确了这三项功能，健全了失业保险制度。

二是促进公平正义原则。党的十九大报告在法治和民生工作中，都指出要促进社会公平正义，公平正义是一项制度根本生命力所在。《失业保险条例（修订草案征求意见稿）》将覆盖范围从城镇企事业单位及其职工扩大到所有企事业单位和社会团体、民办非企业单位、基金会、律师事务所、会计师事务所等组织及其职工，更大范围实现了参保主体上的公平；将农民合同制工人和城镇职工的参保缴费和待遇享受办法统一，实现了不同身份群体的公平；将受益范围从失业人员扩大到参保单位和职工，体现了权利和义务相适应，实现了缴费主体权益上的公平。

三是统一性与灵活性相结合原则。在统一失业保险原则性规定的前提下，兼顾区域差别和特殊情况，赋予地方适当自主权，增强制度灵活性。在费率机制上，规定统一的上限，同时授权各地在此限度内自行调整；在失业保险金标准、省级调剂金、稳岗补贴、技能提升补贴、领取失业保险金人员促就业补贴政策，以及失业保险关系转移接续、是否将有雇工的个体工商户及其雇工纳入制度范围等方面，赋予地方政府可结合自身情况灵活制定具体实施办法的权限。

二、《失业保险条例（修订草案征求意见稿）》的主要内容

《失业保险条例》共6章33条，《失业保险条例（修订草案征求意见稿）》共6章34条，篇幅上没有大的调整，但制度具体内容有较大变化，主要有八个方面的修改，涉及制度目标、覆盖人群、缴费费率、基金支出、保障

---

① 参见《人力资源社会保障部关于失业保险条例修订情况的说明》，2017年11月11日。

水平、受益对象、监督管理等方面，具体列述如下①：

一是健全了制度功能。在立法目的中增加了"预防失业"，制度功能从《失业保险条例》的"保生活、促就业"两项增加到"保生活、防失业、促就业"三项，明确了失业保险制度"三位一体"功能，符合中央、社会和制度发展要求。

二是扩大了适用范围。参保范围由"城镇企业、事业单位及其职工"扩大到"企业、事业单位、社会团体、民办非企业单位、基金会、律师事务所、会计师事务所等组织及其职工"，基本覆盖了与单位建立劳动关系的职业人群。

三是降低了缴费费率。将3%的固定费率修改为不超过2%，落实了中央关于减税降费支持实体经济发展的决策部署。同时也赋予了各地在此限度下，结合本地区实际，根据经济形势变化、基金运行状况等灵活调整费率的自主权。

四是拓宽了基金支出范围。将基金支出范围扩大到预防失业领域，同时增强了保生活和促就业功能。在保生活方面，保留失业保险金、丧葬补助金和抚恤金，将医疗补助金调整为代缴基本医疗保险费，新增代缴基本养老保险费；在防失业方面，新增技能提升补贴、稳岗补贴；在促就业方面，保留职业培训补贴，取消职业介绍补贴，新增职业技能鉴定补贴和创业补贴。

五是提高了失业保障水平。对失业人员，在现有生活保障的基础上，增加了代缴基本养老保险费，保证领取失业保险金期间养老保险关系不中断，保障更加全面。同时，加大促就业力度，在现有培训补贴的基础上，增加职业技能鉴定补贴和创业补贴，鼓励失业人员提升技能，发挥创业主动性，尽快再就业。

六是扩大了受益对象。将现行受益对象仅是失业人员扩大到参保职工和参保企业，从源头上稳定就业。向参保职工发放技能提升补贴，激励其学习技能，提升就业竞争力，降低失业风险；向参保企业发放稳岗补贴，鼓励不裁员或少裁员，尽量减少失业。

七是统一了农民工和城镇职工的参保办法。取消了《失业保险条例》农民合同制工人个人不缴费，失业后领取一次性生活补助的特殊规定，农民工和城镇职工参保缴费和待遇享受办法一致，在制度上实现了城乡统筹和公平。

八是完善了监督管理体系。进一步明确了个人、用人单位、社会保险经办机构及其工作人员、国家工作人员等主体的法律责任，为制度全面规范运行提

---

① 参见《人力资源社会保障部关于失业保险条例修订情况的说明》，2017年11月11日。

供了坚实保障。

第三节 《失业保险条例（修订草案征求
意见稿）》的重要意义

《失业保险条例（修订草案征求意见稿）》是对《社会保险法》的细化，为全体劳动者增进了权利，为失业人员完善了保障。但仍有商榷之处，有待失业保险条例正式修订出台予以完善。

一、有法必依：对《社会保险法》细化落实

《失业保险条例》与《社会保险法》的部分规定不相符，按照法律适用基本原则，"上位法优于下位法"，从 2011 年 7 月 1 日《社会保险法》生效实施时起，对于《失业保险条例》与《社会保险法》规定不一致的地方，理应适用上位法《社会保险法》相关规定①。一些地区在具体执行中已经遵循《社会保险法》的有关规定。例如 2015 年实施的《深圳经济特区失业保险若干规定》中，失业人员领取失业保险金期间，"按照本市医疗保险制度的规定参加医疗保险，享受医疗保险待遇。医疗保险费由失业保险基金支付"②，而按照《失业保险条例》基金支付的是"领取失业保险金期间的医疗补助金"。此次《失业保险条例（修订草案征求意见稿）》对与《社会保险法》不一致的地方做了修改，对《社会保险法》涉及失业保险领域进行细化和落实。具体有：一是参保人员方面，不再区分城镇户籍和农村户籍，进城农民工不再按"领取一次性生活补助"，而是与城镇职工享受同等待遇；二是失业人员参加医疗保险，并享受医疗保险待遇，医疗保险费由失业保险基金支付；三是终止失业保险待遇的情形，删除了"被判刑收监执行或者被劳动教养的"这一规定，与《社会保险法》保持一致并进一步细化为"失业人员在领取失业保险金期间被判刑收

---

① 李满奎. 从《失业保险条例》修订看我国失业保险制度的完善 [J]. 中国就业, 2018 (8)：39-46.

② 深圳经济特区失业保险若干规定 [EB/OL]. [2015-12-03]. http：//www.szhrss.gov.cn/xxgk/zcfgjjd/shbx/sy/201211/t20121102_2057401.htm.

监执行的，中止领取失业保险金。中止情形消除后，失业人员可以按照现行标准继续领取其应当领取而尚未领取的失业保险金"；四是待遇层次方面，失业保险基金在直辖市实行全市统筹，在省、自治区逐步实行省级统筹，呼应了《社会保险法》关于"基本养老保险基金逐步实行全国统筹，其他社会保险基金逐步实行省级统筹"的规定。

二、理念提升：双重保障到"三位一体"

从《失业保险条例》到《失业保险条例（修订草案征求意见稿）》，失业保险制度一个显著变化在于理念提升，即由原来"保障失业人员失业期间的基本生活，促进其再就业"双重保障，转变为"保障失业人员的基本生活，预防失业，促进再就业"的"三位一体"功能。失业保险制度理念提升，不仅是失业保险制度随着社会经济形势进一步完善的内在要求，也是党中央、国务院对失业保险功能和作用的高度重视。党的十八大报告提出了增强失业保险促进就业的作用，党的十八届三中全会提出增强失业保险制度预防失业、促进就业功能。失业保险制度"三位一体"功能的确立，在新时代新理论的指引下为减少失业提供中国特色解决方案，进一步展示出失业保险作为社会稳定器、民生减震阀、就业助推剂的重要价值和制度力量[①]。在保障基本生活方面，《失业保险条例（修订草案征求意见稿）》在不降低失业保险金待遇标准的情况下，增加了对领取失业保险金期间代缴医疗保险费和养老保险费的待遇，保障更为全面。在预防失业方面，从事后帮扶就业向事前预防失业拓展，新增了技能提升补贴和稳岗补贴，其中"技能提升补贴"面向参保职工，"稳岗补贴"面向参保企业，这两项政策都是重要的制度创新，对于发挥失业保险"预防失业"功能，具有十分重要的意义。在促进再就业方面，除了保留职业培训补贴，新增了失业人员的职业技能鉴定补贴和创业补贴，通过鼓励失业人员提升技能，发挥创业主动性，尽快实现再就业。

三、政策工具扩容：上升法律层面予以确认

我国失业保险制度诞生于国有企业改革时期，针对国有企业改革引发的大

---

① 桂桢. 承担起新时代赋予失业保险的重要使命 [J]. 中国社会保障, 2017 (11): 18-19.

规模下岗分流，按照中央提出的"三三制"原则调剂资金，保障了3000万下岗职工的基本生活和顺利并轨[1]；2008年应对全球金融危机，实施社保补贴、岗位补贴、培训补贴政策，稳定职工队伍；2008年四川汶川地震预发失业保险金和创业补助金支持灾后重建；2006年开始在东七省（市）扩大失业保险基金支出范围试点大力稳就业和促就业；2015年以来落实供给侧改革要求，多次降费率后失业保险缴费率降至1%以下等。失业保险制度在国有企业改革、应对经济危机、处理重大自然灾害、促进就业等方面作用突出，扩展的功能被实践证明行之有效、社会广泛认可、有助于制度功能日趋完善，需要及时提升到立法层面予以明确。在《失业保险条例（修订草案征求意见稿）》中具体体现在：一是扩大失业保险基金支出的项目中，新增了技能提升补贴、职业技能鉴定补贴、创业补贴；二是增加稳岗补贴，规定当出现劳动合同法第四十一条规定情形，或者因重大突发事件、自然灾害等原因造成阶段性停工停产时，采取措施稳定岗位，不裁员或者少裁员的，可以享受稳定岗位补贴。这些项目的增加，使失业保险"三位一体"的政策工具更加丰富，政策力度显著增大。

四、覆盖人群扩面：逐渐实现职业人群全覆盖

《失业保险条例》覆盖人群的范围是城镇企业和事业单位，农民合同制工人失业待遇为一次性生活补助。失业保险制度覆盖范围的局限性，造成了其在社会保险体系中覆盖人群最少，2017年数据失业保险参保人数低于工伤保险近4000万，甚至低于生育保险500多万人[2]。《失业保险条例（修订草案征求意见稿）》在覆盖人群上做了扩充，对覆盖范围做了扩展，这是一个历史性进步。主要体现在三个方面：一是明确把社会团体、民办非企业单位、基金会三类群体涵盖，上述三类群体统称为"社会组织"[3]。2017年我国社会组织有76.2万个，吸纳社会各类人员就业864.7万人[4]。通过将社会组织群体纳入覆盖范围，扩面的同时也对社会组织吸引人才和优化就业环境具有推动作用。二

---

① 罗兰，宦佳，王俊岭. 国企深改怎么改？——解读《关于深化国有企业改革的指导意见》[N].人民日报海外版，2015-09-14（002）.

② 参见人力资源和社会保障部：《2017年度人力资源和社会保障事业发展统计公报》。

③ 依据中华人民共和国民政部社会服务发展统计公报口径，我国的社会组织分为三类：社会团体、民办非企业、基金会。

④ 参见民政部：《2017年社会服务发展统计公报》。

是明确规定对建立劳动关系的职业群体实现全覆盖。《失业保险条例（修订草案征求意见稿）》规定，建立劳动关系和订立书面劳动合同的职业群体都有参加失业保险的权利，附则明确规定条例适用于"有雇工的个体工商户及其雇工"。将失业保险保护雇员合法权益的范围延伸到所有职业群体，无论个体经济还是大型股份制企业，都可参加失业保险，所有用人单位都在失业保险覆盖范围之内。这意味着我国实现了职业群体的全覆盖，是此次修订条例的一个重大进步。三是将农民工纳入失业保险覆盖范围之内，将一次性生活补助改为与城镇职工同等待遇，扩面的同时也实现了劳动力市场的社会平等。这对形成全国统一的劳动力市场、提高劳动力市场的弹性、防止社保制度碎片化均具有积极作用[①]。

不过，《失业保险条例（修订草案征求意见稿）》也有需要继续完善的地方，例如修订后基本实现了与单位建立劳动关系职业人群的全覆盖，但灵活就业人群如何扩大参保仍不明晰，失业保险制度有效覆盖率有待提升；失业保险制度促进再就业的内在激励性不够，失业人员享受待遇的权利性条款较多，义务性条款只有需要接受"当地人民政府指定的部门或者机构介绍的适当工作或者提供的培训"；待遇规定的标准与《社会保险法》要求还有一定差距，《失业保险条例（修订草案征求意见稿）》第十七条规定"失业保险金的标准，按照低于当地最低工资标准、高于城市居民最低生活保障标准的水平"确定，延续《失业保险条例》的做法，但《社会保险法》规定"不得低于城市居民最低生活保障标准"且对上限并无要求，因而需要进一步明确。

---

① 参见郑秉文：《失业保险的一个历史性进步：职业群体实现全覆盖——〈失业保险条例〉（修订草案）解读》。

第五章　进一步完善我国失业保险制度的改革方向

我国失业保险为推动建立现代企业制度、推进市场经济体制改革、应对全球化冲击和构建和谐社会，发挥了不可替代的作用。但是，社会经济外部环境不断变化，失业保险制度自身定位不断丰富发展，《失业保险条例》需要在查问题、补短板的基础上，进一步修订和完善，才能让失业者安全网、社会稳定器的制度安排更为牢固。

第一节　完善以失业保险为中心的失业保障体系

失业保险制度是失业保障体系的核心。我国失业保险制度做出什么改变，改变到什么程度，首先要回答失业保险制度在失业保障体系中的角色和定位这一基础性问题，才能通过相应机制安排赋予失业保险制度相应的能力和职责。对于劳动者个体而言，总是处于以下四个阶段中的一个：一是工作，二是失业且处于待遇期内，三是待遇期满仍未就业，四是退休。第二、三阶段的失业保障形式不一，主要有失业保险、失业救助、解雇金制度（经济补偿金）和最低生活保障，其中失业保险制度是失业保障体系的核心，解雇金属于积极劳动力市场制度，失业救助和最低生活保障属于社会救助范畴。

一、失业保险制度逐步替代经济补偿金制度

（一）短期内，失业保险基金为参保的小微企业、经营困难企业提供稳定岗位补贴

之所以将目标群体界定为小微企业、经营困难企业，在于这两类企业群体自身脆弱的属性。

　　小型微型企业数量占比最大，是国民经济的重要支柱，也是社会就业的主要承担者。小微企业是除大中型企业以外的各类小型、微型企业的统称，在我国，个体工商户视作小型微型企业。《全国小型微型企业发展情况报告》显示，截至 2013 年底，全国各类企业总数为 1527.84 万户。其中，小型微型企业 1169.87 万户，占到企业总数的 76.57%。如将 4436.29 万户个体工商户纳入统计后，小型微型企业所占比重达到 94.15%；小型微型企业吸纳 1.5 亿人就业，新增就业和再就业人口的 70% 以上集中在小型微型企业，是社会就业的主要承担者①；2017 年数据显示，中小微企业占我国企业数量的 99%，提供了 80% 以上的新增就业岗位②。小微型企业由于规模小抵抗风险能力弱，如遇经济危机或下行波动很难摆脱困境，一旦大比例裁员，巨额经济补偿金会使其走入困境甚至难以为继。针对诸如 2008~2009 年全球金融危机那样的"系统性风险"，由失业保险基金为生产经营状况发生严重困难企业（以下简称困难企业）提供稳岗补贴，缓解这些企业裁员和经济补偿金压力，帮助企业尤其是小微企业渡过难关。

　　根据原劳动部《关于〈中华人民共和国劳动法〉若干条文的说明》（劳办发〔1994〕289 号），"生产经营状况发生严重困难"可以根据地方政府规定的困难企业标准来界定。例如北京原劳动局印发的《北京市企业经济性裁减人员规定》（京劳就发〔1995〕56 号）第三条，对经营困难企业的界定是：①濒临破产，被人民法院宣告进入法定整顿期间；②连续三年经营性亏损且亏损额逐年增加，资不抵债、80% 的职工停工待工、连续 6 个月无力按最低生活费标准支付劳动者生活费用的。

　　（二）长期看，重构与完善失业保险制度，取缔强制性经济补偿金制度

　　我国失业保险制度关于享受失业保险金的情形与《劳动合同法》第四十六条用人单位应当向劳动者支付经济补偿的情形基本相同，能够获得经济补偿金的劳动者，基本也可领取失业保险金。存在差异的情形主要有两点：一是根据

---

① 工商总局：全国小型微型企业发展情况报告（摘要）［EB/OL］.［2014-03-31］. http：//www. gov. cn/xinwen/2014-03/31/content_2650031. htm.

② 中小微企业占我国企业数量的 99%［EB/OL］.［2017-11-30］. http：//www. zytzb. gov. cn/tzb2010/S2012/201711/36cc0430a1b64735a609d079abced5b0. shtml.

《劳动合同法》第三十九条规定的劳动者存在过错被解聘的几种情形①，因过错而被解聘的劳动者，不能领取经济补偿金，但是可以享受失业保险金；二是依据《劳动合同法》第三十八条规定的失业者被迫辞职的情形②。依据《实施〈中华人民共和国社会保险法〉若干规定》（人力资源和社会保障部令 第13号）第十三条第5款规定，失业者能够享受失业保险金，且也应该享受经济补偿金。对于公司工作年限较长的员工（如15年以上），建议仍保留经济补偿金制度，因为劳动者在一个单位工作时间越长，知识技能固化程度越高，与企业的相关度越高，会影响在劳动力市场上的竞争力③。

上述分析可以看到，失业保险制度的覆盖范围超出经济补偿金的范围，替代经济补偿金制度是可行的，也是必然的；为被迫辞职的劳动者、在同一单位工作期限较长的劳动者保留经济补偿金，同时享受失业保险待遇，也是有其必要性的。中共中央政治局2016年7月26日召开的会议强调，"降成本的重点是增加劳动力市场灵活性、抑制资产泡沫和降低宏观税负"④。取消强制性经济补偿金制度，目的是降低企业解除或终止劳动合同的经济成本，增进劳动力市场的灵活性，但这会削弱对劳动者的保护，因此需要提高失业保险的保障度。

---

① 参见《劳动合同法》第三十九条，劳动者有下列情形之一的，用人单位可以解除劳动合同：（一）在试用期间被证明不符合录用条件的；（二）严重违反用人单位的规章制度的；（三）严重失职，营私舞弊，给用人单位造成重大损害的；（四）劳动者同时与其他用人单位建立劳动关系，对完成本单位的工作任务造成严重影响，或者经用人单位提出，拒不改正的；（五）因本法第二十六条第一款第一项规定的情形致使劳动合同无效的；（六）被依法追究刑事责任的。

② 参见《劳动合同法》第三十八条，用人单位有下列情形之一的，劳动者可以解除劳动合同：（一）未按照劳动合同约定提供劳动保护或者劳动条件的；（二）未及时足额支付劳动报酬的；（三）未依法为劳动者缴纳社会保险费的；（四）用人单位的规章制度违反法律、法规的规定，损害劳动者权益的；（五）因本法第二十六条第一款规定的情形致使劳动合同无效的；（六）法律、行政法规规定劳动者可以解除劳动合同的其他情形。用人单位以暴力、威胁或者非法限制人身自由的手段强迫劳动者劳动的，或者用人单位违章指挥、强令冒险作业危及劳动者人身安全的，劳动者可以立即解除劳动合同，不需事先告知用人单位。

③ 对于公司高级管理人员，尤其是工作年限较多的应否享受经济补偿金，在法律界存在争议。有学者认为应该否定高级管理人员的劳动者身份或者对高级管理人员在劳动法适用上给予特殊安排。见李哲. 公司高级管理人员雇员地位问题之探讨——从一则高额经济补偿金案例谈起［J］. 兰州学刊，2007（12）：77-81.

④ 努力保持经济平稳发展走势——从中央政治局会议看下半年经济工作着力点［EB/OL］. ［2016-07-26］. http：//www.xinhuanet.com/fortune/2016-07/26/c_129180464.htm.

二、厘清失业保险和积极劳动力市场政策在促进就业方面的边界

（一）两者在不同阶段、对不同群体发挥促进就业作用

目前而言，参加失业保险制度的城镇企事业单位失业人员在领取失业保险金期间，先通过失业保险制度促进就业办法（职业培训与职业介绍等）提高其再就业能力；当失业保险制度参保者失业待遇期过后仍未就业者，启动积极劳动力市场政策支持项目。随着失业保险覆盖人群的扩大，对农民工和城镇灵活就业人员亦是如此。这对促进失业保险功能多元化，加强促进就业，预防失业功能具有积极作用。

同时，对于失业保险制度外的失业人员、失业保险待遇期结束后仍未就业人员、特殊人群（残疾人、大学毕业生未就业者）等，积极劳动力市场政策应该承担起主要责任。通过财政、税收支持，加强就业服务，支持失业人员多渠道就业，这也是符合党的十八大提出推动实现更高质量的就业，实施就业优先战略和更加积极的就业政策，也是 2018 年年中政治局会议提出"六稳"之首"稳就业"的具体落实①。不同失业人群与失业保险、积极劳动力市场促进就业的关系如图 5-1 所示。

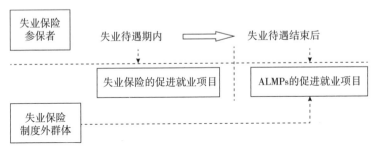

图 5-1　不同失业人群与失业保险、积极劳动力市场促进就业的关系
资料来源：笔者绘制。

（二）两者使用范围和支出项目要突出重点、各有侧重

失业保险基金促进就业支出与积极劳动力市场政策中财政促就业专项资金

---

① 参见 2018 年 7 月 31 日中共中央政治局会议要求做好稳就业、稳金融、稳外贸、稳外资、稳投资、稳预期工作。

支出是不同性质的资金,必须明确二者使用范围①。失业保险基金属于社会保障基金,用于促就业的支出,来源于国家、企业、个人的失业保险缴费,应该侧重于制度参保人在失业时的基本生活保障、再就业技能的培训以及预防失业等,主要应该用于能落实到个人的各项补贴支出,如培训补贴、工作介绍补贴、社会保险补贴以及岗位补贴等。财政就业专项资金属于财政资金,是政府财政预算安排用于促进就业的专项资金,体现了政府在促进就业中的作用与责任,应该侧重于就业岗位的开发和对就业困难人员的帮扶,如建设公共就业服务体系、实训基地、基层信息平台等。

两个基金需要明确"三个占比"及其关系。失业保险基金扩大支出试点的支出科目和就业专项资金是高度重合的,为了弥补财政就业专项资金不足的扩大支出,是就业专项资金有益补充,但不能出现本末倒置的情形,许多地方失业保险基金促进就业的支出远远大于就业专项资金的支出,如广东珠海 2017年 1~11 月,全市就业专项资金支出 8696.71 万元,失业保险基金用于促进就业、预防失业支出却高达 1.77 亿元②,是前者的两倍多。这就需要两个基金在"三个占比"及其关系上做出合理确定。

第一个是失业保险促进就业支出占失业保险基金总支出的比重,应为这一比重上限③。失业保险制度首要的功能是保障失业人员基本生活,职业培训和职业介绍等促进就业支出不宜占较大比重。以美国为例,即使在经济危机较为严重的 2008 年、2009 年,其占比也没有超过 10%。2008 年美国失业保险支出 583.1亿美元,其中 536.8 亿美元用于失业保险金支出,就业促进与就业培训支出仅为 57 亿美元,占比为 9.7%;2009 年失业保险基金总支出 1391.2 亿美元,其中失业保险金支出 1333.5 亿美元,就业促进与就业培训仅为 72.1 亿美元④,

---

① 依据《财政部 人力资源社会保障部关于进一步加强就业专项资金管理有关问题的通知》(财社〔2011〕64 号),在财政预算中安排就业专项资金用于促进就业工作,就业专项资金用于职业介绍补贴、职业培训补贴(含劳动预备制培训生活费补贴)、职业技能鉴定补贴、社会保险补贴、公益性岗位补贴、就业见习补贴、特定就业政策补助、小额贷款担保基金和小额担保贷款贴息,以及扶持公共就业服务等。

② 珠海实施 28 项就业创业扶持政策 今年就业创业专项资金支出 8700 万,失业保险促进就业支出 1.77 亿〔EB/OL〕.〔2017-01-03〕. http://www.gdhrss.gov.cn/zjgf/20170103/10109.html.

③ 欧美之间的劳动力市场政策存在较大区别,欧洲国家财政承担了较大的就业促进与就业培训的职能,而在美国,培训功能主要由企业来承担;总体看,美国就业促进和就业培训的支出占失业保险金不到 10%。

④ Center for Program Planning and Results. Good Jobs for Everyone-FY 2009 Performance and Accountability Report〔R〕. Washington D. C.:U. S. Department of Labor,2009.

占比不足 5.2%。

第二个是失业保险基金促进就业支出占国家促进就业总支出的比重，这一比例不宜过大。就失业保险制度而言，失业保险金用于职业介绍和职业培训的比重要保持较低水平；从整个经济和社会发展情况而言，失业保险金的收支与经济波动密切相关，无法成为一个国家促进就业资金长期的、稳定的来源。全球经验表明，失业保险基金用于促进就业有两种形式：一是"大蓄水池模式"（Large Pool Model），即把失业保险基金与其他政府一般税收放在一起，组成大的蓄水池，满足失业保险金支出、培训费用以及其他支出的需要，德国、阿根廷采用了此种模式。二是"小蓄水池模式"（Small Pool Model），即将失业保险基金收入的一小部分用于就业培训等支出的需要，世界大多数国家，如美国、日本等都属于此种类型[1]。无论哪种模式都不是承担全部培训支出。

第三个是一般税收支出（就业专项资金）占促进就业总支出的比重。2008年经济危机期间，我国财政拨付的就业专项资金尚不足 GDP 的 0.1%，同期OECD 国家平均支出在 1% 以上，相差较为悬殊[2]；2009 年全年安排就业专项资金 426 亿元，占 GDP 的比重仅为 0.1%[3]；具体到各省市这一比例更低，如上海 2017 年 GDP 为 30133.86 亿元[4]，当年度该市用于促进就业专项资金仅为1.59 亿元[5]。因此，应该加大财政支持的积极劳动力市场政策资金投入，与此同时，扩大积极劳动力市场政策适用范围，把过去主要针对城镇就业和再就业的积极政策，扩展为城乡一体化的就业和保障政策，实现我国保就业促增长的目标。

三、失业保险作为失业保障体系核心的制度设计

失业保险对经济补偿金制度的替代，以及厘清失业保险和积极劳动力市场

---

[1] Jacqueline Mazza. Unemployment Insurance：Case Studies and Lessons for Latin America and the Caribbean ［Z］. IDB Working Paper, 2000.

[2] 刘燕斌. 论落实就业优先战略需要处理好的几个关系 ［J］. 中国就业，2010 (11)：8-11.

[3] 政府工作报告——2010 年 3 月 5 日在第十一届全国人民代表大会第三次会议上 ［EB/OL］.［2010-03-15］. http：//www. gov. cn/2010lh/content_1555767. htm.

[4] 2017 年上海市生产总值 ［EB/OL］.［2018-01-18］. http：//www. stats-sh. gov. cn/html/sjfb/201801/1001495. html.

[5] 2017 年促进就业专项资金项目情况表 ［EB/OL］.［2018-02-14］. http：//www. shanghai. gov. cn/nw2/nw2314/nw2319/nw32905/nw41584/nw41603/index. html.

政策在促进就业方面的差异之后，需要重新界定失业保险制度定位，并在制度设计上做出相应调整。

失业保险制度作为失业保障制度之一，需要在以下几点基础上做出完整的制度设计：一是失业保险制度是我国失业保障体系的核心；二是失业保险制度的覆盖群体，既包括失业者，又包括经营困难企业、小微企业等；三是失业保险制度的内容，要担负起保生活、促就业、防失业"三位一体"功能；四是失业保险制度运行，要以省级统筹运行，中央、地方在运行机制上既要合作，又要有所区别；五是失业保险制度要承担起应对经济周期的功能。

结合以上几点考虑，以及失业保险制度改革中要考虑的重要问题，失业保险制度需要通过结构式改革，将失业风险较大的三类群体纳入到制度覆盖范围；通过参数式改革，实现待遇标准提高和享受待遇从严相结合，增进制度促进就业的激励性；作为制度实施载体，以提升失业保险基金到省级统筹为契机，全面提高失业保险制度运营管理水平。前端看，做好失业预警，预防规模性失业风险；中端看，做好服务平台和经办服务机构建设，顺畅失业保险转移接续机制，做好基金统筹调剂，避免区域性基金安全风险；后端看，对失业保险基金使用情况进行评估，并防范、甄别、打击失业保险基金欺诈行为。我国失业保险制度改革的基本构想如图5-2所示。

第二节　以结构性改革扩大制度覆盖面

如前所述，现行失业保险制度诞生于国有企业改革时期，初始目的是保障国有企业下岗职工基本生活。进入21世纪，失业保险功能拓展，要求扩大失业保险制度覆盖面的呼声越来越高。为了适应劳动力市场的结构和职业特征的变化，应当改进现行失业保险制度，对于改进失业保险制度后仍无法覆盖的，应当专设子制度。

一、为参保不足一年的农民工建立"一次性失业补贴制度"

我国《失业保险条例》第二十一条规定，单位招用的农民合同制工人连续工作满一年，本单位并已缴纳失业保险费，劳动合同期满未续订或者提前解除

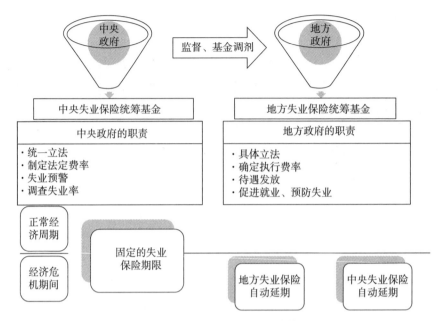

图 5-2　我国失业保险制度改革的基本构想

资料来源：笔者绘制。

劳动合同的，由社会保险经办机构根据其工作时间长短，对其支付一次性生活补助。补助办法和标准由省、自治区、直辖市人民政府规定。2017 年《失业保险条例（修订草案征求意见稿）》实质上对建立劳动关系的职工全覆盖，因而农民合同制工人自然被纳入失业保险制度中，从而取消了对合同制农民工的条款规定。根据建立劳动关系的职业群体实现全覆盖的原则，将农民工完全纳入到失业保险制度之中，这无疑是一次历史性的进步，对形成全国统一的劳动力市场、提高劳动力市场的弹性、防止社保制度碎片化等，具有积极作用。

　　但也应该看到，农民工是一个特殊的群体。许多农民工有就业季节性强、流动性大、失业与就业状态难以区分等特征，如果和其他职业群体一样，受失业保险制度标准化约束，尽管在达到缴费 12 个月标准后，由原来享受一次性失业补贴到每月领取失业保险金，并能享受代缴基本养老保险、基本医疗保险待遇，保障水平会有明显提高；但如果缴费 12 个月标准很难达到，政策上能够提升的待遇容易在实际中落空。一是从农民工劳动合同签订情况看，签订合同占比较低。2016 年与雇主或单位签订劳动合同的农民工比重为 35.1%，比2015 年下降 1.1 个百分点。其中，外出农民工与雇主或单位签订劳动合同的比重为 38.2%，比 2015 年下降 1.5 个百分点；本地农民工与雇主或单位签订劳动合同的比重为 31.4%，比上年下降 0.3 个百分点（见表 5-1）。二是即使签订合同，由于外出农民工全年外出从业时间普遍较短，难以达到缴费 1 年的要求。国家统计局农民工监测调查报告数据，外出农民工全年外出从业时间 2015 年为 10.1 个月，2016 年为 10.0 个月[1]，距离 12 个月的最低缴费要求仍有较大差距，因此失业农民工能够获得一次性生活补助的人数较少。

表 5-1　2015~2016 年农民工签订合同情况

项目	无固定期限劳动合同（%）	一年以下劳动合同（%）	一年及以上劳动合同（%）	没有劳动合同（%）
2015 年农民工合计	12.9	3.4	19.9	63.8
其中：外出农民工	13.6	4	22.1	60.3
本地农民工	12	2.5	17.1	68.3
2016 年农民工合计	12	3.3	19.8	64.9
其中：外出农民工	12.4	4.2	21.6	61.8
本地农民工	11.5	2.2	17.7	68.6

资料来源：国家统计局 . 2016 年农民工监测调查报告 ［EB/OL］. ［2017-04-28］. http：//www. stats. gov. cn/tjsj/zxfb/201704/t20170428_1489334. html.

据统计，1999 年以来，全国共向 1074 万农民工发放了一次性生活补助 164.8 亿元，人均领取 1535 元[2]，平均到 20 年时间跨度，领取一次性生活补助的农民工每年仅约 50 万人。2008 年参保农民工 1549 万人，领取一次性生活补助的 93 万人，占比为 6%；2017 年 4897 万参保农民工，其中 66 万人领取了生活补助，占比 1.3%[3]。假定农民工失业率参考国家城镇调查失业率 4.9%[4]，2017 年也至少有 180 万失业农民工没有领取一次性生活补助。

---

① 国家统计局 . 2016 年农民工监测调查报告 ［EB/OL］. ［2017-04-28］. http：//www. stats. gov. cn/tjsj/zxfb/201704/t20170428_1489334. html.

② 参见调研数据。

③ 根据人力资源和社会保障部《2008~2017 年人力资源和社会保障事业发展统计公报》数据整理。

④ 国家统计局局长就 2018 年国民经济运行情况答记者问 ［EB/OL］. ［2019-01-21］. http：//www. stats. gov. cn/tjsj/sjjd/201901/t20190121_1645944. html？spm = smpc. content. content. 1. 15482034187550mBSOAF.

为使更多失业农民工享受到失业保险待遇,建议为缴费 6 个月以上,不满 1 年的合同制农民工建立"一次性失业补贴"制度;然而对于缴费满一年的,则按失业保险制度计发办法领取失业保险金。这样既可以照顾到外出农民工外出务工时间平均为 10 个月的实际情况,让更多的失业农民工得到失业保险制度的支持;又能够使缴费 1 年以上的农民工参加到失业保险制度中,按月领取失业保险金,提高失业保障水平。农民工一次性失业补贴的具体框架为:

覆盖面。与雇主签订合同的农民工,包括外出受雇农民工和本地受雇农民工。

资金支持。农民工失业补贴从失业保险基金中支取。

待遇资格。缴费 6 个月以上且不足 12 个月的,雇员失业时便可以领取一次性的失业补贴。缴费不足 6 个月的,不予发放。缴费超过 12 个月的,按失业保险待遇领取失业保险金。

待遇发放。失业补贴的办法和标准由省、自治区、直辖市人民政府规定。建议失业补贴发放的计算公式如下:农民工失业补贴 = 当地失业保险金标准×待遇发放乘数。待遇发放乘数如表 5-2 所示。

表 5-2　农民工失业补贴制度的缴费月数与待遇发放乘数对应关系

缴费月数(月)	6	7	8	9	10	11
待遇发放乘数	0.7	0.75	0.8	0.85	0.9	0.95

资料来源:笔者整理。

二、为城镇灵活就业人员建立"失业保险个人账户制度"

城镇灵活就业人员是失业保险制度覆盖的难点。从国外的实践看,许多国家逐步探索将灵活就业人员(非正规就业者)纳入失业保险制度,如丹麦允许非正规就业人员以独自缴费的方式参加失业保险制度,缴费期限至少 1 年[1];美国部分州,如维吉尼亚,也允许自雇人员自愿参加失业保险制度[2]。拉美地区日益

---

[1]　Jon Kvist. Denmark:A new unemployment insurance scheme for the future labour market [R]. ESPN Flash Report,2017.

[2]　参见 Virginia Employment Commission 2017. FAQ's-Employer Services-Business Owners fling for Unemployment Compensation. http://www.vec.virginia.gov/employers/faqs/Business-Owners-fling-for-Unemployment-Compensation.

发展的失业保险个人账户制度为非正规就业人员参加失业保险制度提供了借鉴。

城镇灵活就业人员失业保险个人账户制度基本设计思路是：面向城镇灵活就业人员引入失业保险个人账户，个人向账户缴费，享受优惠记账利率。当灵活就业人员失业并符合领取待遇资格时，可从个人账户中提取资金，用于失业期间基本生活消费。城镇灵活就业人员失业保险个人账户制度基本框架如下：

覆盖面。城镇灵活就业人员，具体以各地核准参加城镇企业职工基本养老保险的灵活就业人员为准。

缴费责任。城镇灵活就业人员实施失业保险储蓄制度，建立失业保险个人账户。个人按照同期失业保险费率缴费，全部计入个人账户。

记账利率。为了增强参保缴费激励性，地方政府根据失业保险基金收支情况和结余规模，确定优惠记账利率。

基金收益。个人账户基金可委托投资，投资收益全部计入个人账户。

待遇资格。城镇灵活就业人员失业保险费与养老保险费统一缴纳，实施失业保险和养老保险"联缴联保"制度。城镇灵活就业人员停止缴纳养老保险费即可认定"已失业"，开始领取失业保险待遇。失业待遇领取资格为连续缴费不少于 12 个月。

待遇给付。按当地失业保险金标准给付，直至账户基金支付完毕。支付待遇期间个人开始缴纳养老保险费，则视为重新就业，停止支付失业保险金。参保人达到法定退休年龄时，如个人账户仍有余额，将余额一次性转入养老保险个人账户。

三、为未就业的应届大学生建立"见习岗位津贴制度"

这个制度面向毕业 6 个月后仍未就业的大学毕业生。选择这一群体是由大学毕业生就业特征决定的，2011 年高校毕业生首次就业率达到 78%，毕业半年后就业率增加至 90.2%[①]，2017 届大学生毕业半年后就业率（91.9%）与 2016 届、2015 届（分别为 91.6%、91.7%）基本持平[②]；这说明毕业半年后仍有近

① 今年高校毕业生达 680 万　政府将鼓励毕业生创业 [EB/OL]. [2012-03-07]. http://news. hexun. com/2012-03-07/139063329. html.

② 麦克思——中国大学生就业研究课题组. 中国大学毕业生就业报告 [M]. 北京：社会科学文献出版社，2008-2011.

10%的大学生未能就业。因此，将"见习岗位津贴制度"指向毕业6个月后仍未就业的大学生，符合大学毕业生这一群体就业特点。为应届大学毕业生建立"见习岗位津贴制度"，通过向企业提供补助鼓励其提供见习岗位，可以为应届大学毕业生创造实践机会，同时规定最长待遇期限以避免"福利依赖"，达到促进应届毕业生就业、提升高学历劳动者工作匹配程度。法国"首次雇用合同法案""青年就业紧急计划"以及德国"未来就业合同计划"等，都体现了政府在促进大学毕业生等青年群体上应该承担促进其就业、降低青年失业率的责任，我国为应届大学毕业生建立"见习岗位津贴制度"是符合国际趋势，也是失业保险制度不断探索新领域，扩展制度功能的必由之路；是"预防失业和促进就业"的一项特殊制度安排，旨在为大学毕业生延长适应社会的缓冲时间，为劳动力市场建设做出独特贡献。"见习岗位津贴制度"的基本内容是：

覆盖面。毕业6个月后未就业的应届大学毕业生，包括大学专科、大学本科、研究生以及各类高等职业技术学校应届毕业生。不包括肄业生、休学生以及已被国内外学校录用继续求学的大学生。

缴费责任。应届大学毕业生个人不缴费。

资金补助。用失业保险基金按人数提供见习岗位津贴。各地根据失业保险基金结余情况确定补助标准，最高不超过当地失业保险金标准。

待遇资格。应届大学毕业，毕业6个月后仍未就业的，由个人提出申请，失业保险经办部门审核。

待遇给付。对符合条件的，由失业保险经办机构向提供大学毕业生见习岗位的企事业单位提供定额津贴。最长补助期限不超过6个月。

失业保险和大学生见习岗位津贴制度的差异如表5-3所示。

表5-3 失业保险和大学生见习岗位津贴制度的差异

涉及项目	失业保险	大学生见习岗位津贴
目标人群	非自愿失业的参保劳动者	进入劳动力市场寻找工作的大学生
享受条件	缴费；非自愿失业	不缴费；毕业6个月内没有找到工作
享受期限	依据参保时间，最长为24个月	最长为6个月
待遇发放对象	失业者本人	接受见习岗位的单位
服务内容	再就业服务，培训等	工作岗位；辅之以教育和培训等

资料来源：笔者整理。

第三节　以参数式改革提升制度激励性

为提高失业保险制度有效性，我国失业保险制度有必要做出参数式改革，即对待遇期限、待遇水平、领取失业保险金期间的义务等方面做出调整，提升制度激励性，激励劳动者参加失业保险制度，促进制度内领取失业保险金人员尽快再就业。

一、提升失业保险待遇以增进参保激励性

我国失业保险金应该与缴费工资挂钩，待遇标准取决于缴费工资和缴费时间，同时设定缴费工资的上限和下限。

我国失业保险金的确定一直处于"低标准"的状态，也存在"一刀切"的情况，《失业保险条例》及《失业保险条例（修订草案征求意见稿）》都将失业保险标准界定为"低于当地最低工资标准、高于城市居民最低生活保障标准的水平"。我国失业保险金待遇水平过低，一方面造成失业人员生活保障水平不高；另一方面也是造成失业保险基金结余过多的一个重要原因，削弱了失业保险制度的作用，实践中经济补偿金制度在很大程度上代替了失业保险的角色。因而，应该合理确定失业保险金标准，尽可能在缴费比例确定的情况下，依据公平原则，将失业保险金的标准与缴费工资挂钩，以提升失业保险待遇水平，增强制度参保吸引力。

从国内具体实践看，我国江苏地区已经做了尝试。《江苏省失业保险规定》第二十三条第一款："失业保险金的标准，缴费不满10年的，按照失业人员失业前12个月月平均缴费基数的45%确定；缴费满10年不满20年的，按照失业人员失业前12个月月平均缴费基数的50%确定；缴费20年以上的，按照失业人员失业前12个月月平均缴费基数的55%确定"，不过江苏也规定"失业保险金最高不得超过当地最低工资标准，最低不得低于当地城市居民最低生活保障

标准的 1.5 倍"[①]，与《失业保险条例》规定一致，很大程度上冲抵了与缴费工资挂钩的机制设计。此外，北京、辽宁等地失业保险金与缴费年限也有关联，缴费时间越长，享受期限较长的同时，失业保险金标准也越高。

失业保险待遇与缴费工资挂钩也是国际惯例，首先确定参考工资，即一定时期内缴费或者工资收入的平均值，再确定一个比例。从其具体规定看存在两个特点：一是失业保险金确定的参考工资较高，多数是失业前一定时期最高收入的平均水平；二是计发比例高，美国市场化程度高，比例略低，为失业前工资的 50%，较高的丹麦、西班牙等达到 90%，具体如表 5-4 所示。

表 5-4 部分国家失业保险金确定方式

国家	失业保险金水平
美国	参考工资的 50%
德国	参考工资的 67%，没有孩子的情况下为 60%
比利时	参考工资的 55%~60%，并根据家庭成员情况调整
丹麦	参考工资的 90% 到最高工资
西班牙	从参考工资的 90% 到最高工资
法国	参考工资的 57%~75%，参考工资最高为 13244 欧元（2018 年）
荷兰	前两个月为参考工资的 75%，之后调整到 70%
葡萄牙	参考工资的 65% 到最高标准
卢森堡	参考工资的 80%，如有子女抚养，可提高到 85%
爱沙尼亚	前 100 天为参考工资的 50%，此后为 40%
意大利	2018 年月收入低于 1208.15 欧元，为收入的 75%；超过的，加上超过部分的 25%
拉脱维亚	缴费 1~9 年，过去 1 年平均月工资的 50%；10~19 年为 55%；20~29 年为 60%；30 年以上为 65%

注：参考工资是失业保险待遇计发的依据。如丹麦参考工资为失业人员失业前 24 个月内收入最高的 12 个月的平均工资。

资料来源：ISSA. Social Security Programs Throughout the World：Europe，2018［Z］. Baltimore：SSA，2018；ISSA. Social Security Programs Throughout the World：The Americas，2017［Z］. Baltimore：SSA，2018.

---

① 江苏省人民政府关于修改《江苏省失业保险规定》的决定［EB/OL］.［2018-12-28］. http：//www. jiangsu. gov. cn/art/2019/1/3/art_46143_7991420. html.

二、增加制度内在约束以提高再就业激励性

（一）将领取失业保险金期限缩短到 18 个月并梯次递减计发

为防止抬高失业保险金后产生的道德风险，有必要采取以下两种措施：一是缩短待遇领取期限，二是实行梯次递减方式发放待遇。

我国失业保险待遇给付最长 24 个月，远超许多发达经济体。待遇期过长会削弱失业人员再就业的动力。在缴费时间要求不变的情况下，可以考虑将待遇给付期上限缩短至 18 个月。规定失业人员失业前所在单位和本人按照规定累计缴费时间满 1 年不足 5 年的，领取失业保险金期限最长为 6 个月；累计缴费时间满 5 年不足 10 年的，领取失业保险金期限最长为 12 个月；累计缴费时间 10 年以上的，领取失业保险金期限最长为 18 个月。重新就业后，再次失业的，缴费时间重新计算，领取失业保险金期限可以与前次失业应领取而尚未领取失业保险金的期限合并计算，建议最长不得超过 18 个月。缩短待遇给付期，失业人员领取失业保险金时间减少，能够激励其尽快实现再就业，减少制度道德风险的产生。

此外，建议对失业保险金发放实行递减机制，进一步增强制度的激励性，降低道德风险发生概率。以给付期 18 个月来划分，可以按以下递减方式发放失业待遇：

第 1~6 个月：失业保险金月发放标准的 100%；

第 7~12 个月：失业保险金月发放标准的 80%；

第 13~18 个月：失业保险金月发放标准的 60%。

目前，我国一些省份在具体待遇发放中，实际上遵循了待遇递减机制，如北京、上海、内蒙古等省市区。可以将这些有益的做法上升到法律层面进行确认，具体如表 5-5 所示。

表 5-5　2018 年我国部分省市失业保险梯次递减计发办法

省市	梯次递减规定	生效日期
北京	累计缴费时间满 1 年不满 5 年的，失业保险金月发放标准为 1536 元； 累计缴费时间满 5 年不满 10 年的，失业保险金月发放标准为 1563 元；	2018 年 4 月

省市	梯次递减规定	生效日期
北京	累计缴费时间满 10 年不满 15 年的，失业保险金月发放标准为 1590 元；累计缴费时间满 15 年不满 20 年的，失业保险金月发放标准为 1617 元；累计缴费时间满 20 年以上的，失业保险金月发放标准为 1645 元；从第 13 个月起，失业保险金月发放标准一律按 1536 元发放	2018 年 4 月
内蒙古	第 1~12 个月失业保险金标准按统筹地区最低工资的 90% 发放；第 13~24 个月失业保险金标准按统筹地区最低工资的 80% 发放	2018 年 6 月 1 日
上海	第 1~12 个月失业保险金标准为 1770 元/月。第 13~24 个月的失业保险金标准为第 1~12 个月的失业保险金标准的 80%。延长领取失业保险金的标准，为第 13~24 个月的失业保险金标准的 80%	2018 年 4 月 1 日

资料来源：笔者依据相关地市人力资源和社会保障局官方网站信息整理。

（二）增加"工作时间"作为领取失业保险金期间义务性条款规定

《失业保险条例》规定："无正当理由，拒不接受当地人民政府指定的部门或者机构介绍的工作的"，将停止领取失业保险金，这个义务性规定比较"消极"，很难起到积极促进再就业的作用。建议将失业人员的"工作时间"作为义务性规定，要求失业人员的"工作时间"符合要求的方能领取失业保险金。这个"工作时间"，可以是求职次数，可以是参加培训时长，也可以是从事公益性工作如社区服务的经历等。要求失业人员应定期（如两周一次）向失业保险主管部门报告"工作"情况。通过持续的求职或再就业培训，使失业人员保持求职积极性和提高职业技能。对于那些失业后无就业意愿的人来说，履行"工作"义务会使其放弃领取失业保险金的想法，减少失业保险基金的"滥用"。

目前，发达国家成熟的失业保险制度也大多有如此规定，如英国失业人员失业后几天内就要与就业指导人员进行商谈，以确定其再就业培训的方向；在此之后，失业人员每两周汇报求职活动进展或就业培训成效，就业指导人员据此来确定失业人员未来的再就业计划，并对不积极寻求工作者通过减少或者停发失业保险金予以惩罚。我国失业人员领取失业保险金期间出国旅游的现象曾现报端，这些人本应因未寻找工作而失去待遇资格①。

---

① 中国移民在加拿大领失业保险期间出国，这种事情会被罚！ [EB/OL]. [2018-10-10]. http://www.sohu.com/a/258680550_409175.

第四节　以省级统筹提升制度运行效率

失业保险制度不宜采取全国统筹，实行省级统筹是适应地区差异的必然选择。虽然社会保险制度"碎片化"会对劳动力市场产生影响，但是不同险种对劳动力市场的影响程度是不同的[①]。从理论和制度实践看，我国失业保险制度可以由省级政府承担实施主体的责任，成为失业保险制度运行的枢纽与载体，将失业保险制度建成属地管理的险种。

一、失业保险基金要提高到省级统筹

我国失业保险基金统筹层级经历了由省、自治区、直辖市统筹（1986～1993年），市、县统筹（1993～1999年），直辖市和设区的市实行全市统筹、其他地区的统筹层次由省、自治区人民政府规定（1999年至今）三个阶段，20多年失业保险基金统筹层次不断变化。社会经济环境的发展与变化需要对现行失业保险制度进行改革，将失业保险统筹层次调整至省级政府为责任主体。

从我国国情出发，失业保险制度提升至省级统筹，既有必要又有可能。全国共有七个省市实现了省级统筹，15个省市实现市级统筹[②]，为实现省级统筹奠定了基础。现阶段各地失业保险信息化建设已初步形成并进一步深化，为实行省级统筹提供了信息平台和技术支持；同时地方也有全面实行省级统筹的愿望，以便有效地增强失业保险基金承受能力，更好地在省内调剂余缺，应对金融危机等重大风险；基金在省级统一管理，统一使用，统一监督等，有利于保障基金安全。

从国外发达国家成熟完善的经验看，实行省级（地区）统筹有利于失业保险制度的灵活性。如美国失业保险制度，通过联邦与州政府共同举办失业保险制度，能够将中央的统一管理与地方的实际需求相结合，实现制度的灵活性。

---

①　郑秉文. 中国社保"碎片化制度"危害与"碎片化冲动"探源［J］. 甘肃社会科学, 2009（3）：50-58.

②　调研数据。

将失业保险具体事务交由省级（州、地区等）管理，中央政府可以在更为宏观的层面上制定科学合理的规划，如进行失业率的统计与指导、经济危机时期的干预政策、经济正常期间的预防失业与促进就业等；地方政府也可以依据实际及基金结余来妥善安排失业保险制度具体内容，如费率的具体确定、积极劳动力市场政策的规划等。由于省级统筹的优势，欧洲发达国家失业保险制度多是由地方来组织实施，如瑞士 1984 年强制实施失业保险制度，管理权限交付各个行政区管理，瑞士全国共有 38 只失业保险基金，每个行政区域均有失业保险基金①。

失业保险统筹层次实施以省级政府为责任主体，即将失业保险基金统筹层次设定为省级政府，失业保险基金的资金池设定在省一级，失业保险基金的收支单位、运行层次、基金投资运营都是在省级。在中央统一指导线的规定下，省级政府根据本省失业保险基金结余、失业率等情况，确定失业保险费率，实施失业保险具体事务等。目前我国失业保险制度改革也是不断朝着省级统筹的方向发展，这是符合我国失业保险制度发展完善潮流的选择。

二、中央与地方"两率两期两金"全周期管理②

（1）以城镇调查失业率为基础，完善失业预警机制，预防规模性失业风险。打好失业保险动态监测、失业预警、调查失业率的组合拳，更好地发挥应有作用。

2008 年 6 月人力资源和社会保障部下发《关于开展建立失业动态重点监测报告制度试点工作的通知》（人社部发〔2008〕53 号）以来，我国失业动态重点监测制度逐步发展，按照"特征性、规模性、代表性、比例性"来选取监测样本，发挥 5.2 万户企业、2700 万个岗位监测数据作用③，密切关注重点地区、重点行业、重点人群的失业风险，提高研判精准性。结合 2018 年 4 月开始公布

---

① Duell N, Tergeist P, Bazant U, et al. Activation Policies in Switzerland ［Z］. OECD Social, Employment and Migration Working Papers, Paris：OECD, 2010.

② 两率两期两金：分别指的是下文所说的法定费率和执行费率、失业保险地方自动延期和失业保险中央自动延期以及中央失业保险统筹基金和地方失业保险统筹基金。之所以说是全周期管理，是因为这种管理方式，不是仅静态的管理失业及失业待遇，而且会根据失业的变化动态调整，贯穿于失业前的动态监测，失业中的生活保障、就业促进，也包含失业保险金领取期限结束后是否延长待遇给付期的机制，因而是失业前、中、后全周期管理和动态管理。

③ 2018 年调研数据。

的城镇调查失业率,建立失业预警指标体系和数据信息,科学设定失业预警等级。根据失业预警指标数据变化情况,对就业失业形势、变化趋势进行综合分析和评估,判断是否达到失业预警警戒线,并及时发布失业预警。将失业预警纳入当地政府日常工作,建立定期报告制度,既要注意经济运行过程中出现的趋势性失业,又要兼顾因突发情况引起的区域性、行业性集中失业。

(2)实行"法定费率"和"执行费率"相结合的费率动态调整机制。中央设定2%的"法定费率",同时给出指导线,设定失业保险"执行费率"区间(1%~3%),各省在这一区间内依据实际情况做出具体选择。

我国失业保险条例规定总缴费率为3%,目前阶段性降低费率后总缴费率大致是1%。考虑到减轻企业和个人缴费负担,以及我国各地失业保险基金普遍结余较多,加之2008年之后减、缓失业保险费已在许多地方实行并取得了良好政策效果,可以将下调后的失业保险费率常态化,但考虑到各地产业结构和失业风险不同,失业保险基金结余各异,仍保留地方调整费率的灵活性。具体建议为,中央政府设定我国失业保险制度的"法定费率",例如将2%作为"法定费率",即中央给出的一个指导线,各省根据基金结余情况制定本地的"执行费率",报人力资源和社会保障部备案。这样,失业保险费率的制定将中央"法定费率"与各省"执行费率"相结合,实现了费率的灵活性。

(3)成立"中央失业保险统筹基金"和"地方失业保险统筹基金",设置失业保险待遇自动延期机制,实行"失业保险地方自动延期"和"失业保险中央自动延期"两种调节阀。

在我国失业保险金给付期缩短到18个月的基础上,失业保险制度应该建立自动延期机制,并根据失业情况分别启动地方自动延期和中央自动延期机制,分别为两个月。自动延期失业保险资金来自中央、地方失业保险统筹基金,按一定比例每年从各省、地级市失业保险基金缴费总额中提取。尤其需要注意的是,失业保险制度建立中央统筹基金的目的并不是用于经济正常时期平衡各省失业保险基金,对入不敷出的省份进行财务转移,而是主要用于经济危机期间对失业率较高、支付待遇有困难的地区进行帮助,以及其他涉及失业保险公共项目的支出。中央统筹基金之所以不能用于经济正常时期的转移,原因在于若存在中央转移支付的情况,各省失业保险基金则没有足够的动力去做好基金充足性,甚至可能会出现有些省通过过度降低费率等手段致使本省失业保险基金入不抵支,以获取中央统筹基金资助的情况,也就是说经济正常时期若存在中央转移支付,会诱使地方政府产生道德风险。我国失业保险制度自动延期机制设想如表5-6所示。

表5-6　我国失业保险制度自动延期机制设想

指标	失业保险地方自动延期	失业保险中央自动延期	备注
城镇登记失业率连续6个月环比上升或城镇调查失业率连续6个月上升	启动；领取失业保险金时间延期两个月	不启动	最长领取失业保险金时间达到22个月；除失业率外，宏观经济指标、失业动态监测期间岗位流失率以及其他劳动力市场指标也可参考
城镇登记失业率连续9个月环比上升或城镇调查失业率连续9个月上升	启动；领取失业保险金时间延期两个月	启动；领取失业保险金时间延期两个月	

资料来源：笔者整理。

三、增强失业保险经办服务能力

优秀的失业保险制度设计，需要良好的运营体系为载体。为此，失业保险经办和服务要坚持三个基本原则，即高效、便民、安全，积极推进"互联网+"、大数据为代表的新理念、新技术、新模式在失业保险领域的广泛应用，加快实现失业保险服务和管理工作全程信息化，全面提升服务能力和管理水平：一是高效方面，建立统一的失业保险经办网络平台。目前各地级市失业保险管理系统差别大，信息标准化程度不够。建议充分利用互联网、大数据和移动通信等技术，打造集失业保险金申领、稳岗补贴申报、技能提升补贴申报为一体的网上经办服务平台。二是便民方面，提升信息查询、申领受理、转移接续等方面快捷有序。通过网页、社保信息查询机、微信等，随时掌握个人失业保险金缴纳或领取情况；在申领时能够通过与社保系统的对接、与就业服务管理系统的对接等，提取用工备案、失业登记和失业信息，并进行详细分类和运算，个人无需提供过多的证明材料；同时实现失业保险跨统筹地区的信息共享，以及失业保险基金跨统筹地区的资金结算服务。三是安全方面，主要包括数字化系统的安全以及基金安全。信息化带来便捷快速的同时，也需要相应的信息安全保障体系支撑，具备抵御大规模较强恶意攻击的能力，通过统一的电子认证体系、灾难恢复体系建设确保运行安全。对于基金安全，要密切关注延续降费率后收不抵支地区基金运行情况，发挥中央、省级失业保险统筹基金的作用，确保基金运行安全可持续；指导各地完善内控机制和财务管理制度，加强对内控、稽核、绩效考核、档案管理等的信息化支撑，遏制和打击各类违纪违规支出行为和失业保险欺诈风险，维护失业保险基金运行规范。

第二篇

东部七省（市）试点探索

第六章 东部七省（市）扩大失业保险基金支出范围试点政策的出台与调整

　　失业保险制度预防失业、减少长期失业和鼓励及早就业在国外的实践已有很多，我国失业保险制度在完成国有企业改革过程中保证下岗职工基本生活的任务后，在社会主义市场经济发展进程中，在经济全球化背景下，也在积极探索失业保险预防失业和促进就业的功能。一些地区在完成国有企业改革后，开始将结余的失业保险基金用于促进就业和再就业等积极劳动力市场政策上。这些地区经济发展水平较高，中央就业专项资金的转移支付相对较少，但是失业保险基金却有大量结余。截至 2005 年底，北京、上海、浙江、江苏、福建、广东和山东等东部七个省份失业保险基金累计结余 24.8 亿元，占当年全国失业保险基金累计结余的 48%。2006 年，国务院决定在东部七省（市）开展扩大失业保险基金支出范围试点，旨在进一步发挥失业制度在促进就业方面的作用，并积极探索失业保险对预防失业、稳定就业作用的有效办法，为完善我国失业保险制度积累实践经验。2017 年《失业保险条例（修订草案征求意见稿）》将原有条例中基金用于支出"领取失业保险金期间接受职业培训、职业介绍的补贴"改为"领取失业保险金期间失业人员享受的职业培训补贴"，将"领取失业保险金期间的医疗补助金"改为"领取失业保险金期间的失业人员应当缴纳的基本医疗保险费"，并增设了"领取失业保险金期间失业人员享受的职业技能鉴定补贴、创业补贴"、增设了"失业人员应当缴纳的基本养老保险费""技能提升补贴""稳定岗位补贴"等支出项目。这些扩大基金支出范围的规定正是基于东部七省（市）扩支试点的经验并将这些经验向全国推开的新举措。

第一节　试点政策的出台背景和逐步推进

2005 年，失业保险与再就业服务中心的"并轨"任务基本结束。为有效发挥失业保险促进就业、预防失业功能，2006 年 1 月，经国务院同意，原劳动和保障部、财政部联合下发了《关于适当扩大失业保险基金支出范围试点有关问题的通知》（劳社部发〔2006〕5 号），东部七省市开展扩大失业保险基金支出范围试点，时间暂定三年。文件规定：在职业培训补贴、职业介绍补贴、社会保险补贴、岗位补贴和小额担保贷款贴息五项支出外增设的支出项目，北京、上海须经市人民政府批准，并报国务院备案；其他五省增设支出项目，须由省人民政府报请国务院批准后实施。

2008 年，全球金融危机爆发。为应对国际金融危机、稳定就业局势，促进就业增长成为社会经济工作的重要任务。2009 年 7 月，人力资源和社会保障部、财政部联合下发了《关于延长东部 7 省（市）扩大失业保险基金支出范围试点政策有关问题的通知》（人社部发〔2009〕97 号），明确江苏、浙江、福建、山东、广东五省可以参照北京、上海两市的做法，根据本地实际情况适当增加支出项目，由省级人民政府统一制定，报国务院备案。2009 年 12 月，人力资源和社会保障部、财政部和国家税务总局联合下发了《关于进一步做好减轻企业负担稳定就业局势有关工作的通知》（人社部发〔2009〕175 号），明确试点政策延长到 2010 年底。经国务院同意，2011 年 9 月，人力资源和社会保障部、财政部继续联合下发《关于东部 7 省（市）扩大失业保险基金支出范围试点有关问题的通知》（人社部发〔2011〕95 号），在《关于延长东部 7 省（市）扩大失业保险基金支出范围试点政策有关问题的通知》（人社部发〔2009〕97 号）的基础上，将试点政策延长执行到 2011 年底，并要求界定好失业保险基金与财政就业专项资金在促进就业方面各自的对象范围和支出项目，实行分账管理。

在总结试点经验的基础上，为进一步发挥失业保险预防失业、促进就业的作用，2012 年 5 月，人力资源和社会保障部、财政部下发《关于东部 7 省（市）扩大失业保险基金支出范围试点有关问题的通知》（人社部发〔2012〕32 号），将试点政策延长执行到修订的《失业保险条例》正式实施之日，明确支出项目包括职业培训补贴、职业介绍补贴、职业技能鉴定补贴、社会保险补贴、岗位补贴、小额贷款担保基金、小额贷款担保贴息等七项，并提出失业保险基金支出项目不得形成固定资产，不得用于人员经费、公用经费等应由部门预算安排的支出。要求试点地区对支出项目进行清理归并，不符合上述规定的支出项目要停止执行。

第二节 试点政策运行情况

一、试点初始阶段 (2006~2008 年)

2006 年试点工作伊始，支出项目主要是劳社部发〔2006〕5 号文件规定的职业培训补贴、职业介绍补贴、社会保险补贴、岗位补贴和小额担保贷款贴息支出等五项支出。享受上述补贴和贴息的对象为领取失业保险金期间的失业人员。北京、上海两市效果比较明显，主要原因是在上述 5 项支出项目外，两市人民政府可结合实际，确定支出项目报国务院备案。浙江省把参加过失业保险的就业困难人员再就业的各项扶持政策所需的补贴优先列入失业保险基金促进再就业经费中支出 (浙政发〔2006〕16 号)。其他省促进就业资金数额不大，促进就业人数不多，由于扩大支出项目少、范围窄，山东省在这一阶段政策没有推开，支出试点资金仅为 0.45 亿元。

二、试点延长阶段 (2009~2011 年)

2009 年 7 月，试点省份均实行备案制度。各地有针对性地采取措施，加大政策执行力度，试点期间支出项目增加。上海扩大到 9 项，北京为 10 项，浙江为 14 项，山东为 7 项。基金享受对象范围也适当扩大，山东省由领取失业保险金期间的失业人员扩大到了城乡登记失业人员、招用就业困难人员并参加失业保险的用人单位或公共就业服务机构；浙江省规定，试点地区根据当地失业保险工作进展情况、促进就业工作需要和基金承受能力，可将失业保险基金促进就业经费享受对象逐步扩大到所有符合条件的城乡登记失业人员、参加失业保险的用人单位及其在职职工。具体范围由试点地区人力资源和社会保障部门、财政部门确定。北京市加大对就业困难地区的帮扶力度，出台了一系列地区倾斜政策，就业困难地区出台符合条件的社会保险补贴、岗位补贴政策所需资金由失业保险基金给予75%的补贴，有效缓解了局部地区的就业矛盾。

三、试点规范阶段（2012年以后）

2012年，人社部发〔2012〕32号文件对扩大支出的项目、对象范围、试点时间做了进一步的明确规范。各试点省（市）根据前期试点情况对支出项目进行了整合和归并，支出项目总体控制在文件规定的七大项内，同时停止了固定资产方面的支出。

自开展扩大支出范围试点以来，各省（市）的试点按照人力资源和社会保障部、财政部的要求，逐步有一个"探索—延长—规范"的变化过程。随着覆盖范围的逐步扩大，试点经验的逐步积累，失业保险"扩支"资金与财政就业专项资金的划分也逐渐清晰。

第三节　各省（市）扩大失业保险
基金支出的政策分析

一、项目设置

试点地区在基金支出的项目设置上总体的变化趋势是一致的（见表6-1），重点帮扶困难人群和需要扶持的行业（如家政服务业），鼓励灵活就业和创业带动就业。北京和上海在试点的第一个阶段，充分利用国家给予的特殊政策，支出项目较其他省份丰富。浙江省在2006年之前就已将社会保险补贴、岗位补贴、公共职业介绍机构代管失业人员档案补贴和职业指导培训补贴、劳动力市场信息网络建设补贴列入失业保险基金支出范围，并要求支出规模控制在失业保险基金总额的20%内；2006年试点之后，浙江按照试点文件就调整了基金扩大支出项目。相比而言，山东省失业保险基金扩大支出的规模很小。

表6-1　2006~2013年试点省（市）失业保险基金扩大支出项目

	2006~2008年	2009~2011年	2012年后
北京	职业技能培训补贴；职业技能鉴定补贴；创业培训补贴；公益性就业组织部分专项补贴；职业介绍补贴；岗位补贴；社会保险补贴；开展职工职业技能培训、提升劳动者职业技能经费；经市政府批准核准调整、搬迁和关闭破产国有企业职工转岗培训、公共实训基地运行补助经费；劳动力信息建设、运行及维护经费；经市政府批准核准的市属困难福利企业社会保险补贴等其他项目支出（京财社〔2006〕759号）	职业介绍补贴；职业培训补贴；社会保险补贴；社区公益性就业组织专项补贴补贴；职业技能鉴定补助；高技能人才公共实训经费补助；预防失业补贴，经市政府批准核准的其他项目支出（京财社〔2009〕703号）	职业培训补贴（职业技能培训补贴，创业培训补贴，技师、高级技师培训补贴，在职职工培训补贴，其他）；职业介绍补贴（职业指导补贴，其他）；岗位补贴（用人单位招用，公益性就业组织，员工制家政服务业，其他）；社会保险补贴（用人单位招用、自谋职业、灵活就业、就业困难地区用人单位招用，用人单位稳定就业，员工制家政服务业，其他）；职业技能鉴定补贴；小额贷款担保贷款担保贴息；其他支出项目（京人社就文〔2013〕3号）
上海	职业培训补贴；职业介绍补贴；社会保险补贴；岗位补贴；小额担保贷款贴息；公共实训支出；开业指导和建设和维护服务支出；基地的建设和维护支出（沪劳保技发〔2007〕27号、沪劳保技发〔2007〕49号、沪劳保就发〔2007〕9号、沪劳保就发〔2007〕10号、沪劳保就发〔2007〕11号、沪劳保就发〔2007〕34号、沪劳保就〔2008〕8号、沪劳保就	职业培训补贴；职业介绍补贴；社会保险补贴；青年职业带动就业支出；鼓励创业带动就业支出体系支出；给予来沪农民工职业培训补贴支出（沪人社就〔2009〕13号、沪就人社〔2009〕14号、沪人社〔2009〕20号、沪人社就〔2009〕66号、沪人社就发〔2010〕1号、沪人社就〔2010〕14号、沪人社就发〔2010〕30号、沪人社就发〔2010〕32号、沪人社就发〔2011〕33号、沪人社就发〔2012〕36号）	职业培训补贴；小额担保贷款贴息；就业援助岗位补贴；青年职业见习补贴；给予来沪农民工职业培训补贴（沪人社就〔2009〕20号、沪人社就〔2009〕67号、沪人社就〔2010〕36号）

续表

	2006~2008年	2009~2011年	2012年后
上海	发〔2008〕15号，沪劳保就发〔2008〕32号，沪劳保就发〔2008〕34号，沪劳保就发〔2008〕36号）		
浙江	职业培训补贴；职业介绍补贴；社会保险补贴；岗位补贴；小额担保贷款贴息；公共职业介绍机构代管失业人员档案补贴和职业指导培训补贴；劳动力市场信息网络建设补贴（浙财社字〔2004〕156号）	职业介绍补贴；档案代管补贴；职业培训补贴；职业指导培训补贴；在岗转岗补贴；职业技能鉴定补贴；社会保险补贴；定就业社会保险补贴（政府购买公益性岗位，用人单位稳定就业岗位）；高校毕业生见习补贴；创业补贴；小额担保贷款贴息；人力资源市场信息网络建设补贴；经省级人民政府批准的与促进就业、预防失业有关的其他支出（浙人社发〔2009〕101号）	职业培训补贴（就业技能培训补贴，创业培训补贴，岗位技能提升培训补贴）；职业介绍补贴；职业技能鉴定补贴；社会保险补贴（对就业困难人员，中小微企业稳定就业，员工制家政服务企业，城乡登记失业，员工制家政服务企业，城乡登记失业人员和高校毕业生创业，困难企业）；岗位补贴（就业困难人员，高校毕业生就业补助，困难企业；小额担保贷款贴息；小额担保贷款基金（浙人社发〔2012〕282号）

续表

	2006~2008 年	2009~2011 年	2012 年后
江苏		职业介绍补贴，职业培训补贴，社会保险补贴，岗位补贴和小额担保贷款贴息；职业技能鉴定补贴、创业投资引导基金（包括用于创业培训、初次创业补贴、创业租金补贴、创业孵化基地建设和创业型城市创建服务基层平台信息网络建设和公共实训基地的能力建设（不含基本建设支出）（苏人社（L）〔2009〕57 号，苏财社〔2009〕175 号）	社会保险补贴；岗位补贴；职业培训补贴（苏人社发〔2012〕338 号）
福建	职业培训补贴、职业介绍补贴、社会保险补贴和岗位补贴	领取失业保险金期间失业人员的职业培训补贴和小额（担保）贷款贴息支出；城镇复员转业退役军人、高校毕业生、就业困难人员、返乡农民工等参加创业培训（SIYB）的经费补助（闽人社文〔2010〕29 号）29 号文件中有关创业培训（SIYB）经费补助规定不再执行（闽人社文〔2011〕286 号）	职业培训补贴；职业介绍补贴；岗位补贴；社会保险补贴；小额担保贷款贴息；职业技能鉴定补贴（闽人社文〔2012〕317 号）
山东	小额担保贷款贴息支出（劳社部发〔2006〕5 号）	职业培训补贴；职业介绍补贴；社会保险补贴；创业补贴；岗位补贴；小额担保贷款贴息；创业岗位开发补贴；开展失业动态监测所需软件开发（劳动保障）部门设立的人力资源市场和基层公共就业服务平台信息网络及设施设备购置支出（鲁人社〔2009〕69 号）县级以上人力资源和社会保障（劳动保障）部门、人员培训和监测企业信息采集的补贴支出	职业培训补贴；职业介绍补贴；岗位补贴；社会保险补贴；小额担保贷款基金；职业技能鉴定补贴（鲁人社发〔2012〕47 号）
广东		职业（创业）培训补贴；职业技能鉴定补贴；高技能人才公共实训基地设备购置经费补助（粤人社发〔2009〕77 号）	职业培训补贴；职业介绍补贴；社会保险补贴；岗位补贴；小额担保贷款贴息；劳动和社会保障信息化建设项目（粤人社发〔2013〕13 号）

资料来源：根据各省出台文件汇总。

2009 年延长试点政策之后，加之金融危机背景下促进就业、预防失业功能的凸显，试点省（市）在支出项目上都有了一定的突破，根据各地失业、就业工作情况，增加了一些支出项目，特别是都增加了人力资源市场信息网络建设和公共实训基地的建设方面的支出。山东省济南市、潍坊市在项目设置上与省级文件保持一致，但由于各地基金结余情况不同，直到 2009 年才开始扩大支出。浙江省杭州市、绍兴市根据浙江省出台的政策结合当地实际制定具体的政策，除杭州市在 2009~2012 年阶段，高校毕业生见习补贴在就业专项资金中列支以外，其余阶段的项目设置中均与省一级的规定一致。

2012 年，人社部发〔2012〕32 号文件下发以后，各试点省（市）在支出项目上与该文大原则保持一致，并根据前期试点的情况，将支出项目归并、调整，原有支出项目均减少为七项。一些省做了及时调整并出台相关政策（浙江、广东和山东），其他试点地区相应调整了支出项目，但还未见文件出台。

二、支出对象

随着社会经济的发展、产业结构调整和城镇化进程的加快，试点省（市）的就业形势也在发生变化，就业帮扶政策和服务对象发生了转变，试点省（市）也在不断调整扩大支出的对象范围。总体来看，失业保险基金扩大支出受益对象范围逐步扩大，就业困难人员覆盖人群增加（见表 6-2）。失业保险基金扩大支出受益对象从城镇失业人员逐步扩大到履行过缴费义务的城镇失业人员和用人单位，权利义务相对等原则逐步凸显的同时，重点向大龄失业人员、零就业家庭、低保家庭、残疾人等重点帮扶人群倾斜。

表 6-2　2006~2013 年试点省（市）失业保险基金扩大支出对象一览表

	2006~2008 年	2009~2011 年	2012 年后
北京	参加失业保险并履行了缴费义务的用人单位和个人（京财社〔2006〕759 号）	城镇登记失业人员；农村劳动力；未就业的大学毕业生；初次进京的随军家属；经市政府批准的国有企业关闭破产、调整搬迁需要安置的城镇职工；经市政府批准的其他人员	

续表

	2006~2008 年	2009~2011 年	2012 年后
上海	失业人员；农村转移富余劳动力；协保人员	失业人员；协保人员；农村富余劳动力等就业困难人员；需要转岗培训提升技能的在职职工；毕业学年大中专学生；来沪农民工	
浙江	参加过失业保险的失业人员（浙财社字〔2004〕156 号）	所有符合条件的城乡登记失业人员；参加失业保险的用人单位及其在职职工（浙人社发〔2009〕101 号）	参加失业保险（含参加过失业保险）且符合扩大支出具体项目规定条件的人员和单位（浙人社发〔2012〕282 号）
江苏		按照当地就业再就业政策执行	困难企业；在生产经营困难情况下不裁员或少裁员企业
福建	领取失业保险金期间的失业人员（劳社部发〔2006〕5 号）	领取失业保险金期间失业人员；城镇登记失业人员、城镇复员转业退役军人、高校毕业生、就业困难人员、返乡农民工（闽人社文〔2010〕29 号）	—
山东		本地区城乡登记失业人员；招用就业困难人员并依法参加社会保险履行缴费义务的用人单位；公共就业服务机构（鲁人社〔2009〕69 号）	城镇登记失业人员；农村转移就业劳动者；毕业年度高校毕业生；城乡未继续升学的应届初高中毕业生（鲁财社〔2011〕55 号）
广东		城镇登记失业人员和农村转移就业劳动力；领取失业保险金期间实现灵活就业的失业人员，实现灵活就业的就业困难人员，招用领取失业保险金期间失业人员、就业困难人员并依法参加失业保险的用人单位；领取失业保险金期间的失业人员、就业困难人员；参加本省失业保险的在职劳动者（仅职业技能鉴定补贴）（粤人社发〔2009〕77 号）	参加失业保险且符合本省就业专项资金管理办法规定条件的人员和单位（粤人社发〔2013〕13 号）

资料来源：根据各省出台文件汇总。

三、支出标准

随着项目设置、支出对象的变化，试点省（市）在具体项目的支出标准上也逐步提高。北京市自 2006 年以来，不断提高对就业困难地区各项支出项目的帮扶标准：一是将高失业率地区职业培训补贴由原区财政负担 30%，失业保险基金负担 70%，提高到失业保险基金全额负担；二是高失业率地区享受社区公益性就业组织专项补贴由财政负担 2/3，失业保险基金负担 1/3，提高到区财政负担 20%，失业保险基金负担 80%。

第一，社会保险补贴。社会保险补贴的补贴方式除上海市在 2008 年、浙江省杭州市在 2009 年以后对用人单位吸纳特定人员采取每年（月）一次性定额支付的方式以外，其他省（市）均采取一定缴费基数下按特定比例据实补贴的方式（见表 6-3、表 6-4 和表 6-5）。

表 6-3　2006 年以来北京市社会保险补贴标准变化

	2006~2011 年	2012 年后
标准	养老、失业保险以市上年末最低工资标准为缴费基数，医疗保险以市上年职工平均工资的 70% 为基数。补贴单位缴费部分（京财社〔2006〕759 号）	本市上年度职工月平均工资标准的 60% 为最高补贴基数，低于本市上年度职工月平均工资标准 60% 的，按照实际缴费基数予以补贴。基本养老保险补贴 20%，医疗保险补贴 10%，失业保险补贴 1%（京人社就发〔2012〕308 号）

资料来源：根据北京市出台文件汇总。

表 6-4　2006 年以来上海市社会保险补贴标准变化

	2006~2008 年	2009~2011 年	2012 年后
大龄非正规就业从业人员	上年度职工平均工资的 60% 作为基数计算的养老、医疗和失业保险缴费额的 50%（沪劳保就发〔2007〕34 号）		城镇登记失业的"就业困难人员"、农村富余劳动力以及一次性缴纳社会保险费已
大龄自谋职业和自主创业人员	所交社会保险费的 50%，最长不超过 3 年（沪劳保就发〔2007〕11 号）	市企业职工最低工资的 50% 的标准按月给予社会保险补贴，直至其达到法定退休年龄（沪劳保就发〔2008〕34 号）	

续表

	2006~2008 年	2009~2011 年	2012 年后
用人单位吸纳特定人员	失业人员和富余劳动力的，按非正规就业从业人员标准；协保人员：养老、医疗和失业保险缴费差额中用人单位承担部分的 50%（沪劳保就发〔2008〕15 号）	城镇登记失业的"就业困难人员"：10000 元/人/年；协保人员、农村富余劳动力以及一次性缴纳社会保险费已满 15 年的征地人员：5000 元/人/年（沪人社就〔2009〕13 号）	满 15 年的征地人员：13000 元/人/年；协保人员：6500 元/人/年（沪人社发〔2012〕36 号）

资料来源：根据上海市出台文件汇总。

表6-5　山东省济南市 2009 年以来就业困难人员"两项补贴"标准

项目＼年度	2009 年 4 月至 2010 年 3 月	2010 年 4 月至 2011 年 3 月	2011 年 4 月至 2012 年 3 月	2012 年 4 月至 2013 年 3 月	2013 年 4 月之后
公益性岗位社保补贴、岗位补贴（元/人/月）	800	1000	1030	1182	1340
灵活就业人员社保补贴（元/人/月）	230	260	272	313	355
企业吸纳人员补贴（元/人/月）	300	330	330	350	583

资料来源：根据济南市出台文件汇总。

　　第二，岗位补贴。上海市用人单位吸纳就业困难人员的岗位补贴与社保补贴捆绑在一起一次性支付给用人单位，其余人员的岗位补贴支出标准、期限也逐步提高（见表6-6）。同时，万人就业项目和公益性岗位补贴在 2008 年、2010 年、2012 年提高 100 元/人/月~160 元/人/月（沪劳保就发〔2008〕32 号、沪人社就发〔2010〕30 号、沪人社就发〔2011〕33 号）。北京市岗位补贴标准从 3 年 5000 元，提高到每年 5000 元。浙江省绍兴市的就业困难人员岗位补贴标准从 2009 年的 300 元/人/月，提高到现在每人每月按照市区最低工资标准的 50% 给予补贴（绍政发〔2009〕19 号、绍市人社发〔2013〕56 号）。

表6-6 2006年以来上海市岗位补贴标准变化

	2006~2008年	2008~2012年	2012年后
大龄自谋职业和自主创业人员	距法定退休年龄≤2年,市企业职工最低工资的50%,直至退休(沪劳保就发〔2007〕11号)	距法定退休年龄≤3年,市企业职工最低工资的50%,直至退休(沪劳保就〔2008〕8号)	—
低收入农户家庭人员实现就业补贴	最高140元/人/月,最长不超过3年(沪劳保就发〔2007〕11号)	140元/人/月,期限2年(沪人社就发〔2010〕32号)	180元/人/月,期限2年(沪人社就发〔2012〕36号)

资料来源:根据上海市出台文件汇总。

第三,职业培训补贴。上海市职业培训补贴的支付方式从最初的"补机构"转变为现在实行的"补个人"。北京市职业技能培训补贴标准由2006年的人均每次550元提高到现在的每次1400元;创业培训补贴标准由2006年的每人1329元提高到现在的2400元,同时将享受职业培训补贴次数由终身一次提高到一年一次。山东省职业培训补贴标准由2009年的最高不超过1500元/人/次,提高到现在的最高不超过1800元/人/次。

第四,职业介绍补贴。浙江省杭州市职业介绍补贴从2009年的50元/人/次~100元/人/次,提高到现在的100元/人/次。山东省职业介绍补贴从2009年的120元/人/次,提高到现在的150元/人/次。

第七章　试点政策的实施情况及比较分析[①]

第一节　试点省份失业保险基金扩大支出的实施情况

总体来看，各试点省份失业保险基金扩大支出的实施情况分为三个阶段：

第一阶段是试点初始阶段（2006~2008 年），以 2006 年 1 月原劳动和社会保障部、财政部下发的《关于适当扩大失业保险基金支出范围试点有关问题的通知》（劳社部发〔2006〕5 号）为政策依据，各试点省份开始进行试点工作。在这一阶段，试点省份扩大支出的项目比较少，受益对象范围较窄，基金支出规模也有限。

第二阶段是试点延长阶段（2009~2011 年），以 2009 年 7 月人力资源和社会保障部、财政部下发的《关于延长东部 7 省（市）扩大失业保险基金支出范围试点政策有关问题的通知》（人社部发〔2009〕97 号）为试点延长的标志，各试点省份继续扩大失业保险基金的支出范围。在此阶段，试点省份扩大支出项目增加，受益对象范围扩大，基金支出规模也逐渐增加，加上国际金融危机时实行的"援企稳岗"政策，基金支出规模进一步增大。

第三阶段是试点规范阶段（2012 年以后），自 2012 年 5 月人力资源和社会

[①] 本章数据来源：《东部七省市失业保险基金支出范围试点政策评估》课题组设计调查问卷并组织调研，调研地区填写问卷，由于各地扩大支出项目设置名称不一，因此统计口径有所差别。课题组花费大量人力和时间，对汇总上来的数据进行甄别和筛选，其中部分数据根据调研实际进行估计。需要说明的是，课题组调研数据并非正式的官方统计数据，数据准确度有待进一步考证，因此，本章数据仅供学术研究和参考。如需转载和引用，请务必如实说明。另外，如无特殊说明，本章扩大支出总金额包括"条例规定的两项补贴（职业培训补贴和职业介绍补贴）"支出、"援企稳岗"支出以及各调研省份试点项目的扩大支出三部分。

保障部下发《关于东部 7 省（市）扩大失业保险基金支出范围试点有关问题的通知》（人社部发〔2012〕32 号文）后至今，试点省份扩大支出项目有所缩减、受益对象范围也有所规范，但由于政策实行时间较短，基金支出规模的增减趋势尚无定论。

一、失业保险基金扩大支出项目

（一）分试点阶段看支出项目

从试点的三个阶段看，试点省份失业保险基金扩大支出的项目数量呈现先扩大后缩小的趋势。在试点初始阶段，福建、山东和广东三个试点省份只是将失业保险基金用于国发〔2005〕36 号文规定的职业介绍补贴、职业培训补贴、社会保险补贴、岗位补贴和小额担保贷款贴息等五项支出，北京、上海、江苏和浙江在此阶段实施了其他一些扩大支出项目。除职业技能鉴定补贴和小额贷款担保基金两个传统项目外，上海开展的扩大支出项目最多，有见习补贴、校企合作费用、公共实训基地费用、房租补贴以及其他扶持开业费用等五大类项目；北京和浙江均只开展了两项扩大支出项目，北京市开展了社区公益性就业组织专项补贴和劳务派遣机构营业税等额补助，浙江省开展了信息网络建设支出和转岗培训补贴（其中转岗培训补贴只有 2007 年一年开展）；江苏省仅将失业保险基金扩大支出用于基层平台信息网络费支出。

在试点延长阶段，江苏、浙江、福建、山东和广东五省份的试点政策得以松绑，五省可以参照北京、上海两市的做法，根据本地实际情况适当增加支出项目，由省级人民政府同意制定，报国务院备案。上述五省在此阶段增加了失业保险基金扩大支出的项目，其中浙江省增加的支出项目比较多，包括职业技能鉴定补贴、档案代管补贴、职业指导培训补贴、高校毕业生见习补贴和创业补贴等五大类支出。上海市的扩大支出项目没有什么变化，仍然为上一阶段确定的几项支出，北京市则增加了就业困难地区帮扶资金和职业指导补贴两项支出。

进入第三阶段，人社部发〔2012〕32 号文规定："失业保险基金促进就业的支出项目包括职业培训补贴、职业介绍补贴、职业技能鉴定补贴、社会保险补贴、岗位补贴、小额贷款担保基金、小额贷款担保贴息。失业保险基金支出项目不得形成固定资产，不得用于人员经费、公用经费等应由部门预算安排的支出。要对失业保险基金支出项目进行清理归并，不符合上述规定的支出项目要停止执行。"各试点省份根据上述规定，对本地区的扩大支出项目进行了规范，上海市不再将失业保险基金用于公共实训基地的费用支出；北京市不再将失业保险基金用于劳务派遣机构营业税等额补助；广东省停止将失业保险基金用于公共实训基地和信息服务平台支出；浙江省对试点项目进行了归并、调整，将原有的 13 个试点支出项目减少为 7 个；山东省也将试点项目限定为人社部发〔2012〕32 号文规定的七项支出。

（二）从试点总过程看支出项目

在人社部发〔2012〕32 号文规定的七项支出中，职业培训补贴、职业技能鉴定补贴、社会保险补贴和岗位补贴是各个试点省（市）均开展的扩大支出项目，其中社会保险补贴和岗位补贴是主要的支出项目，其他三项职业介绍补贴、小额贷款担保基金、小额担保贷款贴息在有的试点省（市）没有开展或者即使开展了支出额度也很小。失业保险基金未用于小额贷款担保基金的省份较多，北京、浙江和广东 2006 年以来一直都没有此项支出；上海市 2011 年以后的小额贷款担保基金不再从失业保险基金列支。失业保险基金未用于职业介绍补贴的只有上海市，基金未用于小额担保贷款贴息的只有北京市。

总体上，从扩大支出项目的数量看，北京、上海两市走在了其他试点省份的前面。2006 年至 2012 年，上海市扩大支出的项目数量累计为 11 项，北京市累计为 9 项，虽然不及其他一些试点省份 2009 年后开展的支出项目多，但是从支出项目实行的时间长短角度综合考虑，北京和上海两市的扩大支出项目数量是相对多的。江苏、浙江等五个试点省份总体上扩大支出项目不及北京和上海多，但是到了 2009 年试点延长阶段，五省份陆续增加了一些扩大支出项目，其中浙江省增加的支出项目最多，所有扩大支出项目加在一起共 13 项；江苏和山东两省均在人社部发〔2012〕32 号文规定的七个支出项目之外增加了四个支出项目，广东省增加了两个支出项目，福建省没有增加支出项目。此外，山东省虽然 2009 年后增加了扩大支出项目的数量，但是 2012 年该省除了实行人社部发〔2012〕32 号文规定的七个支出项目外，其他支出项目几乎都暂停了；广东省 2012 年则暂停了所有扩大支出项目。

二、失业保险基金扩大支出的受益对象

从试点的三个阶段看，总体上各个试点省份失业保险基金扩大支出的受益对象人（次）数呈先增长后缩小的趋势。在试点初始阶段（2006~2008 年），试点省份将失业保险基金扩大支出用于国发〔2005〕36 号文规定的五项支出

的对象界定为领取失业保险金期间的失业人员，受益对象范围相对较窄；只有开展其他扩大支出项目的试点省份，失业保险基金扩大支出的受益对象可以覆盖到更广泛的人群。以上海市的职业见习补贴项目为例，只要是见习学员都可以享受，在上海市的见习学员中多数是缺乏工作经验的青年大学生，他们并没有参加失业保险制度，也可以享受失业保险基金扩大支出的补贴。总体上看，这一阶段失业保险基金扩大支出的受益对象人（次）数较少。

到了第二阶段，试点延长阶段（2009~2011年），各个试点省份在增加扩大支出项目的同时，也放宽了扩大支出的受益对象范围。上海市将受益对象范围扩大到本市失业人员、协保人员①、农村富余劳动力等就业困难人员，以及需要转岗培训提升技能的在职职工、毕业学年大中专学生和来沪农民工；浙江省将受益对象扩大到所有符合条件的城乡登记失业人员、参加失业保险的用人单位及其在职职工；山东省将受益对象扩大到本地区城乡登记失业人员、招用就业困难人员并依法参加社会保险且履行缴费义务的用人单位、公共就业服务机构。由于失业保险基金扩大支出的受益对象范围扩大，多数试点省份失业保险基金扩大支出的受益对象人数猛增。从表7-1可以看出，上海市2009~2011年的受益对象人次猛增到1000万人次以上，并且保持小幅增长态势；山东省的受益人次从2009年到2011年也保持增长的势头；浙江省2010年和2011年的受益对象人数也增加到150万人左右；江苏、福建和广东的受益人数（次）在此期间也有增长，但是2011年受益人数（次）出现了下降趋势；北京是个特例，2006~2012年七年间受益对象人次变动幅度不大，2010年后甚至出现了下降趋势，这与北京市将失业保险基金扩大支出的受益对象范围主要限定为参加失业保险制度的人员有关。

表7-1　2006~2012年试点省市失业保险基金扩大支出受益对象人次数

年份	北京（万人次）	上海（万人次）	江苏（万人次）	浙江（万人次）	福建（万人次）	山东（万人次）	广东（万人次）
2006	50	222	69	15	2	9	5
2007	54	337	820	23	2	6	6

① 协保人员，是指协议保护社会关系的人员。国有企业改革期间，单位一次性地为下岗职工缴纳社会保险费至退休。

114

年份	北京 （万人次）	上海 （万人次）	江苏 （万人次）	浙江 （万人次）	福建 （万人次）	山东 （万人次）	广东 （万人次）
2008	63	902	79	24	3	5	5
2009	55	1028	101	30	6	7	0
2010	59	1062	168	146	10	82	184
2011	51	1118	158	159	8	85	47
2012	50	1095	128	151	6	64	0
合计	383	5762	784	548	37	257	248

资料来源：根据调研数据汇总。

进入第三阶段，即试点规范阶段（2012年至今），《关于东部7省（市）扩大失业保险基金支出范围试点有关问题的通知》（人社部发〔2012〕32号文）规定："按照社会保险权利义务相对应原则，失业保险基金用于促进就业的对象范围为参加失业保险且符合《财政部、人力资源社会保障部关于进一步加强就业专项资金管理有关问题的通知》（财社〔2011〕64号）规定条件的人员和单位。"各个试点省份对本地区的失业保险基金扩大支出的对象范围进行了规范，多数省份缩小了受益对象范围。例如，上海市根据《关于东部7省（市）扩大失业保险基金支出范围试点有关问题的通知》（人社部发〔2012〕32号文）的要求，对职业培训费补贴的支出渠道进行了调整，在职职工及失业人员的培训费补贴继续从失业保险基金中列支，其他人员培训费补贴从中央转移支付的就业专项资金及地方教育费附加中列支。2012年北京、上海、江苏、浙江、福建和山东的受益对象人数（次）均较2011年出现了小幅下降，广东省这一年根本没有实行扩大支出的政策。

三、失业保险基金扩大支出的资金规模

从试点的三个阶段看（见表7-2），在试点初始阶段（2006~2008年），由于失业保险基金扩大支出的项目有限，受益对象范围狭窄，这一阶段的基金支出规模虽然不断增长，但是支出规模有限，增长缓慢。到了试点延长阶段（2009~2011年），随着支出项目的增加，受益对象范围的扩大，基金支出规模增长迅速。上海市自2009年起失业保险基金扩大支出总金额一直保持在40亿

元以上，2011 年超过 50 亿元；北京自 2010 年起基金扩大支出总金额一直保持在 20 亿元以上，浙江省也于 2011 年增长到 20 亿元之上；山东和广东两省后来者居上，2010 年支出总金额分别达 25 亿元和 21 亿元，2011 年出现下降趋势，部分原因是"援企稳岗"政策的停止；福建省扩大支出规模不大，但是与山东和广东两省类似，2010 年支出增加较多，到了 2011 年又出现下降趋势。进入第三阶段，试点规范阶段（2012 年至今），虽然支出项目有所减少，受益对象范围有所规范，但是多数省份 2012 年基金支出规模仍然较之前呈现出小幅增长态势。

表 7-2　2006~2012 年试点省份失业保险基金扩大支出总额及其占
当期失业保险基金支出的比重

年份	北京		上海		江苏		浙江		福建		山东		广东	
	金额（亿元）	比重（%）	金额（亿元）	比重（%）	金额（亿元）	比重（%）	金额（亿元）	比重（%）	金额（亿元）	比重（%）	金额（亿元）	比重（%）	金额（亿元）	比重（%）
2006	6	52	177	65	4	19	2	26	0.1	2	1	9	2	11
2007	6	57	21	69	7	38	3	36	0.2	6	1	8	1	7
2008	9	69	34	78	15	48	4	39	0.6	13	1	7	0.4	3
2009	13	74	42	77	26	63	11	63	1	29	10	46	3	19
2010	22	87	48	79	17	41	16	67	3	58	25	79	21	67
2011	22	79	52	85	25	34	22	66	2	38	9	36	14	42
2012	23	79	57	82	18	28	23	61	5	69	15	43	0.4	2
合计	101	75	431	80	112	40	81	60	11.9	36	62	40	41	29

资料来源：根据调研数据汇总，均为估计值。

从失业保险基金扩大支出的资金总规模看，上海、江苏和北京三省（市）扩大支出的力度最大，上海市 2006~2012 年七年累计扩大支出 431 亿元，江苏省七年累计扩大支出 112 亿元，北京市七年累计扩大支出 101 亿元，其他四个试点省份扩大支出的规模不是很大。从失业保险基金扩大支出总金额占当期失业保险基金支出的比重看，北京、上海和浙江三省（市）的数值较大，基本上都在 50% 以上，北京、上海近几年的比重甚至高达 70%~80%，其他四个省份的比重则略低一些。

四、失业保险扩大支出资金与财政就业专项资金的使用情况

虽然在失业保险基金扩大支出范围试点政策实施之前，一些省份已经将失业保险基金用于促进就业，有了促进就业方面的支出；但是，这方面的支出额度不大，失业保险扩大支出资金占全部促进就业资金的比重不高。试点政策实施后，失业保险基金扩大支出的规模增长迅速、占比不断提高，失业保险基金由此成为全部促进就业资金的一个重要来源，尤其是北京、上海和浙江三省市其失业保险基金成为全部促进就业资金的主要来源（见表7-3）。

表7-3 2006~2012年试点省份失业保险基金扩大支出额占全部促进就业资金的比重

年份	北京（%）	上海（%）	江苏（%）	浙江（%）	福建（%）	山东（%）	广东（%）
2006	61	—	20	26	1	11	60
2007	50	—	35	36	3	8	31
2008	64	—	65	39	6	7	8
2009	73	66	65	63	12	38	—
2010	76	—	30	67	25	56	86
2011	75	—	47	66	15	33	82
2012	74	60	34	61	27	39	—

注："全部促进就业资金"包括失业保险扩大支出资金和财政就业专项资金。
资料来源：根据调研数据汇总。

第二节 试点政策实施情况的比较分析

失业保险基金扩大支出范围试点政策实施之前，失业保险基金主要是用于保障失业人员的基本生活的，基金主要用于"保障生活"支出。试点政策实施后，基金支出除了用于保障失业人员的基本生活，还增加了促进就业、新增就业人员就业和预防在岗职工失业的功能。如此一来，失业保险基金除了"保障生活"方面的支出，还包括"促进就业"和"预防失业"支出。

失业保险基金支出可分为"保障生活"支出、"促进就业"支出和"预防

失业"支出等三个项目。其中:"保障生活"支出是发放失业保险金的支出;"促进就业"支出包括社会保险补贴(包括灵活就业人员社会保险补贴、就业困难人员社会保险补贴等)、公益性岗位补贴、职业培训补贴、小额担保贷款贴息、小额贷款担保基金等项目;"预防失业"支出的主要政策措施是"援企稳岗"期间实行的困难企业社会保险补贴、岗位补贴以及在岗职工培训补贴。

一、试点省份失业保险基金"促进就业"支出的比较分析

从失业保险基金"促进就业"支出的基金规模看(见表7-4),上海和北京的"促进就业"支出较多,这与国家在开展试点政策期间给予两市的相对宽松的政策环境有关系。在试点初始阶段(2006~2008年),劳社部发〔2006〕5号规定,试点省份在国发〔2005〕36号文规定的五项支出项目之外增设支出项目,北京市、上海市须经市人民政府批准,并报国务院备案。其他五省增设支出项目,须由省人民政府报请国务院批准后实施。尤其是上海市,在失业保险基金扩大支出范围试点过程的初始阶段(2006~2008年),其扩大支出的项目最多,支出额度也最大,其中仅社会保险补贴和岗位补贴支出就将近60亿元。

表7-4　2006~2012年试点省份失业保险基金"促进就业"支出的资金支出规模及占比

	北京	上海	江苏	浙江	福建	山东	广东
资金支出规模(亿元)	95	270	103	70	11	37	34
"促进就业"支出占基金总支出的比重(%)	70	78	35	51	31	24	24

资料来源:根据调研数据汇总。

二、试点省份失业保险基金"预防失业"支出的比较分析

"援企稳岗"期间,各个试点省份都将失业保险基金用于困难企业社会保险补贴、岗位补贴,北京市还将其用于困难企业在岗培训补贴。上述补贴政策的实施为困难企业稳定就业岗位、减少裁员数量发挥了重要作用。多数试点省

份上述补贴的实施期限为 2009 年和 2010 年两年，一些省份因为 2010 年底认定的一批困难企业所应享受各项补贴的时间期限顺延至 2011 年初，所以有些试点省份在 2011 年也有上述补贴项目的支出。在"援企稳岗"期间，浙江省与其他试点省份不同，2012 年浙江省建立了"援企稳岗"的长效机制，继续对困难企业实行社会保险补贴和岗位补贴，直至修订后的《失业保险条例》正式实施之日。表 7-5 根据调研的数据汇总了各试点省份的"援企稳岗"支出。

表 7-5　试点省份"援企稳岗"补贴支出的规模及年限

	北京	上海	江苏	浙江	福建	山东	广东
补贴金额（亿元）	6.85	0.72	9.74	10.39	1.82	25.82	6.84
补贴年限	三年	三年	两年	四年	三年	两年	两年

资料来源：根据调研数据汇总。

"援企稳岗"支出是"预防失业"支出的主要组成部分。调查数据显示，部分年份的"援企稳岗"支出占基金支出的比例达到 20%~30%，其中山东省最高超过 50%（见表 7-6）。对困难企业的社会保险补贴和岗位补贴，能够增加失业保险基金用于"预防失业"支出的比重，有助于优化基金支出结构。

表 7-6　"援企稳岗"支出占失业保险基金支出比

年份	北京（%）	上海（%）	江苏（%）	浙江（%）	福建（%）	山东（%）	广东（%）
2009	8.86	0.96	13.92	30.55	5.55	43.08	17.34
2010	18.13	0.26	9.81	8.11	22.0	51.94	11.99
2011	2.62	0.05	—	2.64	5.41	—	—
2012	—	—	—	6.09	—	—	—

资料来源：根据调研数据汇总。

第八章　试点政策的实施效果及经验总结①

失业保险基金扩大支出范围试点政策的推行，符合近年来我国所倡导的发挥失业保险基金预防失业、促进就业作用的总体趋势，也符合世界范围内出现的适时引入积极劳动力市场政策、失业保险制度向"促进就业"功能扩展的趋势②。近年来，为了解决持续性失业、隐性失业等问题，发展中国家主要通过职业培训等方式促进就业，发达国家也对失业保险制度进行调整，调整的核心内容是促进就业。根据人力资源和社会保障部公布数据，自 2006 年启动到 2017 年前后试点结束，东部七省（市）扩大失业保险基金支出范围试点累计支出 1200 亿元③，对稳定和促进试点地区乃至全国劳动力市场就业起到积极作用，探索的经验也被吸纳到《失业保险条例》的修订草案中。

第一节　试点省份失业保险基金扩大支出的实施效果

自 2006 年东部七省（市）开展失业保险基金扩大支出范围试点起，试点地区失业保险基金支出规模和支出项目明显扩大，失业保险制度在"促进就业、预防失业"方面发挥的作用也愈加明显。失业保险基金扩大支出所取得的主要成效如下：

---

① 如无特殊说明，此部分的扩大支出总金额是大口径的统计，包括"条例规定的两项补贴"支出额、"援企稳岗"期间的扩大支出额以及试点省份扩大失业保险基金支出范围试点政策实施期间的扩大支出额三部分。需要说明的是，受数据可得性的限制，东部七省（市）扩大失业保险支出范围试点的分省数据统计期为 2006~2012 年。

② 积极劳动力市场政策一般包括六类：培训计划、求职援助、就业激励、辅助就业、直接创造就业以及其他计划。

③ 关于失业保险条例修订情况的说明 [EB/OL]．[2017-11-10]．http：//www.mohrss.gov.cn/SYrlzyhshbzb/dongtaixinwen/buneiyaowen/201711/t20171110_281454.html.

一、有效发挥失业保险制度"保障生活、预防失业和促进就业"的三位一体功能

从扩大支出的实施情况看，在扩大支出政策中既有以预防在岗职工失业为目标的政策措施，也有以促进已有失业人员和新增就业人员就业的政策措施，前者以预防失业为目的，后者以促进就业为目的。在扩大支出政策中，预防失业的政策措施主要体现在"援企稳岗"期间实行的困难企业社会保险补贴、岗位补贴和在岗职工培训补贴，困难企业缓缴社会保险费和降低社会保险费率等措施；促进就业的政策措施主要体现在扩大支出范围试点过程中实施的社会保险补贴、岗位补贴、职业介绍补贴、职业培训补贴、职业技能鉴定补贴、小额担保贷款贴息、小额贷款担保基金、公共实训基地等政策措施。

从支出比例来看，预防失业和促进就业部分合起来占失业保险基金总支出的比重日益上升。2006~2012年，上海市"预防失业"和"促进就业"支出合计占比从65%上升到82%，北京市从52%上升到79%，浙江省从26%上升至61%，江苏省从19%上升到28%，福建省从2%上升到69%，广东省从11%上升到42%①，山东省从9%上升到43%。由此可见，失业保险基金预防失业和促进就业的功能越来越大，支出比重超过保障生活支出，从消极地应对失业演变为积极预防失业和主动促进就业，发挥了失业保险基金的多重功能。

二、进一步稳定了就业局势

国际金融危机期间，各个试点省份都将失业保险基金用于困难企业的社会保险补贴、岗位补贴，且多数省份降低了失业保险费的费率，并允许企业缓缴失业保险费，这些政策的实施为企业减轻缴费负担、稳定职工队伍发挥了积极作用，有效稳定了就业局势。

在政策实施过程中，上海市失业保险基金向430余家企业发放社会保险补贴和岗位补贴7000余万元，帮助企业稳定就业岗位超过11万个。"援企稳岗"期间，北京市累计减征失业保险费94亿元，有效减轻了企业和职工的缴费负担；为450余家企业提供稳定就业岗位补贴和社会保险补贴6亿余元，受益的

---

① 广东省采用的是2006~2011年的数据。

待岗、轮岗职工超过 7 万人。浙江省实施了"援企稳岗"的长效机制，累计集中减征企业部分失业保险缴费近 6 亿元；向 1.7 万余家困难企业发放社会保险补贴和岗位补贴，受益职工人数超过 110 万人，有力地保障就业局势的稳定。山东省"援企稳岗"期间，使用失业保险基金支付困难企业社会保险补贴、岗位补贴 25 亿余元，受益企业超过 8000 户，稳定了近 180 万个就业岗位，对稳定就业岗位、预防失业发挥了不可替代的作用。

专栏 8-1　上海界龙实业集团股份有限公司基本情况

界龙集团于 20 世纪 70 年代起家，由一个投资 1000 元创立的村办小企业发展而来。界龙集团经营印刷包装、房地产两大主业和商贸服务等多元产业，公司现有 18 家子公司 3000 多名员工，总资产 40 多亿元，2012 年销售额达 20 多亿元，利润总额 2000 多万元，上交国家税收 1 个多亿元。集团所属最大的子公司上海界龙实业集团股份有限公司成立于 1993 年 12 月，并于 1994 年在上海证券交易所挂牌上市，简称"界龙实业"（股票代码 600836），被誉为"中国农村第一股"。

界龙集团下属子公司所在地以浦东新区川沙新镇界龙村为主。公司在职员工中 40% 以上都是界龙村村民（占全村劳动力的 96%），10% 是引进的大专以上技术人员，其他大多是周边村镇以及外省市的人员。许多员工从企业创立起就一直在界龙工作。员工们对企业有着深厚的感情，以厂为家，视公司为自己的终身依靠。因此，约占 1/3 的员工与企业签订了无固定期限劳动合同，有的早在 2008 年《劳动合同法》出台前就已经签订了无固定期限劳动合同。

2008 年金融危机期间，企业享受到了特困企业的岗位补贴。界龙集团下属的界龙艺术公司、金属拉丝公司和稀土研磨材料公司三家子公司，共获得 1443 人次的岗位补贴，补贴人数为 250 多人，补贴额达 55.41 万元。补贴主要用于员工工资的发放，在一定程度上缓解了企业当时资金周转上的困难。

资料来源：根据调研座谈整理。

三、有效改善就业困难人员的就业环境

在扩大支出政策的实施过程中，各试点省份普遍实施了针对就业困难人员的补贴政策，以促进其就业再就业。以上海市为例，上海市主要通过以下三种方式帮助就业困难人员就业：一是通过政府购买公益性岗位，实施安置性就业；二是通过给予岗位补贴和社会保险费补贴，鼓励就业困难人员实现灵活就业；三是通过一次性补贴鼓励企业积极吸纳困难人员。几年来，通过政策扶持，上海市累计帮助 60 多万大龄失业人员和大龄协保人员实现了灵活就业；上海市各类企业吸纳困难人员就业约 4 万人；公益性岗位安置就业困难人员约 26 万人，困难群体的就业权利得到了积极保障。2013 年 1~4 月，失业保险基金用于社会保险费补贴、岗位补贴支出共 18.7 亿元。其他试点省份也开展了针对就业困难人员的社会保险补贴、岗位补贴等扩大支出项目，有效改善了就业困难人员的就业环境。

专栏 8-2　上海市我和你助残服务社享受的各项补贴情况

我和你助残服务社成立于 2009 年 5 月，是上海浦东新区一家专门从事残疾社会工作的民办非企业组织。服务社宗旨是通过专业的介入途径为残疾人士提供专业的服务，以协助残疾人士解决生活、就业、康复等过程中遇到的各种问题，帮助他们重拾信心、维护自身权益、恢复社会功能、更好地融入社会。

成立之初，服务社只有 4 名服务员，服务对象 50 人，后来规模逐步扩大。2010 年，员工增加到 180 人，服务对象达 1000 多人；目前，服务社拥有员工 315 人，服务对象达 2300 人。服务社所提供的残疾人服务面向的是整个浦东新区。服务社以项目形式与浦东残联合作，由浦东残联为重度残疾人购买服务，服务社的工作人员为其提供服务。服务社的所有工作人员被分配到 6 个工作站，负责浦东新区 18 个街道（乡镇）的助残服务。

目前服务社所有员工的平均年龄在 43.6 岁，大多数员工是初中文化，也有一些是小学文化，管理岗位的员工相对学历高一些。很多员工刚进服务社时技能有限，服务社对他们进行了专门培训，使其掌握服务内

容和要求。服务社与所有员工签订了劳动合同，并为他们缴纳了社会保险费。相对其他灵活就业的家政服务人员（如保姆）而言，服务社员工的工资待遇虽然不高，但是因为单位为他们参加了社会保险，所以员工流动性很小。

服务社现有员工中有 30 多人是上海市认定的就业困难人员，享受一次性补贴（"市困"补贴），每人补贴 13000 元，所需资金由失业保险基金列支；还有 35 人是浦东新区认定的就业困难人员，享受浦东区的补贴（"区困"补贴），每人的补贴额为最低工资的一半，所需资金由就业专项资金列支。截至 2013 年 5 月，服务社共有 56 人次享受"市困"补贴，补贴额度累计为 28.27 万元；共有 73 人次享受"区困"补贴，补贴额度累计为 52.02 万元。这些补贴减轻了企业雇用就业困难人员的负担，企业希望补贴能够再多延续几年，以促使企业稳步发展。

资料来源：根据调研座谈整理。

四、有助于提高劳动者的劳动技能

在试点省份开展的扩大支出项目中，包含职业培训补贴、创业培训补贴等项目，这些项目的实行有助于提高劳动者的劳动技能。这里仍然以上海市为例，为了使劳动力技能素质与产业发展相适应并解决就业结构性矛盾问题，上海市积极推进市场化、社会化的职业技能培训，建立健全面向全体劳动者的职业培训体系，重点加强对失业、协保人员和农村富余劳动力的就业技能培训，积极推进新生劳动力的校企合作定向培训和企业职工岗位技能提升培训。在市场化、社会化培训的基础上，上海市逐步建立完善政府购买培训成果机制，利用失业保险基金实施了职业技能培训补贴政策。对劳动者参加符合上海市产业方向、劳动力市场急需的培训项目，培训合格或者实现就业的，给予一定的培训费补贴。为了提高补贴培训的针对性和有效性，上海市 2010 年探索实施了将补贴经费从拨给培训机构转变为直补劳动者个人，实行"先付费，后培训，再补贴"的机制，进一步提高了补贴培训的效果。

试点政策开展以来，上海市平均每年有超过 13 万人享受职业培训补贴政策，失业保险基金累计支出 12.77 亿元，补贴培训项目覆盖了电子信息、装备制造、能源环保等先进制造业和创意设计、航运金融、商贸旅游等现代服务业的超过 200 个紧缺职业（工种），失业、协保人员和农村富余劳动力培训后就业率超过 60%。

五、进一步改善创业者的创业环境

在已有的扩大支出项目中，试点省份普遍将失业保险基金用于小额贷款担保基金、小额担保贷款贴息、创业培训、创业补贴等促进创业者创业的项目，以改善创业者的创业环境，鼓励以创业带动就业。近年来，上海市为了鼓励创业带动就业，利用失业保险基金为符合条件的创业者提供小额贷款担保基金和小额担保贷款贴息，并出台了经营场地房租补贴、创业培训补贴等一系列政策措施。2009 年和 2012 年，上海市先后启动了两轮“鼓励创业带动就业三年行动计划”。2006~2012 年底，上海市累计发放小额担保贷款 9400 余笔，担保金额 7.7 亿元，发放贴息 6250 笔，金额 4730 万元，组织实施创业培训 4 万人次，596 位开业指导专家为开业者提供了 26.8 万人次的咨询与指导服务。上海市市民整体创业活动率从 2005 年的 4.91% 增加到 2012 年的 8.6%。上海市自 2009 年实施鼓励创业带动就业三年行动计划以来，通过各项政策扶持已帮助 5.9 万家经济组织成功创业，全市创业环境整体上得到明显改善。

浙江省也在扩大支出过程中积极鼓励失业人员创业。2010~2012 年，浙江省共为 6700 余名失业人员发放创业培训补贴和创业补贴 1270 余万元。全省目前共有 4 个国家级和 30 个省级创业型城市，95% 以上的社区达到充分就业社区标准，85% 以上的村达到充分就业村标准，社会就业更加充分。山东省 2012 年从失业保险基金中拿出 9.69 亿元，封闭用作小额贷款担保基金支出，为促进下岗失业人员创业提供了资金上的支持。

专栏 8-3　山东省下岗职工 A 享受小额担保贷款贴息的情况

A 为山东省青州市下岗职工，2005 年开始创业，现在经营青州市伟业车身设计部。设计部现有职工 20 多人。2012 年，A 得知有小额担保贷款贴息政策后，贷款 20 万元，目前（2013 年 6 月）已享受政府两个季度的贴息，共计 9000 多元。贴息政策对设计部帮助很大，一年的贴息额相当于一个工人一年的工资。

资料来源：根据山东省调研座谈整理。

六、一定程度上激发了企业和职工的参保积极性

在试点省份扩大失业保险基金支出范围之后，很多以前没有享受过失业保险基金待遇的企业和个人由于享受到了实实在在的政策实惠，参保积极性提高了。以浙江省为例，该省将参加和曾经参加过失业保险的用人单位及人员都纳入到扩大支出的享受对象范围中，社会各界对失业保险制度的认知有所提高：一是受金融危机影响的困难企业和长期规范参保，且职工队伍稳定的大型企业，由于切实享受到了相关补贴，参保积极性提高了。二是符合条件的个人由于享受到相关扶持补贴，得到了实惠，推动了自身灵活就业、自主创业，参保积极性也大大提高。因此，尽管曾经受到国际金融危机和国内经济增速放缓等影响，2008 年到 2012 年，浙江省失业保险年净增参保人数仍分别达到 146.35 万人、53.36 万人、90.49 万人、105.64 万人和 84.97 万人，超额完成目标任务。在调研过程中，其他试点省份也反应扩大支出之后，人们的参保积极性提高了。尤其是在"援企稳岗"政策期间，失业保险基金用于困难企业社会保险补贴、岗位补贴和在岗职工培训补贴支出，有助于企业稳定就业岗位、留住企业发展需要的人才，为企业平稳度过困难时期发挥了重要作用。很多企业由此增加了对参加失业保险制度的认同感，参保积极性提高。

> **专栏 8-4 哈尔滨市"援企稳岗"政策的实施提高了企业和职工的参保积极性**
>
> "援企稳岗"实施后，企业履行社会保障政策的意识和责任感明显增强。从企业反馈的情况看，稳定岗位补贴使企业支出压力得以缓解，帮助企业度过了最困难阶段，为企业生存、尽快走出困境乃至下一步的大发展打下了基础。企业两年内没有裁员，保证了职工队伍的稳定，确保了在困难时期每个职工都能有饭吃，减少了职工流失。失业保险基金在危难之时发挥了作用，企业和职工认识到参加失业保险的好处，参保积极性提高。同时，企业也纷纷提出建议，希望继续出台减轻企业负担、扶持企业发展的普惠政策，失业保险在预防失业上能进一步发挥作用，扶持新兴产业，做到事前控制而不是事后补救；建立奖励机制，对积极参与失业保险的企业给予年终奖励，以调动所有企业特别是民营企业和个体企业的参保积极性，扩大失业保险工作的覆盖面。
>
> 资料来源：根据黑龙江省调研资料整理。

第二节　试点省份失业保险基金扩大支出的经验总结

在失业保险基金扩大支出范围试点政策的实施过程中，各试点地区根据中央政策文件的要求，积极开展失业保险基金扩大支出的各项工作，为进一步发挥失业保险基金预防失业、促进就业的多重功能提供了可资借鉴的经验。这里总结如下：

一、积极探索发挥失业保险基金"预防失业、促进就业"多重功能的多种实现形式

失业保险基金扩大支出的主要目的是有效发挥失业保险基金"预防失业、促进就业"的多重功能，在失业保险基金扩大支出范围试点政策的实施过程中，除了共同的扩大支出项目外，各试点省市结合本地区的实际情况，有针对性地开展了一些扩大支出项目，并取得了良好的预防失业和促进就业效果，为试点政策的推广实施提供了有益经验。比较突出的是北京市对就业困难地区的帮扶政策和浙江省建立的"援企稳岗"长效机制。

北京市对就业困难地区的帮扶政策，虽然资金支出规模不大，但是对于降低高失业率地区的失业率效果显著，值得借鉴。北京市的东西部发展不均衡，受地区功能定位及产业发展限制等原因，局部地区就业矛盾突出。为促进区域均衡发展，自 2006 年以来，北京市相继制定出台了一系列地区倾斜政策，促进就业困难地区城乡劳动者就业：一是将高失业率地区职业培训补贴由原区财政负担 30%，失业保险基金负担 70%，调整为失业保险基金全额负担；二是高失业率地区享受社区公益性就业组织专项补贴由区财政负担 2/3，失业保险基金负担 1/3，调整为区财政负担 20%，失业保险基金负担 80%；三是就业困难地区出台鼓励单位招用城乡劳动者的社会保险补贴、岗位补贴，鼓励城乡劳动者自谋职业、自主创业的社会保险补贴，可以由失业保险基金给予 75% 的补贴。截至 2012 年，北京市失业保险基金累计支付就业困难地区帮扶资金 1.27 亿元，占基金扩大支出总金额的比重为 1.25%，虽然资金支出规模不大、占比不高，但是收效明显。政策实施后，北京市高失业率地区失业率平均降低 1.63

个百分点，其中房山区城镇登记失业率下降幅度最大，从全市最高的 7.34% 下降到 3.49%，降低了 3.85 个百分点，有效缓解了局部地区的就业矛盾。

在失业保险基金扩大支出过程中，"援企稳岗"政策的实施对于稳定就业局势发挥了重要作用。为了进一步发挥"援企稳岗"政策稳定就业的效果，浙江省建立了"援企稳岗"长效机制。2012 年，浙江省对失业保险基金扩大支出范围试点的支出项目进行归并、调整，在此过程中增加了困难企业社会保险补贴和困难企业岗位补贴，建立起"援企稳岗"的长效机制①。2009 年至 2012 年，浙江省通过实施"援企稳岗"补贴，累计支出困难企业社会保险补贴和岗位补贴 10.39 亿元，占七年来失业保险基金扩大支出总额的 13.05%，成为继社会保险补贴和岗位补贴后的第三大扩大支出项目。"援企稳岗"政策使得浙江省 1.74 万家困难企业获得社会保险补贴和岗位补贴，涉及职工人数 111.86 万人。补贴政策的实施，不仅稳定了就业岗位，留住了企业发展所需要的技能人才；而且激发了企业和职工抵御风险、共克时艰的信心和决心，构建了和谐劳动关系，也提升了企业的社会责任感。

二、社会保险补贴、岗位补贴及"援企稳岗"补贴成为失业保险基金预防失业、促进就业的重要手段

从试点省份失业保险基金扩大支出的实施情况看，虽然各试点省份具体的支出项目不同，但是试点省份所含主要支出项目有相似之处，从前三项主要支出项目来看，社会保险补贴、岗位补贴和"援企稳岗"补贴成为多数试点省份的最主要支出项目。

如表 8-1 所示，在这三个最主要的支出项目中，社会保险补贴又成为多数试点省市排在第一位的支出项目，北京、浙江和福建的社会保险补贴在各自的所有扩大支出项目中占比最高，分别为 60.49%、54.13% 和 64.08%，都在 50% 以上；岗位补贴在各个试点省份的排名不一致，上海市的岗位补贴排在第

---

① 根据浙江省人力资源和社会保障厅、财政厅联合下发的《关于扩大失业保险基金支出范围试点有关问题的通知》（浙人社发〔2012〕282 号），浙江省在扩大支出项目中的"社会保险补贴"和"岗位补贴"项下分别增加了"困难企业社会保险补贴"和"困难企业岗位补贴"。通知规定，"困难企业社会保险补贴（岗位补贴）是指依法参保缴费的企业，因金融贸易危机、突发自然灾害、公共卫生事件等影响需要裁员而未裁员或少裁员，采取稳定就业岗位措施，积极开展预防失业工作的，可以申请社会保险补贴（岗位补贴）"。

一位，浙江省的岗位补贴排在第二位，广东省的排在第三位；值得注意的是，"援企稳岗"补贴在多数试点省份的扩大支出项目中排名均在前三位，山东省的"援企稳岗"补贴排名第一，广东省的排在第二，北京、江苏、浙江、福建四省市的均排名第三。由此可见，"援企稳岗"补贴在失业保险基金扩大支出中的重要作用。

表8-1　试点省份失业保险基金扩大支出的主要支出项目及其占扩大支出总金额的比重

	北京	上海	江苏ª	浙江	福建	山东	广东
第一项支出	社会保险补贴（60.49%）	岗位补贴（53.22%）	社会保险补贴（31.50%）	社会保险补贴（54.13%）	社会保险补贴（64.08%）	"援企稳岗"补贴（41.34%）	公共实训基地（31.93%）
第二项支出	社区公益性就业组织专项补贴（24.32%）	社会保险补贴（34.28%）	条例规定的两项补贴ᵇ（25.26%）	岗位补贴（15.64%）	小额贷款担保基金（19.62%）	小额贷款担保基金（15.51%）	"援企稳岗"补贴（16.68%）
第三项支出	"援企稳岗"补贴（6.74%）	职业培训补贴ᶜ（4.70%）	"援企稳岗"补贴（19.23%）	"援企稳岗"补贴（13.84%）	"援企稳岗"补贴（13.78%）	社会保险补贴（13.10%）	岗位补贴（15.44%）
前三项支出合计占比	91.55%	92.20%	75.99%	83.61%	97.48%	69.95%	64.05%

注：a指表中所列江苏省的主要支出项目和实际情况有所出入，原因是江苏省各个支出项目的支出额及占比是根据各地调研数据进行汇总计算得出的，而江苏省各地调研数据的过程中有漏损，所以各个支出项目的支出额要小于实际的支出额，由此所计算的各个支出项目占扩大支出总金额的比重也与实际有所差距；b指的是"条例规定的职业培训补贴和职业介绍补贴"；c表示含"职业技能鉴定补贴"。

资料来源：根据各省调研数据汇总，由笔者绘制。

三、各试点地区根据当地的实际情况确定扩大支出的具体项目和支出金额

虽然各试点省份的主要扩大支出项目呈现出一定的相似性，以社会保险补贴、岗位补贴和"援企稳岗"补贴的支出为主，但是各省市在试点项目的设

置、每个项目的支出额度上还是有很大差异。这就反映出，各试点地区是根据当地的实际情况确定扩大支出的项目和支出金额的。

例如，上海市为了使劳动力技能素质与产业发展相适应并解决就业结构性矛盾问题，对于职业培训补贴支出较多。在市场化、社会化培训的基础上，上海市完善了政府购买培训成果机制，利用失业保险基金实施了职业技能培训补贴政策。对劳动者参加符合上海市产业方向、劳动力市场急需的培训项目，培训合格或者实现就业的，给予一定的培训费补贴。试点政策开展以来，上海市平均每年有超过 13 万人享受职业培训补贴政策，失业保险基金累计支出 12.77 亿元，占七年来上海市累计扩大失业保险基金支出的 4.70%，成为继岗位补贴和社会保险补贴后的第三大扩大支出项目。补贴培训项目覆盖了电子信息、装备制造、能源环保等先进制造业和创意设计、航运金融、商贸旅游等现代服务业的超过 200 个紧缺职业（工种）。失业、协保人员和农村富余劳动力培训后就业率超过 60%。

再比如，山东省根据本省财政就业专项资金对小额贷款担保基金投入不足、而失业保险基金的扩支渠道窄的情况，2012 年将失业保险基金扩大支出主要用于小额贷款担保基金，担保基金支出 9.69 亿元，占当年扩大支出总金额的 63.93%，有效解决了上述问题。然而北京市则根据本市的情况，没有将扩大支出资金用于小额担保贷款贴息和小额贷款担保基金，因为这两项支出一直由财政就业专项资金支出，所以，各个省市应当根据本地的实际情况确定扩大支出的项目及其支出数额，以有效发挥失业保险基金预防失业、促进就业的作用。

四、对划分两类促进就业资金的使用界限做出了探索

这两部分促进就业资金分别是指财政就业专项资金和失业保险促进就业资金。在实践中，大多数地区并没有对这两项资金的支出项目和受益对象做出严格区分，或者区分的界限比较模糊，造成两项资金在支出项目上高度重叠，财政性资金和社会性资金的使用范围出现界限不清的问题。在这一点上，北京做出了有益尝试：

在支出项目和受益对象上，北京市的两项资金大致按照如下原则划分：失业保险促进就业资金主要用于就业困难人员、失业人员的就业再就业支出，支出项目包括岗位补贴和社会保险补贴，受益对象仅限于缴纳失业保险费的参保

人员；财政就业专项资金主要用于公共就业服务支出，如小额担保贷款贴息、小额贷款担保基金等。此外，如果是全市的促进就业政策，则由失业保险促进就业资金进行支付，但是前提条件是符合权利义务对等原则，也即只有参加失业保险制度的人员才能享受待遇给付；对于各个区县自行出台的政策，则由各个区县财政进行支出。唯一的特例是，失业保险基金对就业困难地区有政策倾斜。

第九章 试点政策及其实施过程中存在的问题

　　尽管东部七省（市）失业保险基金扩大支出范围在预防失业、稳定岗位和促进就业上均取得了明显的效果，但在实践中，制度设计、受益对象、支出项目、政策衔接等方面仍暴露出一些问题。

第一节 各地扩大支出的具体范围较模糊，执行政策的步调不一

　　1999 年《失业保险条例》颁布之后，失业保险通过职业培训补贴和职业介绍补贴来实现促进就业再就业功能。2006 年 1 月，《关于适当扩大失业保险基金支出范围试点有关问题的通知》（劳社部发〔2006〕5 号）规定东部七省（市）开展扩大失业保险基金支出范围试点，时间暂定三年。文件规定，在职业培训补贴、职业介绍补贴、社会保险补贴、岗位补贴和小额担保贷款贴息五项支出外增设的支出项目，北京、上海市须经市人民政府批准，并报国务院备案；其他五省增设支出项目，须由省人民政府报请国务院批准后实施。北京、上海两地失业保险基金扩大支出范围步伐较大。

　　2009 年 7 月，《关于延长东部 7 省（市）扩大失业保险基金支出范围试点政策有关问题的通知》（人社部发〔2009〕97 号）明确江苏、浙江、福建、山东、广东五省可以参照北京、上海两市的做法，根据本地实际情况适当增加支出项目，由省级人民政府统一制定，报国务院备案。这五省失业保险基金扩大支出步伐明显加快。2009 年 12 月，《关于进一步做好减轻企业负担稳定就业局势有关工作的通知》（人社部发〔2009〕175 号）规定将试点政策延长到 2010 年底。加上"援企稳岗"政策的推动，2009 年后各省（市）扩大支出占失业保险基金总支出比重明显提高。2011 年 9 月，《关于东部 7 省（市）扩大失业

保险基金支出范围试点有关问题的通知》（人社部发〔2011〕95号）规定将试点政策延长执行到2011年底。各试点地区"扩支"面加大、基金扩支平稳增加。2012年5月，《关于东部7省（市）扩大失业保险基金支出范围试点有关问题的通知》（人社部发〔2012〕32号）规定将试点政策延长执行到修订的《失业保险条例》正式实施之日。

32号文对各试点地区的政策做了统一规定，总体上将受益对象和支出项目都做了压缩。一些试点地区因不能清晰预测政策走向，每到年底不得不与财政部门反复磋商，这些问题明显影响了扩大失业保险基金支出范围试点工作的进展。例如，广东省扩大支出试点截至2011年底，因缺乏上级政策，2012年扩大支出工作停滞；再例如，尽管山东省及时出台政策继续扩大试点，但是因为还没有省级文件明确如何解决受益面缩小和支出项目压缩后的政策衔接问题。

第二节　失业保险基金积累规模庞大，资金使用效率不足

自2006年东部七省（市）扩大失业保险基金支出范围试点政策出台以来，各个扩大支出项目（包括《失业保险条例》规定的职业介绍补贴和职业培训补贴）累计支出680余亿元，约占这七省（市）2006~2012年失业保险基金总支出的60%。扩大基金支出范围并没有影响制度财务可持续性，尽管各地累计结余有较大差别，但都表现出充裕而庞大的基金结余规模，截至2012年底，东部七省（市）试点地区失业保险基金累计结余仍有1361亿元，相当于这七个省份2012年当年支出的5.3倍，结余基金备付63.6个月。

失业保险是一项"以支定收""量出为入"的制度，基金结余规模庞大不仅给参保企业和个人带来经济负担，还会造成资金使用效率低下甚至出现资金安全问题。国家审计署对2011年度社会保障资金进行审计，结果发现从全国范围来看，失业保险基金用于定期存款、活期存款和其他形式分别为1306.81亿元、882.26亿元和41.96亿元，各种存款形式的资金占比分别为58.57%、

39.55%和1.88%①。这些资金的收益率难以跑赢CPI，处于实质上的贬值状态。不仅如此，失业保险基金存放在地方政府指定的银行账户上，在上级政府和社会公众对资金监管不到位的情况下，被挪作他用的概率非常高。2011年度社会保障资金审计结果显示，部分资金用于基层经办机构经费、平衡地方财政、购置固定资产等风险。

与失业保险基金大量结余恰好相反的是，财政就业专项资金受地方财力的约束，在促进就业和再就业上效力受限。东部七省（市）几乎没有中央转移支付，从省级和市级层面来看，没有明显出现财政资金问题，但是在地级市以及区县层面出现部分地区财政就业专项资金捉襟见肘。失业保险基金大量结余而无用武之地，但就业专项资金受制地方财力而无法发挥效力，为了顺利开展促进就业和再就业工作，这些地方迫切需要解决资金问题，而失业保险基金的使用不仅解决部分地区就业专项资金不足的问题，而且还会提高动辄数亿甚至数十亿失业保险资金的使用效率。

第三节 "两金"使用项目存在重叠交叉，分项目操作有难度

财政部、人力资源和社会保障部《关于进一步加强就业专项资金管理有关问题的通知》（财社〔2011〕64号）规定，就业专项资金"用于职业介绍补贴、职业培训补贴（含劳动预备制培训生活费补贴）、职业技能鉴定补贴、社会保险补贴、公益性岗位补贴、就业见习补贴、特定就业政策补助、小额贷款担保基金和小额担保贷款贴息，以及扶持公共就业服务等"；然而人力资源和社会保障部《关于东部7省（市）扩大失业保险基金支出范围试点有关问题的通知》（人社部发〔2012〕32号）规定，失业保险基金促进就业的支出项目"包括职业培训补贴、职业介绍补贴、职业技能鉴定补贴、社会保险补贴、岗位补贴、小额贷款担保基金、小额贷款担保贴息"。从名称上可以看出，东部七个试点省（市）两项资金在使用项目上高度重叠。

---

① 全国社会保障资金审计结果［EB/OL］．［2020-08-02］．http：//www.gov.cn/zwgk/2012-08/02/contmt_2196871.html.

　　一些试点地区将两项资金捆绑使用。例如《浙江省促进就业资金管理办法》将就业专项资金和失业保险基金促进就业经费两项资金进行整合，统称为"促进就业资金"，并实行统一预算、统筹安排使用的管理模式，在实际执行中对失业保险基金和就业专项资金支出额度分别有上限和下限的规定。不过，浙江省还规定符合失业保险基金促进就业经费使用条件的，优先在失业保险基金中列支（浙财社〔2011〕80号）。再例如《北京市就业再就业资金管理办法》规定，建立"市级就业再就业资金"，包括财政预算安排的就业专项资金和失业保险基金预算安排的促进就业资金。

　　一些试点地区明确两项资金分担项目和支出比例。如上海市规定（沪人社就发〔2009〕14号），开业贷款担保和创业前贷款担保由就业专项资金支付；小额贷款贴息、创业前小额贷款贴息（沪就人社〔2009〕14号）、初创期创业组织的社会保险费补贴和创业场地房租补贴（沪人社就〔2009〕20号）由市级失业保险基金和区县就业专项资金7∶3分担；市级就业专项资金承担小额担保贷款经办银行的工作经费补助和工作突出信用社区的工作奖励。江苏省明确规定"用于扩大支出范围试点的资金实行单独建账，单独核算，单独反映收支情况，不得并入财政预算安排的就业专项资金中统一支出使用"（苏劳社就〔2004〕14号、苏财社〔2006〕32号、苏人社（L）〔2009〕57号、苏财社〔2009〕175号）。

　　一些试点地区优先支出失业保险基金。例如广东省规定，在财政安排的就业专项资金规模不减少的基础上，可优先将失业保险促进就业资金用于预防失业、促进就业的各项支出，不足部分由就业专项资金承担（粤人社发〔2009〕77号）。但是，原先由就业专项资金列支的小额贷款担保基金，在就业专项资金安排额度不足的，由失业保险基金补充（粤人社发〔2013〕13号）。

　　《关于东部7省（市）扩大失业保险基金支出范围试点有关问题的通知》（人社部发〔2012〕32号）要求"优先使用财政就业专项资金促进就业，确保财政就业专项资金预算执行进度。两项资金严格实行分账管理，防止出现重复安排等问题"。但是，在具体执行过程中，如何界定两项资金的不同支出项目以及如何确定两项资金的不同受益对象，还没有明确的政策规定。

第四节 "扩支"政策执行中存在的一些问题

一、"就业困难人员"的认定不能完整覆盖就业困难群体

《中华人民共和国就业促进法》将就业困难人员界定为"因身体状况、技能水平、家庭因素、失去土地等原因难以实现就业,以及连续失业一定时间仍未能实现就业的人员"。各地界定的就业困难人员如表 9-1 所示。

表 9-1 东部七省(市)试点过程中认定的就业困难人员

北京	处于无业状态的下列人员:零就业家庭成员;城乡低保人员;"4050";残疾人;连续失业一年以上;市政府规定的其他情形;本市绿化隔离、矿山关闭、资源枯竭或者受保护性限制等地区的农村劳动力,进行转移就业登记后,纳入本市就业困难人员范围(《北京市就业援助规定》)
上海	连续处于实际失业状态 6 个月以上的下列人员:大龄失业、协保人员("4045");城镇零就业家庭成员;农村低收入家庭成员;连续享受最低生活保障 3 个月以上的家庭成员;经鉴定为中度残疾或部分丧失劳动能力的人员;被征地并领取生活费补贴期满后仍难以实现就业的人员;刑释解教人员等有特殊困难的其他人员(沪人社就发〔2010〕16 号)
江苏	登记失业的下列人员:享受最低生活保障的;"4050";特困职工家庭的;残疾的;城镇家庭零就业和农村零转移家庭贫困户的;连续失业 1 年以上的;城市规划区范围内的被征地农民;设区的市人民政府确定的其他就业困难人员(《江苏省实施〈中华人民共和国就业促进法〉办法》)
浙江	"4050";城镇零就业家庭;城乡低保户;长期失业人员;低保边缘户人员;需赡养患有重大疾病直系亲属的人员;农村复转军人;被征地农民中的就业困难人员(浙政发〔2008〕59 号)

福建	登记失业的下列人员："4050"；持《残疾人证》的城镇居民；享受城市居民最低生活保障的人员；连续失业一年以上的城镇居民；已参加失业保险并连续失业一年以上的农村进城务工劳动者；城市规划区内的农村新被征地农民，即在城市规划区内，经政府依法征收农村集体耕地后，被征地农户人均剩余耕地面积低于所在县（市、区）农业人口人均耕地面积的30%，且在征地时享有农村集体耕地承包权的在册农业人口（闽政〔2008〕18号）
山东	登记失业的下列人员："4050"；城镇零就业家庭成员；农村零转移就业贫困家庭成员；抚养未成年子女的单亲家庭成员；享受最低生活保障人员；持有《中华人民共和国残疾人证》人员；连续失业一年以上的人员；因失去土地等原因难以实现就业的人员；设区的市人民政府规定的其他人员（《山东省就业促进条例》）
广东	无就业的下列人员："4050"；经残疾等级评定机构评定为残疾的；享受最低生活保障待遇的；属于城镇零就业家庭成员的；属于农村零转移就业贫困家庭成员的；因被征地而失去全部土地的农民；连续失业一年以上的；省、地级以上市人民政府规定的其他情形（《广东省实施〈中华人民共和国就业促进法〉办法》） 佛山市规定：城镇男性45周岁或以上、女性35周岁或以上失业人员；城镇享受最低生活保障待遇的失业人员；城镇"零就业家庭"成员；城乡失业的残疾人；农村40周岁或以上的失业人员；农村低保家庭劳动力；被征地农民；刑满释放解除劳教人员；戒毒康复人员；市、区政府规定的其他人员（《佛山市城乡就业困难人员认定管理办法（征求意见稿）》）

资料来源：根据各地出台文件汇总而得。

可以看出，各地对就业困难人员划定范围不一，因而各地社会保险补贴和岗位补贴两个主要项目的受益群体也有不同。各试点地区除了大龄失业人员、长期失业人员、零就业家庭失业人员、低保家庭失业人员、残疾失业人员以及失去土地的失业人员以外，还将农村复转军人、赡养和抚养负担沉重的失业或无业人员、刑释解教人员、戒毒康复人员等纳入就业困难人员范围中，北京市还将因区域性产业调整造成就业困难的地区列入特定对象加以政策扶持。尽管如此，还是有一些确实存在就业困难的无业人员和失业人员未被覆盖。

二、"职业培训补贴"和"职业技能鉴定补贴"的工种（职业）没有与当地产业需求有效对应

各地开展职业培训补贴主要面向国家就业准入的工种（职业），这些工种

是 2000 年 3 月原劳动和社会保障部颁布的《招用技术工种从业人员规定》（劳社部令第 6 号）中规定的。因为产业分布的差异，这些就业准入的工种（职业）不能完全满足劳动力市场需求：一是对于高技术行业，职业培训需求已经超出了上述工种范围。近年来上海每年都有 18 万左右的大学毕业生，近八成有就业意愿的人希望留沪工作①。从 2013 年毕业生签约情况来看，大学生就业形势依旧严峻，大学生创业和就业培训需求仍很旺盛。但是，目前享受补贴的工种（职业）与大学生的需求明显错位。例如，位于浦东软件园区的上海张江信息技术专修学院 2012 年共培训各类人员 757 人，但是最终通过考试得到职业培训补贴的只有 360 余人，仅占全部培训人员的 48%。培训机构设置的课程及颁发的证书与园区内岗位的要求仍显脱节。二是对于专用技术，公共和社会培训机构难以满足技术要求。例如，位于黑龙江（评估组调研的非试点省份）的哈飞航空工业股份有限公司的主营业务是军品生产和国际转包，因国家政策砍掉一条生产线，涉及 300 多名一线工人，其中需要转岗培训 40~50 人，而社会和公共机构无法提供哈飞航空工业股份有限公司所需专用技术的培训。因未满足"困难企业"条件，超出职工教育经费的在职培训成本由企业自担。

专栏 9-1　浦东软件园高技能人才培养基地访谈

在园区内，有近一半的培训学员自愿选择可获取国际证书的培训课程与项目，但是必须自己承担相应培训费用。上海张江信息技术专修学院徐俊院长建议，允许地方政府通过与国外机构合作引入适合当地产业需求的职业培训项目；考虑到当地产业结构特征和劳动力市场特殊需求，应放宽职业培训补贴的工种（职业），让更多刚刚走出学校大门的学生获得高级别证书，从而在软件园区内获得有利于职业生涯的第一份工作。

资料来源：根据调研座谈整理。

三、社会保险补贴和岗位补贴的年限规定存在漏洞

2006 年刚开始实施适当扩大失业保险基金支出范围试点时规定了试点时限

---

① 上海有就业意愿高校毕业生超七成选择留沪 [EB/OL]．[2013 - 05 - 21]．http：// www.jyb.cn/ job/jysx/201305/t20130521_538608.html.

是 3 年（劳社部发〔2006〕5 号），各试点地区将社会保险补贴和/或岗位补贴的最长期限也规定为 3 年，从而形成了惯性。2011 年财政部、人力资源和社会保障部联合发布《关于进一步加强就业专项资金管理有关问题的通知》（财社〔2011〕64 号），再次将两项补贴的最长期限确定为 3 年，并规定距法定退休年龄不足 5 年的就业困难人员可延长至退休，即形成了 32 号文及各地实行的"3+2"最长期限模式。但是，在实践中这种模式遇到了一些问题。

（一）补贴年限过短不能有效解决就业困难问题

一些就业困难人员可能永久丧失部分劳动能力，或者通过最长 3 年的安置就业仍难以满足岗位要求，在这种情况下，如果失去社会保险补贴，企业便不愿继续留用这些人。例如，上海华联超市股份有限公司接收 150 余名"4045"和零就业家庭的就业困难人员，3 年共得到失业保险基金提供的社会保险补贴 585 万元（每人每年 1.3 万元，补贴 3 年）。2012 年 3 年期满后，该企业失去继续雇用这些大龄就业困难人员的动力：一是因为超市工作需要年轻体壮的劳动力，二是失去补贴后人工成本上升（按照上海市标准，每人每月"五险一金"缴费 1600 元）。因为是简单劳动且无岗位培训补贴，该企业并未对这些就业困难人员进行岗位培训，导致上岗 3 年仍无法获得持续受雇的劳动技能，这些人员不得不重新流向社会。

（二）补贴年限过长又导致对政策的过度依赖

除了上述年限过短造成就业困难人员再次失业的问题以外，最长 3 年的社会保险补贴和/或岗位补贴又在一定程度上助长企业对政策的过度依赖。在调研中，浙江某国有企业人力资源负责人就发出了"补贴养懒汉"的感慨。该企业共有 1 万余名职工，每年缴纳社会保险费 700 万~800 万元。按当地政府规定，该企业符合"解除雇用的职工人数不到上年参保人数的 1%、参保满 2 年以及采取稳定就业措施"的三个条件，连续 3 年得到相当于该企业社会保险缴费 40% 的补贴。为了获得补贴，这家企业不得不留用一些已经不胜任工作的职工。2012 年浙江省调整政策，设立"中小微企业就业社会保险补贴"，将不符合工业和信息化部设定中小微企业标准的企业从受益对象中挪出，结果遭到一些享受政策补贴的企业的不满，从侧面反映出企业对政策性补贴的过度依赖心理。

（三）存在同一个人反复享受补贴的政策漏洞

一些试点地区开展多种形式的社会保险补贴，全方位地扶持就业困难人员就业。但是，一些受益对象因角色转变后，可以享受不同项目提供的社会保险补贴，造成个人反复享受补贴的现象。例如，某地规定如果城镇登记失业人员符合"4045"且在社区从事服务性工作等灵活就业人员，便可享受最长3年（"4045"或中度残疾）和5年（距退休年龄不足5年或重度残疾）的社会保险补贴。在调研访谈中遇到一位现年48岁的女性，她先以"灵活就业人员"身份受雇就业并获得3年社会保险补贴，之后失业并领取2~3个月失业保险金，此后再次以"灵活就业人员"身份从事家政服务工作，再度享受3年的社会保险补贴；因其享受灵活就业人员社会保险补贴时已经达到45岁，最长补贴期限延长至退休，这位受益人先后可得到8年的社会保险补贴。虽然这不是普遍现象，但也反映出部分地区的失业保险基金扩大支出试点政策的漏洞。

第五节　失业保险基金扩大支出范围试点的思考

从本质上看，保障失业人员基本生活是失业保险最主要的功能，但实现这项功能只是一种手段，仅从维持失业人员基本生活的角度出发。失业保险制度的完善，保障失业者的基本生活，使其免于遭受贫困，但是长期失业者和就业困难者重返市场的困难依旧很大，只有采取有效措施促进其再就业才是实施失业保障的最终目的，发挥失业保险制度促进积极就业的作用，才符合"就业是民生之本"理念的制度根本。

一、起到了引导正规就业和激励积极参保的作用

试点经验显示，有选择地扩大失业保险基金支出范围对劳动力市场有积极促进作用。首先，通过锻造就业能力、鼓励市场提供更多就业机会等措施稳定岗位、预防失业和促进就业，更能帮助那些弱势劳动者加入或重返劳动力市场；其次，通过激励企业吸纳包括就业困难人员在内的劳动力，有利于扩大正规部门就业，并引导更多灵活就业人员参加社会保险（见表9-1）。

2008年以后，在"援企稳岗"政策带动下，农村富余劳动力、城镇就业困难人员以及未就业的大学毕业生等被吸纳到企业中并参加社会保险，失业保险参保人数超过城镇单位就业人数，表明非正规就业部门雇员也参加了失业保险；2010年底"援企稳岗"政策执行期满，次年参保人数便少于城镇单位就

业人数，意味着非正规部门参保速度放缓。全国非正规部门就业人员参保情况如表9-2所示。

表9-2　全国非正规部门就业人员参保情况

年份	城镇单位就业人员数（万人）①	参保人数（万人）②	非正规部门参保情况（③=②-①）	年份	城镇单位就业人员数（万人）①	参保人数（万人）②	非正规部门参保情况（③=②-①）
2004	10575.9	10583.9	+	2008	12192.5	12399.8	+
2005	10850.3	10647.7	−	2009	12573.0	12715.5	+
2006	10850.3	11186.6	+	2010	13051.5	13375.6	+
2007	12024.4	11644.6	−	2011	14413.3	14317.1	−

注：城镇单位就业人员包括在国有单位、集体单位和其他单位（股份合作单位、联营单位、有限责任公司、股份有限公司、港澳台商投资单位、外商投资单位）就业的人员，不包括城镇私营企业和个体就业人员；"②-①"反映城镇单位以外参保人员情况，如果差值为正，说明参保人员中包含城镇私营企业和个体就业者（正差值表示全部城镇单位就业人员均参保的情况下，还有城镇单位以外的就业人员参保）。

资料来源：根据国家统计局历年《中国统计年鉴》计算。

二、对失业保险发挥促进和稳定就业的功能进行了调试校准

党的十八大以来，中央多次强调发挥失业保险在稳定和促进就业方面的作用。实践中，如何将失业保险为失业人员提供保障基本生活的功能扩展到既要保障生活又要促进就业、既要预防失业又要稳定岗位上，东部七省（市）在长达十年的扩大失业保险基金支出范围试点过程中，在试点政策上，从步调不一，到调整校准，再到统一规范，扩支项目和扩支范围的边界越来越清晰。实践效果很明显，失业保险制度已从单一的消极保障走向多重的积极预防，为完善失业保险制度做了大胆而有益的试验。

从2006年开始，北京和上海两个直辖市扩大支出①占失业保险基金总支出

---

① 为了统一统计口径，这里的"扩大支出"包括条例规定的两项补贴支出、"援企稳岗"时期的"三补贴"支出以及各试点省（市）设立的扩大失业保险基金支出项目的各项支出，即采用"大口径"统计。

的比重始终保持在50%以上；2008年金融危机后，江苏、浙江、福建、广东和山东五省"援企稳岗"支出增加，加上2009年五省的试点方案由"报批"改为"备案"，扩大支出占失业保险基金支出的比重迅速上升；到2010年东七省（市）失业保险基金中有60%~90%用于扩大支出项目，这些支出项目有效地缓解金融危机对劳动力市场的冲击，一些就业困难人员或就业困难地区劳动力实现稳定就业。例如，上海市累计帮助60多万大龄失业人员和大龄协保人员实现了灵活就业，各类企业吸纳困难人员就业约4万人，公益性岗位安置就业困难人员超过26万人。北京市从2006~2012年失业保险基金支出促进就业经费102亿元，共帮助130余万失业人员实现了就业和再就业，城镇登记失业率一直控制在2.3%以内；通过对就业困难地区的帮扶，缓解地区就业压力，高失业率地区失业率平均降低1.63个百分点，房山区城镇登记失业率从7.34%降至3.49%。浙江不断提高促进就业支出，支出总额从2006年的1.6亿元上升至2012年的23亿元，共有482万人次享受职业介绍补贴、职业培训补贴和社会保险补贴等各项促进就业、预防失业补贴，有力地支持了失业人员就业与创业。

调研中发现，失业保险基金引导积极就业不仅已经成为各级社会保障部门工作人员的共识，也被越来越多的劳动者所认识。许多下岗工人和大龄劳动者纷纷通过乡镇社会保障所或者社区社会保障站了解政策，积极提出申请，及时享受待遇和获得资金支持。

试点地区在不同支出项目上都取得了一些有益的经验：

一是社会保险补贴和岗位补贴是稳定岗位和促进就业最重要的手段。在所有扩大支出项目中，北京、上海、浙江和福建的社会保险补贴和岗位补贴占扩大支出的50%~100%，是"扩支"最主要的项目。这两项支出主要面向雇用和安置就业困难人员的单位，具有指向性强、就业效果显著的特征。

二是增加在岗和转岗培训补贴是提高职业培训效率的重要途径。《关于采取积极措施减轻企业负担稳定就业局势有关问题的通知》（人社部发〔2008〕117号）规定在岗培训的三个资金渠道：扩大失业保险基金支出、企业职工教育经费以及就业专项资金，受益对象为经过认定的"困难企业"。"援企稳岗"政策期满后，浙江、江苏仍保留在岗培训补贴，其他地区已将这项支出从扩大失业保险基金项目中挪出。不过，因为各地产业结构差别较大，职业培训能力与地区产业需求不能有效对应，造成企业所需技能与培训机构提供的培训服务形成"错位"。对于处于产业升级、结构调整的企业来说，为了稳定职工队伍并减少裁员，需要花很大力气对富余职工进行在岗和转岗培训。将在岗、转岗培训补贴纳入扩大失业保险基金支出项目并将其常态化，有利于鼓励企业更新技术，并不断提高在职人员劳动技能和就业能力。

可以借鉴浙江等地试点经验，可对受经济周期、行业波动或产业调整影响的企业启用在岗和转岗培训补贴。该项补贴首先由企业职工教育经费支付，不足部分从失业保险基金列支，同时进行总量控制，规定列支资金不得超过失业保险基金的一定比例。例如，浙江规定试点地区用人单位按规定参保缴费达到一定年限，开展职工在岗、转岗培训的，可由失业保险基金促进就业经费根据培训人数和效果予以适当补助，但最多不超过当年该用人单位职工教育经费实际支出的30%（浙人社发〔2009〕101号）。

三是"扩大支出"政策向就业困难地区倾斜。除了"四类人员"和"就业困难人员"以外，还可根据当地需要划分"就业困难地区"，在失业保险基金支出规模上给予政策倾斜。例如，北京市针对地区发展不均衡的现象，自2006年起建立区域均衡发展机制，相继出台一系列地区倾斜政策（见专栏9-2）。这些措施将受益对象由就业困难人员拓宽到就业困难地区的劳动力，补贴期限也比其他受益对象长，为受产业调整和城市建设等因素影响的地区劳动力市场提供有力扶持。

专栏9-2 北京市就业困难地区帮扶政策及效果

一是将高失业率地区职业培训补贴由原区财政负担30%、失业保险基金负担70%，调整为失业保险基金全额负担；二是高失业率地区享受社区公益性就业组织专项补贴由区财政负担2/3、失业保险基金负担1/3，调整为区财政负担20%、失业保险基金负担80%；三是就业困难地区出台鼓励单位招用城乡劳动者的社会保险补贴、岗位补贴，鼓励城乡劳动者自谋职业（自主创业）社会保险补贴政策所需的资金，可以由失业保险基金给予75%的补贴。

截至2012年，北京市高失业率地区失业率平均降低1.63个百分点，其中房山区城镇登记失业率下降幅度最大，从全市最高的7.34%下降到3.49%，降低了3.85个百分点，有效地缓解了局部地区的就业矛盾。

资料来源：北京市人力资源和社会保障局提供。

三、基金累计结余不断攀高给扩大支出范围提供了一定空间

受制度"瞄准度"① 不足所限，我国失业保险基金总体上处于长期收大于支的局面，造成基金积累规模不断攀高。从表9-3可以看出，东部七省（市）经过多年扩大基金支出范围试点，失业保险基金累计结余增速仍然较高，其他地区的基金累计结余增速明显高于基金支出。总体上看，各省基金结余规模都较大，基金备付月数均在数十个月甚至数百个月不等。在不出现大规模、长期经济危机并造成大批量失业的极端情况下，我国失业保险基金还将保持较快增速和较大规模的积累。自2015年起连续降低费率可以放缓基金积累增速，而扩大基金支出范围则更有利于发挥制度的社会效益。

表9-3 失业保险基金累计结余与支出情况

省份	基金积累 （2016年，亿元）	基金支出 （2016年，亿元）	基金积累年增长率 （2007~2016年，%）	基金支出年增长率 （2007~2016年，%）
北京	221.5	61.7	22.0	18.9
天津	104.2	27.8	17.5	43.9
河北	157.9	49.6	18.6	30.8
山西	165.6	11.9	25.9	22.0
内蒙古	118.8	13.8	28.5	22.1
辽宁	270.3	35.0	12.4	12.7
吉林	116.4	11.7	23.1	25.3
黑龙江	165.2	18.3	18.3	28.7
上海	181.2	93.4	16.3	14.3
江苏	440.0	109.8	23.1	23.3
浙江	401.0	68.7	22.4	28.5
安徽	115.6	26.7	36.1	19.4
福建	163.9	16.8	23.0	15.5
江西	71.4	3.7	20.9	10.7

---

① 郑秉文. 中国失业保险基金增长原因分析及其政策选择——从中外比较的角度兼论投资体制改革［J］. 经济社会体制比较，2010（6）：1-20.

续表

省份	基金积累 （2016 年，亿元）	基金支出 （2016 年，亿元）	基金积累年增长率 （2007~2016 年，%）	基金支出年增长率 （2007~2016 年,%）
山东	297.8	70.0	17.9	21.9
河南	175.0	22.6	22.0	6.8
湖北	173.3	23.9	24.8	31.9
湖南	126.1	16.8	23.4	11.5
广东	641.2	95.3	21.1	29.8
广西	129.6	19.2	20.6	19.0
海南	34.5	4.5	19.0	18.6
重庆	112.2	15.8	32.7	36.1
四川	341.6	75.6	33.7	23.8
贵州	77.7	13.9	14.3	44.3
云南	127.7	13.1	23.7	28.6
西藏	16.4	0.1	20.0	-1.2
陕西	154.4	11.8	24.1	32.5
甘肃	78.5	8.2	26.4	22.2
青海	27.5	3.3	21.3	95.1
宁夏	34.8	3.6	27.0	23.7
新疆	92.1	29.7	13.4	26.8

注：西藏失业保险基金支出年增长率的计算年份是 2008~2016 年。

资料来源：笔者根据国家统计局官网公布的地区年度数据计算并绘制。

第三篇

国外改革与经验

第十章 世界失业保险制度现状概览

自 1911 年英国第一个建立失业保险制度以来，全球失业保险制度发展已经整整一个世纪。到目前为止，在世界 184 个有资料可查的国家中，没有为失业者建立相应保障制度的国家有 106 个，建立失业保障制度的经济体是 78 个，其中，保险型计划（包括失业保险和就业保险）有 64 个，救助型计划有 8 个①，公积金制度有 6 个②。

综观当前世界各国失业保障制度，主要可归类为以下四种模式：

失业保险（Unemployment Insurance，UI）。失业保险制度在发达国家较普及，但在发展中国家中并不常见，只有几个中东欧国家在近 10 年引入。

失业救助（Unemployment Assistance，UA）或社会救助（Social Assistance，SA）。除了缴费型的失业保险制度以外，许多国家（主要是发达国家）还为长期失业者和没有资格领取失业保险金的失业者提供失业救助或社会救助。

解雇金制度（Severance Pay，SP）。以就业保护为目标的解雇金条款多在集体协议中出现，一些南亚和拉美国家将解雇金作为失业保障的最重要手段。

失业保险储蓄账户制度（Unemployment Insurance Saving Account，UISA）。失业保险储蓄账户制度成为失业保障的一项正式制度，主要是原有的解雇金制度遏制了劳动力流动，引发"劳动力市场僵化"问题。正是因为如此，一些拉美国家选择失业保险储蓄账户制度来替代或补充解雇金制度。

在撒哈拉以南非洲和亚洲其他国家（除中国、日本、韩国和几个东南亚国家和地区），实施强制性失业保险制度的国家很少，有少数国家实施法定解雇

---

① 爱沙尼亚于 2001 年开始由税收筹资改为缴费筹资，标志着其失业救助制度开始转向失业保险制度。斯洛文尼亚在 2006 年将原来的失业救助制度改为失业保险制度，但对待遇期满仍未就业的人提供救助金。

② ILO. World Social Security Report 2010/11：Providing coverage in times of crisis and beyond［R］. Geneva：ILO，2011.

金制度，个别国家建立了失业保险和社会救助。另外，提前退休、提供公共岗位就业以及一些预防失业或促进就业的临时性措施，也被纳入失业保险体系中。

第一节 失业保险制度

失业保险是由国家立法为社会成员因失业而中断收入所提供的一项收入支持，其目的是烫平不同劳动力及同一劳动力不同就业状态的消费，以互济、风险池为特征的失业保险是失业保障的重要形式。不过，发展程度不同的国家在选择失业保险制度的具体内容上有很大差别。

一、对"失业者"的定义

失业保险制度的第一个要素是对"失业者"的界定。根据国际劳工组织（International Labor Organization，ILO）对失业者的定义，"失业者"要同时满足以下三个条件：没有工作，受雇或自雇就业者不是失业者；近期适于受雇或自雇就业；正在寻找工作，即特定时期内采取了特定措施寻求受雇或自雇就业，这些措施包括在公共或私营就业介绍所登记，向雇主提出申请，在工厂、农场、劳务市场等地点寻找工作，应答报纸招聘广告，寻求朋友或亲属的帮助，寻找土地、厂房、机器设备以建立自己的企业，安排资金来源，申请许可证和执照[①]。

在经济较发达的国家和地区，失业保险覆盖了除自雇就业者、农业工人和家务劳动者以外的所有劳动力。但是因为严格的资格审查条件，许多从事非全日制工作的人失业后很难领取到失业保险金。在 OECD 国家中，年龄在 15~24 岁的待遇领取者占该年龄段失业者的比重低于平均值，希腊、意大利、葡萄牙、西班牙和美国的这一比例还不足平均值的一半；奥地利、德国、希腊、意大利、卢森堡、波兰、斯洛伐克和西班牙男性的这一比例高于女性，因为女性

---

　　① Milan Vodopivec，Dhushyanth Raju. Income Support Systems for the Unemployed：Issues and Options [Z]．World Bank，2002.

更多从事临时性、兼职性工作；在法国、希腊、意大利、葡萄牙和西班牙，自雇就业者较雇员更难得到失业保险；在加拿大、希腊、法国、以色列、意大利、日本、韩国、挪威、葡萄牙、瑞士和美国，由于难以界定是否失业，自雇就业者无资格加入失业保险计划①。

发展中国家，尤其是在农村地区，存在大量不完全就业，掩盖了显性失业，就业不足使这些地区就业者领取的薪水很低但又无资格获得失业保障。由于公共服务不充分，"积极求职"的审查范围有限，只能面向已向劳动部门登记的失业者，因此登记失业成为"积极求职"的代名词。如果失业者未登记，被视为没有"积极求职"，因而会失去失业保险待遇资格。例如，因受2008年全球金融危机影响，中国新增失业人口2500万，其中绝大部分是农民工②。这些人中大部分没有失业登记，即使参保也很难获得失业保险金。根据"2008年人力资源和社会保障事业发展统计公报"，当年领取失业保险金只有261万人，即使这些人全部是农民工，再加上当年领取一次性生活补助的93万名农民合同制工人（劳动合同期满未续订或提前解除劳动合同），也不过是354万人，仅占当年失业农民工的14.2%。

"失业者"的界定对各国失业保险制度覆盖面产生较大影响。从2008年金融危机后各国失业保险制度改革情况来看，对非全日制失业工人领取失业保险金的资格审查都有所放松，从而扩大了"失业者"界定的范围，也扩大了失业保险制度的覆盖面。

二、覆盖面

发达国家的强制性失业保险制度覆盖所有的行业和职业，在经济下滑或衰退时期，许多发达国家会对没有工作经历（从而无缴费记录）的大学毕业生和无法确定失业状态的自雇就业者提供一些收入支持。即使这样，大量临时工和家庭劳动者因失业状态难以确定而无法涵盖进来。发展中国家的失业保险覆盖面非常有限，大多集中在工商业的正规部门，占劳动力相当大比重的非正规部门就业者很难加入到失业保险中。无论发达国家还是发展中国家，非正规部门

---

① OECD, OECD Employment Outlook 2011 ［M］. Paris：OECD, 2011：52.

② 郑秉文. 2009金融危机："社保新政"与扩大内需 ［J］. 中国社会科学院研究生院学报，2011（1）：18-30.

不断扩大的趋势与失业保险覆盖面集中在正规部门的现状发生冲突，如何解决好非正规部门失业保险问题成为各国政府面临的重要战略性课题。

从表10-1可以看出，全球的失业保险制度覆盖了不足1/3的经济活动人口。法定覆盖率最高的国家集中在西欧、中东欧和北美，这些国家经济活动人口的失业保险制度覆盖率超过80%。中低收入国家的法定覆盖率明显小得多，北非略高于20%，亚洲、拉美和中东地区均不到20%。各类发展水平国家失业保险制度的法定覆盖率有高有低，但有效覆盖率普遍都非常低，高收入国家有效覆盖率也未超过40%，上中等收入国家平均仅10%左右，下中等收入国家甚至达不到5%。

表10-1　失业保险制度覆盖情况（按收入水平）

	低收入	下中等收入	上中等收入	高收入	合计
法定覆盖					
强制性计划国家数（括弧内为占比）	5（8%）	17（35%）	20（54%）	36（80%）	78（42%）
缴费和非缴费计划（占 EAP[a] 比）	2.9	18.1	38.4	69.2	30.6
强制缴费计划（占 EAP 比）	2.9	15.4	30.3	58.9	25.7
有效覆盖（占全部失业者比）					
全部待遇享受者	1.3	3.6	10.4	38.8	12.9
缴费型制度中待遇享受者	1.3	3.6	9.8	31.3	10.9
非缴费型制度中待遇享受者	0.0	0.0	0.6	7.6	2.0
未享受失业保险金者	98.7	96.3	89.1	60.9	86.9

注：a 表示 EAP 为经济活动人口（Economic Active Person）。

资料来源：ILO. World Social Security Report 2010/11：Providing coverage in times of crisis and beyond. [R]．Geneva：ILO, 2010：60.

三、资格条件

大多数发达国家规定领取失业保险金的最低工作年限是6~12个月，失业的原因以及失业者是否接受工作安置等因素都会影响待遇资格（见表10-2）。

表 10-2　失业保险制度特征（按国家和地区分）

覆盖面	待遇水平	待遇期限	资格条件	续领条件	筹资来源
OECD 国家					
大部分国家建立失业保险制度。不论行业类型，覆盖所有受雇者（奥地利、德国和卢森堡将学徒和受训的毕业生也纳入进来）。许多国家未覆盖自雇就业者。奥地利和加拿大未涵盖公共部门雇员。一些国家没有覆盖零散工和家庭雇工（爱尔兰、日本、葡萄牙、西班牙和美国）。丹麦、芬兰和瑞典是自愿性失业保险	替代率一般为平均工资的 40% ~ 75%（瑞典和丹麦最高达到 80% 和 90%）。有计发基数（工资）和待遇上限。一些国家定额给付（爱尔兰、法国和英国）。有 3 ~ 7 天等待期（一些国家规定自愿离职者领取失业保险金的等待期为 6 周至 6 个月）。对已婚或有子女者提供额外津贴（比利时、德国和英国）。大多数国家对待遇征税（比利时、加拿大、荷兰、美国、英国、丹麦和法国）。一些国家的长期失业者可转入失业救助	大多数国家规定有待遇期限（除比利时）。通常最长期限为 8 ~ 36 周。待遇期限往往与缴费期限、工作期限和/或年龄相关	一般要求过去 1 年至少工作 6 个月（冰岛：过去 52 周工作 10 周；葡萄牙：过去 24 个月工作 540 天）。所有国家要求在就业部门登记，冰岛和法国还要求领取待遇者须具备居民身份。自愿离职、引咎辞职、罢工和拒绝安置工作的失业者均无待遇资格	要求有就业能力、就业意愿和适于工作（除芬兰、冰岛和西班牙）。如果不接受培训、拒绝工作安置、无求职行动等则取消待遇资格。一些国家要求待遇领取者定期向就业部门汇报求职情况	大多数由雇主和雇员共同缴费，一般雇主缴费高于雇员。个别国家仅由雇主（冰岛、意大利和美国）或雇员（卢森堡）缴费。政府的补助在增加。意大利和西班牙的政府提供补助，美国、日本和意大利的政府则承担失业保险行政费用。缴费率各国不同：大多数国家低于 3%，其他国家缴费率为 3% ~ 8%

覆盖面	待遇水平	待遇期限	资格条件	续领条件	筹资来源
东欧和中亚（中东欧国家）					
主要覆盖受雇者（要求有公民或居民身份）。克罗地亚和罗马尼亚的退伍军人可参加。大学生或受训毕业生可参加。未覆盖家庭雇工和零散工	替代率一般为50%～75%。下限通常是最低工资，上限为当地（或全国）平均工资（或最低工资的2倍）。待遇水平有时与离职原因相关。一些国家采取定额给付，或者与收入关联给付（阿尔巴尼亚、克罗地亚、爱沙尼亚和格鲁吉亚）。待遇水平随时间渐变。阿尔巴尼亚、阿塞拜疆、吉尔吉斯、俄罗斯、乌克兰和乌兹别克斯坦提供抚养补助，补助标准为最低工资或失业保险金的一定比例	大多数国家最长待遇期限是6个月（或26周），最高的匈牙利为2年。一些国家待遇期限与工作期限、缴费期限或/和年龄有关（阿塞拜疆、保加利亚、克罗地亚、波兰、俄罗斯、斯洛文尼亚和斯洛伐克）。大学生和受训毕业生通常有短期待遇。一些国家对提前退休者提供额外待遇	要求最短工作期限为4个月（亚美尼亚、俄罗斯），最长是4年（保加利亚）。通常要求最近2年内工作6～12个月。所有国家要求在就业部门登记。拉脱维亚、罗马尼亚和乌克兰要求待遇领取者收入低于最低工资。塞尔维亚和黑山规定待遇领取者的家庭收入必须低于保障性收入。一些国家（亚美尼亚、白俄罗斯、保加利亚、格鲁吉亚和摩尔多瓦）规定自动离职或引咎辞职者无待遇资格。保加利亚和匈牙利规定拒绝安置者无待遇资格	有一半国家要求有就业能力和就业愿望。如果待遇领取者不符合要求（求职、接受培训）或伪造证明，则降低、推迟或取消待遇	几乎所有国家都要求雇主缴费，（21个国家中）有9个国家也要求雇员缴费（爱沙尼亚2001年前是由政府出资）。雇员缴费率为0.06%（斯洛文尼亚）至6%（阿尔巴尼亚）。在必要时或基金收不抵支时政府补助。拉脱维亚政府代特定群体缴费。斯洛伐克的政府为特定项目出资

续表

覆盖面	待遇水平	待遇期限	资格条件	续领条件	筹资来源
拉丁美洲和加勒比海国家（包括阿根廷、巴巴多斯、巴西、智利、厄瓜多尔、墨西哥、乌拉圭和委内瑞拉）					
覆盖所有的受雇者，除了乌拉圭（仅覆盖工商业）、委内瑞拉（不包括家庭雇工和零散工）和巴巴多斯（不包括公共部门雇员和自雇就业者）	替代率是50%~60%。智利是渐变的定额给付，厄瓜多尔是一次性给付。阿根廷、巴西和乌拉圭的待遇上下限是最低工资的一定比例。乌拉圭有20%的抚养补助。等待期为3天（巴巴多斯）至60天（巴西），委内瑞拉规定的等待期是30天	所有国家最长待遇期限是1年，一般为3~12个月。阿根廷和巴西的待遇期限与就业期限相关。巴西规定在特定情况或特殊环境下，待遇期限可以延长	一般要求在一定时期内工作6~12个月。阿根廷和智利要求在就业部门登记。巴西、智利和乌拉圭规定引咎辞职者无待遇资格。阿根廷规定待遇领取者不能同时接受其他社保待遇。巴西要求待遇申请人不具备供养自己或家人的能力	阿根廷、智利和委内瑞拉要求有就业能力和就业意愿	缴费率为0.75%~2%。大多数国家由雇主和雇员共同缴费。除厄瓜多尔（雇主缴1%，雇员缴2%）以外，其他国家雇主缴费高于雇员。乌拉圭由雇主缴费15%和雇员缴费12.5%筹集全部社保资金（包括失业保险）。智利由政府承担全部费用。巴西通过收入所得税筹资（主要是0.65%的营业税）
亚洲（孟加拉国、中国大陆、伊朗、韩国和中国台湾）					
覆盖面有明显差异。伊朗不包括自雇就业者和参加其他保障的群体。孟加拉国仅覆盖工商业就业	伊朗和中国台湾的替代率为平均收入的55%。孟加拉国是基本工资的50%加上根据就业期限的	孟加拉国根据就业类型待遇期限为30~120天。中国是1~2年。韩国根据年龄和就业期限为	要求最短就业期限：伊朗为6个月，中国是1年，韩国为6个月，中国台湾是2年。韩国和中	中国、伊朗、韩国和中国台湾要求有就业能力和就业意愿	孟加拉国规定全部由雇主缴费。伊朗雇主缴费3%，基金不足时由政府补助。韩国雇主和雇员各

续表

覆盖面	待遇水平	待遇期限	资格条件	续领条件	筹资来源
亚洲（孟加拉国、中国大陆、伊朗、韩国和中国台湾）					
者。韩国覆盖所有企业。中国台湾不包括自雇就业和雇员少于5人的企业	一次性待遇给付。中国是低于最低工资的定额给付。伊朗为有4名以上供养对象的失业者提供待遇补助。韩国为基本日工资的50%（下限是最低工资的90%）。如果待遇期未过一半重新就业，则提供再就业奖励。等待为14天（韩国和中国台湾）	90～240天。中国台湾根据就业期限为3～16个月。伊朗根据就业期限和婚姻状况为6～50个月	国台湾规定领取待遇者必须是非自愿失业。伊朗规定待遇领取者不是引咎辞职或不能拒绝工作安置。均规定在就业部门登记		自缴费0.5%。中国台湾雇主缴费0.7%，雇员缴费0.2%，政府承担行政费用
非洲（阿尔及利亚、埃及、南非和突尼斯）					
阿尔及利亚：覆盖经济部门被裁员的职工。埃及未覆盖公共部门雇员、零散工和农业工人。南非未覆盖家庭雇工和年收入超过一定水平的高薪雇员。	埃及和南非的替代率分别为60%和45%。突尼斯为工商部门的最低工资。阿尔及利亚是平均收入与全国最低工资的中值，下限是最低工资的75%。待遇	阿尔及利亚根据就业期限为12～36个月。埃及根据缴费期限，规定待遇最长期限为16～28个月。突尼斯为3个月。南非为26周	阿尔及利亚要求工作3年。埃及为6个月。突尼斯为12个季度。南非为最近52周内须工作13周。阿尔及利亚和突尼斯要求待遇申请人无其他收入来源。阿	埃及、突尼斯和南非要求必须有就业能力、就业意愿且适于工作	阿尔及利亚规定雇员缴费1.5%，雇主缴费2.5%。埃及雇员缴费2%，由政府补助赤字。南非规定雇员和雇主各缴费1%。突尼斯由政府承担全部费用

覆盖面	待遇水平	待遇期限	资格条件	续领条件	筹资来源
非洲（阿尔及利亚、埃及、南非和突尼斯）					
突尼斯未覆盖农业工人	渐变。提供配偶津贴。等待期为7天（南非和埃及）		尔及利亚还要求在申请待遇前须有3个月的积极求职。不是自愿离职（埃及、突尼斯）、引咎辞职（埃及）、拒绝就业安置（埃及、南非）或参加罢工（南非）		

资料来源：Milan Vodopivec, Dhushyanth Raju. Income Support Systems for the Unemployed：Issues and Options［C］. Washing, D. C.：The World Bank, 2002：19~23.

四、待遇计发

OECD 国家的失业保险金水平介于最低工资和社会平均工资之间，有的按照定额给付（Flat-Rate），有的则采取收入关联（Earning Related）的方式，按照失业前工资的一定比例发放。绝大多数 OECD 国家失业保险金的计发基础是平均工资，替代率是40%~75%；亚非拉的发展中国家则更多地采用最低工资作为失业保险金的计发基础。

OECD 国家都规定失业保险金水平随待遇期限的延长而下降。这样的政策规定是为了避免失业者对社会福利的长期依赖，鼓励失业者尽早就业。不过，在经济危机时期，为了避免长期失业者陷入贫困或退出劳动力市场，一些国家在特定时期内采取延长待遇期限的做法。除了临时延长待遇期限，许多国家还建立了失业救助制度，如果失业保险期满仍未就业的劳动者符合一定的资格条件，可转入失业救助或社会救助体系继续得到收入支持。

五、缴费责任

一般地，失业保险由雇主和雇员共同缴费，雇主缴费比例高于雇员；一些国家（美国、意大利、荷兰等）则规定雇员不缴费；极少数国家仅由雇员缴费（卢森堡）或财政筹资（斯洛文尼亚[①]）。

表 10-2 按照国家族群对失业保险制度的特征（覆盖面、待遇水平、待遇期限、资格条件、续领条件和筹资来源）做了归类。尽管资料截止时间为 2002 年，但能够清晰地展现各类经济体失业保险制度的基本特征。2008 年金融危机时期，各国对失业保险制度做了调整和改革，有的国家调整待遇水平（调高或调低）或待遇期限（延长或缩短），有的国家调低失业保险缴费率，有的国家扩大制度覆盖面。随着经济逐步复苏，一些危机时期采取的临时调整措施终止，制度恢复到危机前原状。总之，失业保险制度的具体内容在不同经济环境中有所变化，但除了极少数国家以外（如爱沙尼亚改变了由政府出资的救助型制度模式，开始实施雇主和雇员缴费的保险型制度），绝大部分国家至今仍继续沿袭原有制度。

第二节　就业保险制度

就业保险制度（Employment Insurance System，EIS）是在失业保险制度基础上转变而来的，其保险型制度的特征不变，只是在政策应用上更强调促进就业。目前实行就业保险制度的国家有韩国和加拿大。此外，日本和英国已将原来的失业保险分别更名为雇用保险（1974 年）和求职者津贴（1996 年），制度具有就业保险的内涵。

---

① 斯洛文尼亚失业保险资金的 90% 由国家财政负担。

一、韩国

韩国①在 1995 年 7 月引入就业保险制度，该制度共包括三个项目：就业稳定计划（Employment Stabilization Program，ESP）、工作技能发展计划（Job Skill Development Program，JSDP）和失业保障计划（Unemployment Benefits，UB）②。韩国就业保险制度的目标是促进就业灵活性以及为失业者提供生活保障。起初，这项制度仅覆盖雇员在 30 人以上的企业；1997 年亚洲金融危机后，韩国政府将就业保险制度覆盖面扩大到雇员在 5 人以上的企业；1998 年 10 月进一步扩展到雇员为 5 人以下的企业；从 1999 年 7 月开始覆盖所有企业。随着制度覆盖面的扩展，韩国微小型企业（5 人以下的企业）参加就业保险的人数迅速增加。1998 年微小企业刚刚加入就业保险制度，当年参保人数约 40 万人，到 2004 年增加到近 130 万人，占全部参保人数的 17%。到 2009 年，韩国非正规部门就业保险参保率已经超过 50%，达到 51.9%，正规部门的参保率达到 95.6%③。

图 10-1 是韩国实施就业保险制度之后的第一个十年中就业保险制度覆盖和非正规就业者参保的情况。可以看出，参加就业保险的有近一半（45% 左右）是非正规就业者，较好地解决了非正规部门失业保险的难题。到 2009 年末韩国正规部门就业保险参保率达到 95.6%，非正规部门参保率达到 51.9%（见图 10-2）。

为了避免失业保险金对劳动供给产生的负面影响，韩国的就业保险制度对失业保险金有严格的限定：要求失业前 18 个月必须有至少 12 个月工作并参保，这比大多数 OECD 国家要严苛得多；规定待遇领取者须在公共就业部门登记为求职者，并每两周汇报一次求职行动；从申请到领取待遇的等候期为 14 天，明显长于 OECD 其他国家（除了实施就业保险的加拿大）；如果拒绝就业

---

① 韩国的数据参考：Jaeho Keum, Jiyeon Chang, Deok-Soon Hwang, et al. Employment Insurance in Korea: The First Ten Years［R］. Seoul: Korea Labor Institute, 2006.

② ESP 旨在通过向雇主提供激励来预防大规模裁员、刺激再就业和拓展就业机会。这项计划还提供劳动力市场信息，提供职业咨询与指导，来促进就业。JSDP 计划则旨在激励向劳动力市场的新加入者、转岗的工人提供职业培训，以提高劳动力的市场竞争力。这项计划有助于改善劳动生产率、稳定就业和雇员收入。UB 是向失业者提供经济补偿以稳定其生活，为再就业做准备。

③ Kinisha Forbes. Inequality in Crisis and Recovery: Revealing the Divides The case of the Republic of Korea［J］. ILO Working Papers, 2011, 9 (1): 5-31.

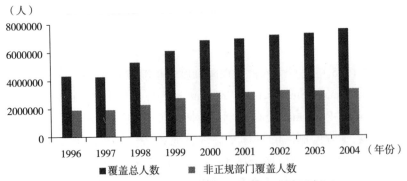

图 10-1 1996~2004 年韩国就业保险制度覆盖情况

注：将高级管理者、专家、技术人员、机器加工与装配和行政人员等职业划入正规部门就业者群体，将服务和销售员、农业和渔业从业者、手工艺及相关从业者和简单劳动等职业划入非正规部门就业者群体。

资料来源：Jaeho Keum，Jiyeon Chang，Deok-Soon Hwang，et al. Employment Insurance in Korea：The First Ten Years ［R］. Seoul：Korea Labor Institute，2006：102.

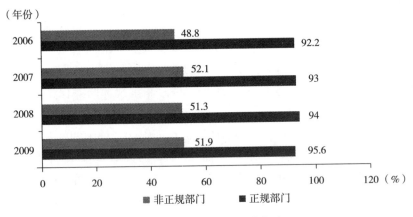

图 10-2 韩国就业保险参保率

资料来源：Kinisha Forbes. Inequality in Crisis and Recovery：Revealing the Divides The Case of the Republic of Korea ［J］. ILO Working Papers，2011，9（1）：5-31.

服务部门的工作安排将被停发两周失业保险金；规定必须在失业第一天起的 10 个月内申领失业保险金，越早申请则待遇期限越长，鼓励失业者尽早领取失业保险金，同时便于政府尽早为其提供公共就业服务；按照申领人的参保缴费期限和年龄，待遇期限为 60~210 天；失业保险金为失业前 3 个月平均工资的 50%，替代率比大多数 OECD 国家低。在 OECD 国家中，韩国的失业保险金资格条件（最短工作期/基准期①）最严苛，等候期也最长（见表10-3）。

表10-3 OECD国家失业保险（就业保险）制度比较

国家	资格条件（最短工作期/基准期）	等候期限	待遇期限	是否有失业救助
韩国	12个月/18个月	14天	60~210天	N
加拿大	420~700小时/52周（依地区失业率）	2周	14~45周	N
比利时	312天/18个月~624天/36月（依年龄），30岁以下无就业要求	0天	无限制或不超过地区平均期限的1.5倍	N
丹麦	52周/3年，且最少缴费1年	0天	6个月至4年	N
芬兰	43周/28个月	7个工作日	约16个月	Y
法国	6个月/22个月	7天	7~42个月	Y
德国	12个月/2年	无	6~18个月	Y
意大利	52周/2年	7天	6~9个月	N
荷兰	26周/39周	0天	6个月至5年	Y
挪威	收入与基数之比：最近1年不低于1.5倍或最近3年不低于1倍	5天	12~24个月	N
葡萄牙	18个月/24个月	0天	12~38个月	Y
西班牙	12个月/6年	0天	4~24个月	Y
瑞典	每月70小时（45小时）以上的工作不少于6个月（12个月）	5天	300~450天	Y
瑞士	12个月/2年	5天	18.5~24个月	N
英国	缴费达到基期收入底线的25倍/2年	7天	6个月	Y
美国	6个月/1年	0天或1周	6个月	N

注：Y表示"是"，N表示"否"。

资料来源：Marc VAN AUDENRODE, Andrée-Anne FOURNIER, Nathalie HAVET, et al. Employment Insurance Canada And International Comparisons［Z］.2005：17-26, 35.

① 此处将失业保险金资格条件要求的"失业前一段时间内的工作期限"定义为"最短工作期"，其中"失业前一段时间"定义为"基准期"。

韩国在失业保险待遇上比较苛刻，但对积极求职和再就业培训却非常慷慨。根据规定，失业保险金领取者在 1/2 待遇期限内实现再就业，就可以领取"提前再就业津贴"（Early Reemployment Allowance，ERA），津贴标准为剩余期限失业保险金的 50%。也就是说，越早再就业，领取的提前再就业津贴越多。就业保险制度中设立向积极求职者提供食宿和交通补助的"全国范围求职津贴"（Nationwide Job-Seeking Allowance，NJSA），如果求职成功并需要外出就业，就业保险基金可提供"迁移津贴"（Moving Allowance，MA）。向对新增劳动力、转岗工人进行职业培训的雇主提供津贴，其培训设施可以得到由就业保险基金提供的低息贷款。如果失业待遇期满但失业者仍在接受就业培训，则失业保险金一直发放到培训结束，但最长期限不得超过 24 个月。上述的这些举措能够有力地促进积极就业、缩短失业期限。

二、加拿大

加拿大①在 1940 年建立失业保险制度。1965 年 4 月劳动部增加了就业服务职能。1971 年 6 月加拿大颁布《失业保险法》（*Unemployment Insurance Act*），向所有临时失去收入的人提供"适当的"（Adequate）收入支持，包括疾病、孕产和退休待遇。这项法案实施之后，失业保险的覆盖率由 20 世纪 60 年代的不足 70% 扩大到几乎全覆盖（自雇就业者、65 岁及以上老年人和不符合最低周薪要求的人除外，但自雇就业的渔民在覆盖范围内）。1996 年加拿大将失业保险更名为就业保险（Employment Insurance，EI），制度目标也由收入支持扩展到促进就业。

如表 10-3 所示，加拿大是 OECD 国家中唯一的一个以工作小时数来衡量待遇资格的国家。这么做可以使更多的临时工、兼职工人、季节工等非正规部门失业群体加入到就业保险制度中。加拿大就业保险制度规定的待遇期限比英国和美国略长，最长待遇期限为 11 个月，但较其他 OECD 国家都短（例如，丹麦长达 4 年，德国为 18 个月，瑞士为 24 个月）；就业保险待遇水平为平均工资的 50%，比美国略高一点，但比大多数 OECD 国家低得多（例如，丹麦为 90%，荷兰为 70%，瑞典为 80%）；与韩国一样，加拿大就业保险待遇的等候

---

① 加拿大的数据参考：Marc Van Audenrode，Andrée-Anne Fournier，Nathalie Havet，et al. Employment Insurance Canada And International Comparisons ［Z］. 2005.

期也是 14 天，远远超过 OECD 其他国家。

从图 10-3 可以看出，加拿大的就业保险制度对参保的要求不像其他那些国家严格，最低参保期限较短，可以覆盖更多的临时工、兼职工以及非正规部门就业者；另外，加拿大的失业待遇期限不长，说明加拿大并不支持长期领取待遇，鼓励失业者尽早离开失业队伍重新返回工作岗位。

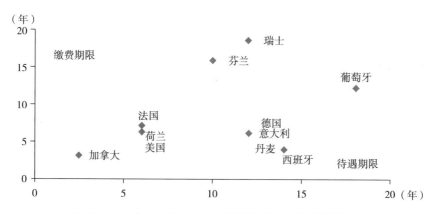

图 10-3　加拿大与其他几个主要国家参保与待遇期限比较

资料来源：Marc Van Audenrode, Andrée-Anne Fournier, Nathalie Havet, et al. Employment Insurance Canada And International Comparisons ［Z］. 2005：28.

第三节　失业救助制度

失业救助通过家计调查（Means-Tested）确定待遇资格，对家庭收入（或资产）低于既定水平的失业者提供非缴费型的失业保险金。尽管失业救助制度对低收入者进行有针对性的保护，但因对较高收入者保护力度不足和"反向激励"而受到指责。另外，家计调查需要支付高昂的行政成本。因此，失业救助制度更适用于那些行政效率高、非正规部门规模小的国家和地区。实施单一的、非缴费失业救助的国家和地区有澳大利亚、新西兰和中国香港。

一、失业救助的制度结构与背景

澳大利亚是盎格鲁—撒克逊福利国家的代表之一，其福利模式是补缺制的，主要面向最弱势的社会成员。澳大利亚没有建立保险型失业者收入支持制度，其失业者的生活保障来源于一般税收筹资的失业救助计划。

澳大利亚有两套独立的失业救助制度：一是"求职津贴"（Job Search Allowance），最长支付期是12个月。二是"新起点津贴"（NewStart Allowance），津贴支付期无限定。澳大利亚的失业救助待遇替代率约为平均工资的18%[①]。由于不与收入关联，只要符合资格条件的失业者均可得到收入支持，澳大利亚失业救助制度的覆盖面很广，其法定覆盖率和有效覆盖率都超过2/3[②]。

澳大利亚、新西兰选择失业救助作为失业者收入支持的主要制度与其各自国情有关。这两个国家地广人稀，实施保险型失业者收入支持制度的管理成本比较高。另外，在20世纪初澳大利亚和新西兰就确定了救助型的福利模式，这是其失业救助的制度基础。中国香港实施失业救助制度，主要因为其社会福利理念中有很深的"授之以渔"的思想，制度设计者认为推动失业者就业比向其提供生活保障金更有利于社会经济。因此，除了向无力就业者提供基础生活救济（综援计划）以外，中国香港并无其他的失业者收入支持措施。

澳大利亚、新西兰和中国香港实施的是单一的失业救助制度，除了这几个经济体以外，一些建立失业保险制度的国家设立了补充性的失业救助制度（见表10-4）。从表10-4可以看出，所有的失业救助制度都要求定期检查失业者的求职强度和家庭状况变化情况，以便及时调整失业待遇；与失业保险和就业保险不同的是，失业救助制度并不苛求待遇领取者在失业前的工作经历或缴费情况。综观实施失业救助制度的经济体，失业救助对象主要分为两类群体：一是领取失业保险金到期满后仍无法就业的人；二是因就业记录不符合条件而得不到失业保险金的人。失业救助可以是现金福利，也可以是实物福利，救助资金来源于政府的一般性税收。

---

① Reform of Dangerously Low Unemployment Supports Needed to Help People Find Secure Work：Unions ［EB/OL］. ［2012-08-20］. http：//www. Actu. Org. au/Media/Mediareleases/Reformofdangerouslylowunemployme ntsupportsneededtohelppeoplefindsecurework. aspx.

② ILO. World Social Security Report 2010/11：Providing Coverage in Times of Crisis and Beyond ［R］. Geneva：ILO，2010：60-62.

表 10-4　失业救助制度特征（按国家和地区分）

覆盖面	待遇水平	待遇期限	资格条件	续领条件	筹资来源
OECD 国家					
覆盖所有失业者	根据婚姻状况和供养人数。定额给付。规定门槛，收入超过门槛的失业者将降低或取消待遇。重点在大龄失业者，特定情况下也重点针对年轻人。一般无等待期；但一些国家对从失业保险转入的失业者规定有等待期（爱尔兰为 3 天，瑞典为 5 天）	只要符合条件则领取待遇无限期，除荷兰（1 年）、西班牙（6 个月；有供养对象的人为 30 个月）、瑞典（150 天）。葡萄牙规定如果待遇申请人是失业保险期满仍未就业者或长期失业者，领取失业救助的待遇期限与年龄关联	家计调查（家庭收入或资产调查）。不考虑就业或缴费历史，但也有例外：荷兰（在失业前 5 年有 4 年就业）、葡萄牙（失业当年有 6 个月缴费）、法国（失业前 10 年有 5 年就业）。一些国家失业救助只针对失业保险期满未就业者（奥地利）。澳大利亚规定，如果因自愿失业、个人原因失业、拒绝工作安置，待遇会减少，或者等候期会延长至 8 周	许多国家要求完全失业、有就业能力和就业愿望，积极求职。一旦不符合资格条件，则取消待遇	政府通过一般性税收筹资
东欧和中亚（中东欧国家）					
所有工薪者。对大学毕业生和退伍军人有优待	定额给付。待遇水平依据婚姻状况、家庭规模、供养人	一些国家规定只要符合条件则领取待遇无限期，除了爱	无须就业或缴费历史。需要在就业部分登记。须定期走	大多数国家要求申领待遇者须有就业能力、就业意愿	政府通过一般性税收筹资

续表

覆盖面	待遇水平	待遇期限	资格条件	续领条件	筹资来源
东欧和中亚（中东欧国家）					
	数和子女年龄。超过一定数额的任何收入都会一对一地减少待遇（捷克、匈牙利）。波兰的待遇有现金也有实物	沙尼亚（180天）、匈牙利（2年）、罗马尼亚（18个月）、俄罗斯（6个月，有供养对象的失业者是12个月）、斯洛文尼亚（6个月）。有些时候待遇期限只针对毕业生（保加利亚，3个月）。波兰规定待遇期限由社会工作者决定。爱沙尼亚对接近退休者、有3个及以上子女的失业者，或者收入低于贫困线的失业者，可以延长待遇期限	访劳动或就业部门。必须满足家计调查条件	且适于工作。拒绝接受培训或工作安置的将被取消待遇资格。一旦不符合资格条件，则取消待遇	
亚洲					
中国香港①	家计调查，根据婚姻状况和供养人数定额给付	只要符合条件则领取待遇无限期	收入低于社会福利署规定的标准且资产未超过限额	积极寻找全职工作及依照规定参加自力更生支持计划	香港特别行政区通过一般性税收筹资

---

① 待遇期限、资格条件和续领条件参照中国香港社会福利署《综合社会保障援助计划》。

续表

覆盖面	待遇水平	待遇期限	资格条件	续领条件	筹资来源
非洲（突尼斯、毛里求斯）					
突尼斯覆盖所有非农就业的工薪者	毛里求斯：登记失业 30 天后家计调查收入。突尼斯为工商业的最低工资	突尼斯规定为 3 个月	突尼斯要求缴费 12 个季度，登记失业，有就业能力。必须是非自愿失业，有供养对象，无其他收入来源	—	政府通过一般性税收筹资

资料来源：Milan Vodopivec，Dhushyanth Raju. Income Support Systems for the Unemployed：Issues and Options［C］. Washington，D.C.：World Bank，2002：24-26.

二、失业救助制度与失业保险制度的比较

对比澳大利亚和美国，可以看出失业救助制度与失业保险制度存在较大差别（见表10-5）。美国的失业保险制度始于 20 世纪 30 年代，其制度目标是烫平消费，受益对象是履行缴费义务的失业者个体；澳大利亚的失业救助制度始于 20 世纪 50 年代，其制度目标是减贫，受益对象主要是低收入失业者家庭。失业保险要求较长时期的工作记录和明确的离职原因，而失业救助则关注失业者家庭收入状况（如配偶的收入）及收入变化情况。二者都将求职意愿和工作适应性作为继续领取待遇的资格条件。失业救助要进行家计调查和收入状况的跟踪审查，因此行政成本会比失业保险高。

表 10-5　失业救助与失业保险制度内容比较（以澳大利亚和美国为例）

	失业保险	失业救助
初始申领待遇资格		
失业	√	√
前期工作经历	√	
可接受的离职原因	√	

续表

	失业保险	失业救助
等候期	√	√
低家庭收入（资产）		√
行政部门审批		
待遇资格	√	√
待遇水平	√	√
最长待遇期限	√	
家庭收入评估		√
继续领取待遇资格		
能够工作	√	√
适于工作	√	√
积极求职	√	√
低家庭收入（资产）		√
行政机构监督		
求职	√	√
提供适当工作	√	√
取消资格和/或扣税	√	
劳动收入，如养老金		
家庭收入监督		√

资料来源：Wayne Vroman，Vera Brusentsev. Australian Unemployment Protection：Challenges and New Directions［R］. SPRC Report 1/02，2002.

第四节　失业保险储蓄账户制度

失业保险储蓄账户制度是雇主与（或）雇员定期向雇员的失业保险储蓄账户存款，当雇员被解雇时可以按规定从账户中提取失业保险金，用于维持失业期间的基本生活。这是一种基金制的失业保险制度，其特征是将失业保险金的成本内部化，削弱了社会互济，但有明显的便携性和激励性优势。这项制度可以在提高劳动力市场灵活度的同时为失业者提供生活保障，是一项将劳动力市场灵活性与就业安全性有效结合的失业保险制度。由于不需要家计调查，也无须大规模筹资与复杂的发放程序，失业保险储蓄账户制度可以节省大量的行政成本，非常适用于行政监管能力较弱的发展中国家。目前建立失业保险储蓄账户的国家有巴西、智利、阿根廷、哥伦比亚、厄瓜多尔、巴拿马、秘鲁和委内瑞拉。2002 年奥地利对本国解雇金制度改革，为扩大失业保险覆盖面和促进劳动力流动，建立了雇员公积金制度（Employee Provision Funds-MVK），与失业保险储蓄账户制度本质相同。

一、制度特征

在拉丁美洲国家，传统的解雇金制度引发劳动力市场僵化、雇主劳动力需求减弱等问题，妨碍这些国家劳动力市场的有序运行和经济的稳步发展。这项制度一般规定雇主向被解雇的雇员一次性支付相当于数倍工资的解雇金，由于解雇金数额庞大，雇主往往想方设法逃避支付责任，结果许多被解雇的工人无法得到或者无法完全得到解雇金。一些国家开始着手对原有解雇金制度实施改革，以失业保险储蓄账户制度取而代之。转换为失业保险储蓄账户制度后，雇主有义务按期向雇员失业保险储蓄账户存款，雇员委托第三方机构进行管理和投资运营。为了提高账户基金使用效率，政府允许符合条件的账户所有人从账户余额中借款或提款，用于教育等其他用途。这些制度规定对参保人有很大的吸引力，推动了制度改革的顺利进行。几个主要国家的失业保险储蓄账户制度框架如表 10-6 所示。这些国家规定，账户所有人退休时，其账户剩余资金可以转为个人养老金；账户所有人亡故后其账户上的资产可以继承；一些国家允许工人以失业之外的原因（如符合规定的保健和教育支出）从失业保险储蓄账户中提款。当个人账户余额小于零时，这些国家允许政府向失业者提供借款，待失业者重新就业后进行偿还。

表 10-6　失业保险储蓄账户制度特征

国家（制度设立年份）	覆盖面	缴费	资格要求	失业保险金	其他待遇
阿根廷（1975）	建筑工人	雇主：月工资的8%-12%	被解雇证明	离职时的账户余额	—

续表

国家（制度设立年份）	覆盖面	缴费	资格要求	失业保险金	其他待遇
巴西（1989）	无其他保障的本企业工人	雇主：月工资的8%	依离职类型而定	离职时的账户余额	部分提取用于住房和保健支出
智利（2002）	本企业工人	雇员和雇主分别缴纳月工资的0.6%和2.4%；政府缴费	缴费最少12个月	每1年缴费领取1个月的待遇（最多5个月）	—
哥伦比亚（1990）	本企业工人	雇主：月工资的9.3%	被解雇证明	离职时的账户余额	—
厄瓜多尔（混合制度2001）	本企业工人	雇主：每1年存入1个月工资	非自愿失业	离职时的账户余额或之前平均工资的3倍	—
巴拿马（1972）	本企业工人	雇主：每年1个月+5%补偿；雇员自愿缴费	额外补偿依离职类型而定	离职时的账户余额	部分提取用于住房和保健支出
秘鲁（1991）	无其他保障的私营企业工人	雇主：1/2月工资，存2笔	被解雇证明	离职时的账户余额	提取50%
委内瑞拉（1997）	本企业工人	雇主：每工作满1个月存入5天工资；任职年限长则增加，最多每年30天工资	3个月任期	离职时的账户余额	—

注：阿根廷规定第一年缴费率为12%，以后各年缴费率为8%。

资料来源：Ana M. Ferrer，W. Craig Riddell. Unemployment Insurance Savings Accounts in Latin America：Overview and Assessment. ［C］. Washington，D. C.：World Bank，2009：9.

二、主要国家失业保险储蓄账户制度内容

巴西①：巴西的失业保险储蓄账户制度可以追溯到 1967 年建立的工龄保障

---

① 除注明以外，巴西、智利、哥伦比亚和秘鲁四国的资料参照：Ana M. Ferrer，W. Craig Riddell. Unemployment Insurance Savings Accounts in Latin America：Overview and Assessment ［J］. IZA Discussion Papers，2011.

基金。最早建立的是社会统筹账户，1988 年巴西修改宪法，将工龄保障基金的缴费纳入个人账户，确立了现行的失业保险储蓄账户制度。按照规定，雇主按照雇员月工资的 8% 缴费，雇员可以提取不超过账户余额的 15% 用于购房和医疗开支①。失业保险待遇按照雇员失业前 3 个月平均工资的一定比例发放，最高待遇不超过最低工资的 2 倍。2001 年巴西对失业保险制度进行改革，规定雇主须向政府缴纳一定比例的解雇罚金。这项改革提高了解雇成本，遏制了雇主与雇员串谋提取账户资金的行为。

　　智利：在 2002 年之前，智利传统的失业保障手段包括失业津贴和解雇金。凡是参加任何一项社会保险并缴费 12 个月，因非正当理由被解雇，都可以领取相当于最低工资 12%~25% 的失业津贴，最长期限为 12 个月。因经济原因被解雇的工人则被覆盖在解雇金制度之下，每工作 1 年可以得到 1 个月的解雇金权益，但因退休、死亡、自愿辞职等原因离职的得不到补偿。

　　2002 年 10 月，智利对失业保险制度做了改革，新制度是私人账户和公共基金的混合体，由雇主、雇员和政府三方缴费。制度覆盖除了家庭工人、学徒、退休者或未成年人以外的所有工人。雇主缴费率为 2.4%，其中的 1.6% 加上雇员 0.6% 的缴费，存入"个人失业账户"（Individual Unemployment Account）；雇主另外的 0.8% 缴费存入"团结或共同失业基金"（Solidary or Common Unemployment Fund）；政府每年固定向团结基金拨付一定资金（2002 年为 880 万美元，到 2009 年增至 1200 万美元②）。那些账户积累不足的低收入失业者可以从公共基金中提取失业保险金，从而保障最弱势失业者的基本生活。不过，这种从公共账户中的提款是有限制的：从团结基金中提取的总额不得超过个人账户支空之前最后一个月余额的 80%。为了鼓励尽早再就业，智利规定待遇最长期限是两年，且失业周期越长失业保险金提取比例越低。如果失业者不积极求职或者无正当理由拒绝相当于失业前工资 50% 及以上的工作的话，将被停止支付失业保险金。智利的失业基金由一家名为"失业基金管理公司"（Unemployment Fund Administrator，AFC）的企业管理。这是一家由七个养老基金管理人组成的企业，由"养老基金管理人监督局"（Superintendence of the Pension Fund Administrators）监管。AFC 负责征集并管理个人账户基金和共同基金、发放待遇、投资运营和客户服务，投资结构及投资限制依照养老基金的投资规则。

---

①　张占力. 失业保险新发展：拉美失业保险储蓄账户制度 [J]. 中国社会保障，2012（2）：36-38.

②　张占力. 智利失业保险储蓄账户制度：运行与经验 [J]. 拉丁美洲研究，2011，33（5）：60-66.

AFC 按账户余额的 0.6%收取管理费。

智利的失业保险储蓄账户制度虽然起步晚，但发展速度很快。制度实施伊始，参保人数约 220 万人，到 2007 年超过 500 万人（其中 40%是 18~30 岁的年轻人，48%是 31~50 岁的壮年工人以及 12%的大龄工人①），2009 年到达 620 万人。伴随着参保人数上升，受益人数也呈现出不断增多的趋势。2003 年共有 1.2 万人领取待遇，2006 年升至 8.4 万人；然而同时期传统失业保险制度的受益人数却由 4.3 万人下降到 1.6 万人。2006 年失业保险储蓄账户制度与传统制度的失业受益率（待遇领取人数/失业总人口数）分别为 19%与 16%，储蓄账户制度优于传统失业保险制度②。

哥伦比亚：在 20 世纪 90 年代之前，哥伦比亚劳动力保护的主要手段是解雇金制度。但是在实践中，由于政府监管不到位，雇主总是克扣或拒绝向失业雇员支付解雇金，一定程度上限制了劳动力流程，导致哥伦比亚劳动力市场的僵化。1990 年，哥伦比亚改革原来的解雇金制度，引入了失业保险的个人储蓄账户制度。新制度要求雇主每年将相当于一个月月薪的资金存于雇员的个人账户中，账户交由"解雇金管理公司"（Sociedades Administradoras de los Fondos de Cesantia，SAFC）管理，管理费率为 4%。账户所有人可以从账户中提取资金用于教育和房屋抵押的支出。到 2007 年底，哥伦比亚共有 400 万人加入到这项计划中。此外，由于账户收益率（1998~2004 年的年均实际收益率基本维持在 3%左右，2006 年达到 5%）的吸引，不断有人加入。从参加者的结构来看，70%的人收入不到最低工资的 2 倍，说明参加失业保险储蓄账户制度中超过2/3 的人是较低收入者③。

秘鲁：秘鲁在 1991 年对劳动法做了重大修订，引入"服务时间补偿"（Compensacion por Tiempo de Servicio，CTS）计划，雇主每年向账户缴费两次，每次缴费额相当于雇员月薪的 50%。雇员可以自由选择存款机构。在紧急情况下可以提取 50%的账户基金，储蓄账户也可用于个人贷款担保。到 2007 年底，

---

① Ana M. Ferrer, W. Craig Riddell. Unemployment Insurance Savings Accounts in Latin America: Overview and Assessment [C]. Washington, D.C.: World Bank, 2009: 19.

② 张占力. 失业保险新发展：拉美失业保险储蓄账户制度 [J]. 中国社会保障, 2012 (2): 36-38.

③ Ana M. Ferrer, W. Craig Riddell. Unemployment Insurance Savings Accounts in Latin America: Overview and Assessment [C]. Washington, D.C.: World Bank, 2009: 21.

秘鲁共有 200 万个 CTS 账户，但绝大多数账户（约占 98%）都很小[①]。

简评：从拉美国家失业保险制度运行来看，失业保险储蓄账户制度具有适用于发展中国家的优点：首先，避免了失业保险制度中常发生的道德风险。原有的解雇金制度由于一次性给付数额庞大，雇主想方设法逃避给付责任，许多雇员失业后失去生活保障；然而失业保险储蓄账户是个人财产，便携性强，不会出现雇主不予给付的道德风险。其次，有利于降低劳动力流动成本。失业保险储蓄账户制度是一项延期支付，有利于在较长时期内平摊解雇成本，避免解雇金一次性给付的财务压力，减轻了雇主解雇雇员的成本压力，一定程度上打破劳动力市场僵化的局面，加速劳动力流动。不仅如此，雇主也不会因解雇金压力而保留那些低生产率的工人，从而也有利于劳动生产率的提高。最后，建立公共基金池，为积累不足的低收入者提供基础保障，弥补了基金制失业保险制度互济不足的缺陷，促进低收入者加入失业保险制度，扩大了失业保险的有效覆盖面。

这种基金制的失业保险储蓄账户制度是否适用于其他地区和经济体？Feldstein 和 Altman（1998）对美国的失业保险储蓄账户制度做了仿真研究，以探索这项制度在美国的可行性。他们仿真数据时间跨度 25 年，研究结果是只有 5%~7% 的工人在退休时失业保险储蓄账户会出现负值，而实施失业保险储蓄账户可以将纳税人的成本减少超过 60%。因此，他们认为美国可以采用失业保险储蓄账户制度来替代失业保险制度[②]。不过，这一研究仅限于美国，对于其他国家来说，因为失业和就业的转换与美国大不相同，因此其研究结论不能外推到其他国家，尤其是发展中国家。

从失业保险储蓄账户制度的运行效果来看，它既规避了传统失业保险制度的行政成本和道德风险问题，也提高了劳动力市场的灵活性。但是应当看到，如果账户流动性不足或者金融管理效率低下，这个制度也存在问题：对于经常失业者、长期失业者来说，账户基金会出现不足，政府的补助在所难免，造成公共财政的支付压力；这种基金制的失业保险制度效率有余、公平不足，可能造成缴费能力弱或没有雇主缴费的低收入工人或临时工的保障不充分；一些国

<hr>

① Ana M. Ferrer, W. Craig Riddell. Unemployment Insurance Savings Accounts in Latin America: Overview and Assessment [C]. Washington, D. C.: World Bank, 2009: 26.

② Martin Feldstein, Dan Altman. Unemployment Insurance Savings Accounts [C]. National Bureau of Economic Research, Inc, 2006.

家为了激活账户基金，允许失业者就规定的项目和额度从个人账户中借款，实际中发生因逃避还款责任而转向监管不严的非正规部门就业的现象，出现逃债的道德风险；除了巴西，其他国家在提款时并未要求提供被解雇证明，这会造成账户基金可能被用于非失业保障项目上（如雇员故意失业以便提取账户资金用于其他目的），使账户失业保障的功能丧失。从巴西的实践看出，强制提供被解雇证明也只能"按下葫芦升起瓢"，雇员和雇主可能串谋，将自愿失业贴上被解雇的标签以提取账户基金。除了上述问题以外，失业保险储蓄账户的实际收益率是影响参保意愿的重要因素，也是影响失业保险金水平的重要因素，因此储蓄账户基金面临巨大的保值增值压力。

第五节　解雇金制度

解雇金制度是劳动力市场的重要制度之一，在许多国家，尤其是发展中国家，解雇金是离职员工的重要收入来源。

一、解雇金制度的特征

解雇金制度的建立有雇主自愿和政府强制之分，大多数国家的解雇金支付对象为集体裁员的失业者（见表10-7）。作为失业保障制度，解雇金不是首要的，往往仅是劳动力市场的一项集体谈判成果或者补充性的劳动力市场制度。大多数国家将解雇金作为集体合约的一项内容，南欧国家（希腊、意大利、葡萄牙、西班牙）和土耳其的解雇金制度是政府强制性的。从总体上看，OECD所有国家均建立了失业保险制度，但只有不到一半的国家设立了法定的解雇金制度。

在几个主要的新兴经济体中，解雇金是最重要的失业保障手段。以失业第一年得到的失业补偿为例，对九个新兴经济体（俄罗斯、土耳其、中国、印度、印度尼西亚、巴西、智利、墨西哥和南非）的解雇金与失业保险金进行比较后发现，只有南非的失业保险金高于解雇金，俄罗斯失业后第一年的失业保险金和解雇金数额相差不大，其余七个国家失业后第一年的解雇金均高于失业保险金。在这九个国家中，有三个新兴经济体国家（印度尼西亚、墨西哥和智利）根本没有失业保险制度，对失业者的保护只有解雇金制度。从表 10-7 中可以看出，发展中国家只有一定规模的企业或者正规就业部门才设有解雇金，这主要是因为领取解雇金往往有最低工作年限的要求，而非正规部门缺乏完整的职业记录。

表 10-7　解雇金制度特征（按国家和地区分）

覆盖面	待遇水平	资格条件	筹资来源
OECD 国家			
斯堪的纳维亚国家（丹麦、芬兰、挪威、瑞典）			
除了丹麦的白领和芬兰的因重组受影响的长期服务的老员工以外，没有法定的解雇金要求。在一些私人部门的集体合同中有时会见解雇金的规定	丹麦（白领）：工作年限 12 年、15 年和 18 年，分别支付 1、2、3 个月；芬兰：45 岁及以上且工作 5 年及以上的，支付 1~2 个月	区分失业是个人原因还是经济过剩。最低工作年限要求：芬兰 5 年和丹麦 12 年	雇主提供。有时企业可得到政府补助
西欧（奥地利、比利时、法国、德国、爱尔兰、荷兰、瑞士和英国）			
覆盖所有工人。德国、荷兰和瑞士没有法定解雇金（除了特殊情况），但解雇金常常作为集体合约或社会补偿计划的一部分。比利时的解雇金只针对集体裁员	比利时：净收入减去失业保险金的差的 1/2，支付 4 个月；法国：工作每满 1 年支付 0.1 个月，工作 10 年以上者每满 1 年再增加 0.067 个月。爱尔兰：一次性支付 1 周，另外工作每满 1 年支付 0.5 周（41 岁以下）和 1 周（41 岁以上）。有上限。英国：工作每满 1 年分别支付 0.5 周（18~21 岁）、1 周（22~44 岁）和 1.5 周（45~65 岁）	区分失业是个人原因还是经济过剩。最低服务年限要求：奥地利 3 年、爱尔兰和英国都是 2 年	雇主提供。企业有时会得到政府补助
南欧（希腊、意大利、葡萄牙、西班牙、土耳其）			
对个人辞职或集体裁员都有法定解雇金规定。覆盖所有工人	标准公式：每工作 1 年支付 1 个月。意大利和土耳其的集体合约中待遇会提高。希腊规定如果有事先通知则解雇金可降低，白领解雇金较高。西班牙固定限合同工人的解雇金较少	最低服务年限要求：希腊 5 年，土耳其 1 年。区分不是个人原因离职	雇主提供。企业有时会得到政府补助

覆盖面	待遇水平	资格条件	筹资来源
非欧洲国家（澳大利亚、加拿大、日本、新西兰和美国）			
澳大利亚只针对过剩工人。加拿大一些地区实施法定解雇金制度。一些国家的解雇金作为集体合同的一部分	澳大利亚：工作不足 2 年的支付 4 周，超过 4 年的支付 8 周。日本一般是公司自行规定，一般是每工作 1 年支付 1 个月；自愿离职的低一些，而被裁员的高一些。新西兰对于过剩工人，工作第一年支付 6 周，以后每工作 1 年支付 2 周。加拿大（联邦）规定每工作 1 年支付 2 天，最少支付 5 天	区分失业是个人原因还是经济过剩。最低服务年限要求：澳大利亚和加拿大（联邦）均为 1 年	雇主提供。企业有时会得到政府补助
东欧和中亚（中东欧国家）：包括捷克、匈牙利和波兰			
覆盖所有工人。捷克和匈牙利有法定待遇，波兰仅对集体解雇者有法定解雇金	捷克：过剩工人可得到 3 个月支付；匈牙利不足 5 年的支付 1 个月，工作 25 年以上的支付 6 个月。波兰：不足 10 年的支付 1 个月，超过 20 年的支付 3 个月	最低工作年限要求：匈牙利 3 年	雇主提供。企业有时会得到政府补助
拉丁美洲和加勒比海国家（阿根廷、巴巴多斯、伯利兹、玻利维亚、智利、哥伦比亚、厄瓜多尔、墨西哥、尼加拉瓜、巴拿马、秘鲁、委内瑞拉、乌拉圭）			
覆盖公共部门和私人部门的所有工人	工作每满 1 年支付：阿根廷和哥伦比亚 1 个月；墨西哥一次性支付 3 个月后，每满 1 年再支付 20 天；秘鲁 1.5 个月；巴巴多斯 2.5~3.5 周。一些国家规定雇主不问离职原因必须支付额外的资保费（Seniority Premium）。厄瓜多尔、哥伦比亚、巴拿马、秘鲁和委内瑞拉规定向无理由被解雇者（已经得到法定补偿）和/或自愿离职者均提供解雇金。最高限：智利为 11 个月的工资，秘鲁为 12 个月，尼加拉瓜、巴拿马和委内瑞拉为 5 个月，乌拉圭为 6 个月	委内瑞拉只针对无通知、无理由的解雇或正当理由的退休。在拉丁美洲，只有阿根廷和智利允许经济原因的解雇。在加勒比海地区，因劳动力调整造成的过剩工人可以得到解雇金。在伯利兹、玻利维亚、智利和尼加拉瓜，自愿离职者得到解雇金	雇主筹资

覆盖面	待遇水平	资格条件	筹资来源
亚洲（孟加拉国、印度、印度尼西亚、马来西亚、巴基斯坦）			
覆盖正规部门就业者。巴基斯坦覆盖雇员超过 20 人的企业	工作每满 1 年支付：孟加拉国为 14 天（临时工）和 1 个月（长期工作者）；印度平均 15 天；印度尼西亚 1 个月，如果因经济原因或无理由解雇则双倍支付；马来西亚 10~20 天。巴基斯坦 30 天	马来西亚：至少持续工作 12 个月	雇主筹资
非洲（博茨瓦纳、利比亚、坦桑尼亚）			
—	利比亚：100% 的工资，支付 6 个月	持续工作最低时限：博茨瓦纳 60 个月，坦桑尼亚 3 个月	雇主筹资

资料来源：Milan Vodopivec，Dhushyanth Raju. Income Support Systems for the Unemployed：Issues and Options［C］. Washington，D. C.：World Bank，2002：28-31.

二、解雇金制度慷慨度比较

表 10-8 进一步说明解雇金的资格条件要求的最低工作年限比较长，但不同国家和地区的资格要求差别很大。芬兰的失业雇员必须工作满 5 年才能领到解雇金，丹麦是 12 年，希腊是 5 年，匈牙利是 3 年，爱尔兰和英国都是 2 年，土耳其、澳大利亚和加拿大均为 1 年，马来西亚要求至少持续工作 12 个月。这些要求无疑将非正规就业部门中的短期工、临时工、兼职从业人员排除在解雇金制度之外。

表 10-8　各国解雇金制度待遇水平与资格条件的比较

国家	待遇水平	资格条件（最低工作年限）
丹麦（白领）	工作每满 12 年、15 年和 18 年分别支付 1、2、3 个月	12 年
芬兰	45 岁及以上且服务 5 年及以上的，支付 1~2 个月	5 年
比利时	净收入减去失业保险待遇差的 1/2，支付 4 个月	—

国家	待遇水平	资格条件 （最低工作年限）
爱尔兰	一次性支付 1 周，另外工作每满 1 年支付 0.5 周（41 岁以下）；工作每满 1 年支付 1 周（41 岁以上）（有上限）	2 年
英国	工作每满 1 年分别支付 0.5 周（18～21 岁）、1 周（22～44 岁）和 1.5 周（45～65 岁）	2 年
法国	工作每满 1 年支付 0.1 个月，如果有事先通知则解雇金可降低，且对白领解雇金更高服务 10 年以上增加 0.067 个月	—
希腊	工作每满 1 年支付 1 个月	5 年
土耳其		1 年
澳大利亚	工作不足 2 年的支付 4 周，超过 4 年的支付 8 周	1 年
日本	一般是公司自行规定，一般是工作每满 1 年支付 1 个月；自愿离职的低一些，而被裁员的高一些	—
新西兰	对于过剩工人，工作第一年支付 6 周，以后工作每满 1 年支付 2 周	—
加拿大	规定工作每满 1 年支付 2 天，最少支付 5 天	1 年
捷克	过剩工人可得到 3 个月支付	—
匈牙利	工作不足 5 年支付 1 个月，工作 25 年以上支付 6 个月	3 年
波兰	工作不足 10 年的支付 1 个月，超过 20 年的支付 3 个月	—
阿根廷	工作每满 1 年支付 1 个月	厄瓜多尔、哥伦比亚、巴拿马、秘鲁和委内瑞拉规定对于无理由被解雇者（已经得到法定补偿）和/或自愿离职者均提供解雇金。在拉丁美洲，只有阿根廷和智利允许经济原因的解雇。在加勒比海地区，因劳动力调整造成的过剩工人可以得到解雇金。在伯利兹、玻利维亚、智利和尼加拉瓜，自愿离职者得到解雇金
哥伦比亚		
墨西哥	一次性支付 3 个月，另外工作每满 1 年支付 20 天	
秘鲁	工作每满 1 年支付 1.5 个月；最高限为 12 个月	
巴巴多斯	工作每满 1 年支付 2.5～3.5 周	
智利	最高限为 11 个月的工资	
尼加拉瓜	最高限为 5 个月	
巴拿马		
委内瑞拉	最高限为 5 个月；只针对无通知解雇的情况、无理由解雇或正当理由的退休	
乌拉圭	最高限为 6 个月	

续表

国家	待遇水平	资格条件 （最低工作年限）
孟加拉国	临时工工作每满 1 年支付 14 天，长期工作者工作每 满 1 年支付 1 月	—
印度	工作每满 1 年平均支付 15 天	—
印度尼西亚	工作每满 1 年支付 1 月，如果因经济原因或无理由解 雇则双倍支付	—
马来西亚	工作每满 1 年支付 10~20 天	至少持续工作 12 个月
巴基斯坦	工作每满 1 年支付 30 天	—

资料来源：由笔者绘制。

　　不过，拉美国家的解雇金制度还是比较宽松和慷慨的（见图 10-4）。厄瓜多尔、哥伦比亚、巴拿马、秘鲁和委内瑞拉规定对于无理由被解雇者和/或自愿离职者均提供解雇金。解雇金最高限额：智利为 11 个月的工资，秘鲁为 12 个月，尼加拉瓜、巴拿马和委内瑞拉为 5 个月，乌拉圭为 6 个月。在南欧和亚洲、非洲等经济相对欠发达地区，解雇金的支付水平较高，从一个侧面说明解雇金是这些地区失业保险制度的核心。需要看到的是，解雇金制度可以为失业者带来一次性给付的生活保障金，缓解失业给个人及其家庭带来的冲击，阻止雇主随意解雇和裁员，但解雇金制度并不能有效促进再就业。

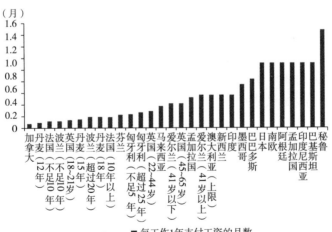

图 10-4　各国和地区解雇金支付水平

资料来源：由笔者绘制。

第六节　公共岗位与保留工作计划

之所以将公共岗位和保留工作称为是"计划"而不是"制度",因为它们往往是针对特殊失业群体或者特定就业条件下采取的临时性措施,不具有制度的常态化。不过,从近两次世界经济危机来看,公共岗位和保留工作计划越来越成为应对青年人失业和长期失业的重要手段。

一、公共岗位

公共岗位(Public Works)计划也称为"以工代赈",在遭遇经济下滑或衰退期间,由政府购买或直接向失业者尤其是长期失业者、大龄失业者等再就业困难的群体提供工作岗位。公共岗位的工资往往较低,但对生产率的要求不如其他工作岗位高,这样可以帮助那些低就业技能的人"以工作换食物",推动社会就业。在印度和孟加拉国,公共岗位计划主要是为了减轻饥荒、干旱和收入季节性变化对失业工人生活的影响。

公共岗位计划提供的是劳动密集型工作,公共岗位通过政府一般性税收筹资,在保障失业者基本生活的同时,可以实现多重目标,包括减缓贫困、烫平消费、稳定收入、促进农村基础设施建设与维护、促进地方经济发展等。尽管工资较低,但在就业困难时期公共岗位还是供不应求,政府不得不定量分配(如博茨瓦纳、坦桑尼亚、印度)。

公共岗位计划在发展中国家很普遍,尤其是在撒哈拉以南非洲国家(塞内加尔和肯尼亚)、南亚(印度和孟加拉国)和拉丁美洲国家(智利和阿根廷)及中东欧国家(保加利亚、匈牙利和波兰)。发达国家公共岗位计划的重点是年轻人、大龄工人和长期失业者。例如,在世纪之交,英国开始实施集中利用公益性岗位帮助困难群体临时就业的"新政就业计划",法国1998年实施旨在帮助青年失业者就业的"新起点就业计划",加拿大维多利亚省政府实施了旨在为各社区的就业困难人员提供补贴就业岗位的"社区公益型岗位开发计划",荷兰政府1996年为安置失业一年以上长期失业人员实行了"补充就业计划",爱尔兰1994年实施了"社区公益性就业岗位开发计划"以安排失业三年以上的 35 岁以上失业者，德国政府在 20 世纪 90 年代初为帮助东部地区的大批下岗失业职工再就业实施了"购买公益性就业岗位安置失业人员"的计划。1998 年，德国还实施了"岗位战略联盟"计划，向一些具有公共性质的用人单位提供资金支持，共同合作开发公共设施维护和社区服务等临时性工作岗位，以用来优先安置失业一年以上，且无法通过一般就业渠道再就业的失业人员[①]。

二、保留工作计划

保留工作计划的目的是在企业特定时期保留剩余劳动力就业，避免企业因临时性经济波动制造大规模裁员。在各国实行的保留工作计划中，常见的有两项：一是"工作分享"（Work Sharing），二是"短时补偿"（Short-Time Compensation）。

"工作分享"计划是将一项工作分给多个人完成，每个人工作时间缩短，但整体就业人数增加。在经济波动周期中，"工作分享"计划帮助雇主保留熟练工人，但人均的工资会因工时缩短而降低。待经济好转后，再将工时和工资复原。"工作分享"计划在西欧国家（如德国、英国、荷兰）和瑞典最为流行。

"短时补偿"计划是 20 世纪 70 年代中期由美国和加拿大引入，允许雇主在经济衰退时期减少工时和降低工资，作为交换条件，雇主必须承诺一定期限内不裁员或继续雇用剩余劳动力。与西欧国家"工作分享"计划不同的是，美国和加拿大的受缩短工时影响的雇员可以得到部分失业保险金作为补偿。

---

　　① 马永堂. 从保障生活到促进就业——国外失业保险制度改革综述［J］. 中国劳动保障，2007（1）：54-55.

第十一章 不同失业保险制度的比较与评价

总体上看，与收入或缴费关联的失业保险、就业保险、解雇金和失业保险储蓄账户制度更多地覆盖正规部门就业者，非正规部门因工作记录不全、监管困难以及劳动力流动性强等原因，还不能有效地纳入到失业保险制度之中。更多弱势的失业群体（如长期失业者、大龄失业者以及没有资格领取失业保险金的非正规部门失业者）则主要依赖救助型制度，包括失业救助和社会救助（见表 11-1）。

表 11-1　各类失业保险制度的保障效应与经济效应

	保障效应	经济效应	
	覆盖面	烫平消费与减贫	收入再分配
失业保险和失业救助	发达国家广覆盖（除自雇就业者、农业工人和家庭工人）；发展中国家大多数不提供或者仅向正规部门就业者提供	烫平消费：发达国家较明显；中东欧国家不明显；减贫：中东欧国家中减贫效果不明显	略有促进（在发达国家）或无影响
解雇金	面向正规部门就业者，尽管法律上规定，但并不总是执行；阻碍弱势群体获得就业机会	在秘鲁，获得解雇金的失业者的人均消费高于就业者	促进了劳动力市场的二元分化；增加了具有特权的正规部门就业者的福利，加大社会不公平
失业保险储蓄账户	面向正规部门就业者	尚无定论	设计中就不考虑再分配效应；几乎无再分配
公共岗位	原则上面向所有人（一些发展中国家的参与率达到两位数，而中东欧国家保持低于 1%）	减贫效果明显	有力推进

资料来源：Milan Vodopivec, Dhushyanth Raju. Income Support Systems for the Unemployed: Issues and Options [C]. Washington, D.C.: World Bank, 2002: 51-52.

第一节　对覆盖面的影响

一、失业保险和失业救助

发达国家的失业保障制度是多层次和广覆盖的，在经济波动时期有自动调整机制或政府灵活调整手段，制度弹性比较充分。大多数失业保险计划是强制性的，覆盖所有的行业和部门，但是自雇就业者、农业工人、家庭工人等特定群体难以加入到保险型的制度中。除了失业保险（就业保险）以外，发达国家还为失业者提供家庭补助（依据供养对象而定）、失业救助或社会救助以及解雇金，为特定群体提供公共岗位、培训、就业津贴等积极手段以促进就业，这些措施连同失业保险一起发挥保障失业者基本生活的作用。

在中东欧国家，尤其是经济相对落后的发展中国家，失业保险制度覆盖人数较少，这主要是因为这些经济体的非正规就业规模庞大，而非正规部门失业保险制度是一个世界性的难题，在劳动力市场健全的发达国家，也未找到完全有效的解决办法，更何况行政管理能力弱、劳动力市场效率低的发展中国家。从整体上看，失业保险制度的有效覆盖率不高，且都集中在高收入国家或地区（见表11-2）。低收入国家的法定覆盖率和有效覆盖率都很低，主要是因为这些国家非正规部门就业规模庞大，而制度的参保门槛和资格条件将大部分非正规就业人员拒之门外。例如，秘鲁私人部门只有20%的就业者有获得解雇金的法定资格，在所有有资格的雇员中也仅有一半人最终能够得到解雇金，其中大多数还是收入相对较高的工人，很多有资格的雇员因合同约定、工会组织谈判力等原因无法享受失业待遇。

表11-2　失业保险制度的有效覆盖　　　　　　　　　　　单位:%

国家或地区	缴费型计划	非缴费型计划	失业受益率	无待遇失业者占比	国家或地区	缴费型计划	非缴费型计划	失业受益率	无待遇失业者占比
德国	30	69	99	1	罗马尼亚	24	0	24	76

国家或地区	缴费型计划	非缴费型计划	失业受益率	无待遇失业者占比	国家或地区	缴费型计划	非缴费型计划	失业受益率	无待遇失业者占比
奥地利	94	0	94	6	立陶宛	24	0	24	76
巴巴多斯	78	0	78	22	日本	24	0	24	77
西班牙	43	31	74	26	俄罗斯	23	0	23	77
荷兰	68	2	70	30	摩尔多瓦	21	0	21	79
澳大利亚	0	69	69	32	保加利亚	21	0	21	79
丹麦	53	14	67	33	智利	20	0	20	80
芬兰	55	12	67	33	白俄罗斯	20	0	20	80
瑞典	66	0	66	34	波兰	18	0	18	82
法国	48	12	60	40	蒙古	17	0	17	83
爱尔兰	59	0	59	41	亚美尼亚	16	0	16	84
卢森堡	53	0	53	47	阿鲁巴岛	16	0	16	84
英国	51	0	51	49	泰国	15	0	15	85
冰岛	50	0	50	50	阿塞拜疆	13	0	13	87
匈牙利	31	15	45	55	中国内地	13	0	13	87
加拿大	44	0	45	55	塞尔维亚	13	0	13	87
捷克	45	0	45	56	土耳其	13	0	13	87
美国	38	0	38	63	乌拉圭	13	0	13	87
韩国	37	0	37	63	南非	11	0	11	89
新西兰	0	37	37	63	斯洛伐克	9	0	9	91
拉脱维亚	35	0	35	65	阿根廷	9	0	9	91
乌克兰	34	0	34	66	塔吉克斯坦	9	0	9	92
巴林	34	0	34	66	墨西哥	8	0	8	93
爱沙尼亚	24	10	34	66	巴西	7	0	7	93
意大利	31	2	33	67	北马其顿	7	0	7	93
黑山	33	0	33	67	阿尔巴尼亚	6	0	6	94
克罗地亚	29	0	29	71	哈萨克斯坦	5	0	5	95
斯洛文尼亚	26	1	27	73	阿尔及利亚	4	0	4	96

国家或地区	缴费型计划	非缴费型计划	失业受益率	无待遇失业者占比	国家或地区	缴费型计划	非缴费型计划	失业受益率	无待遇失业者占比
以色列	27	0	27	73	尼泊尔	0	1	1	99
中国香港	0	25	25	75	越南	0	0	0	100

资料来源：ILO. World Social Security Report 2010/11：Providing Coverage in Times of Crisis and Beyond ［R］. Geneva：ILO，2010：63.

二、解雇金

解雇金往往是集体劳动合同或个人劳动合同内容之一，不同国家解雇金制度的强制性有所不同。斯堪的纳维亚国家没有法定的解雇金制度（除了丹麦的白领和芬兰的老员工、年长雇员等因受结构调整而失业的人可以得到解雇金）。西欧国家的解雇金制度覆盖所有工人，但仅作为集体劳动合同的一部分，未必都是法定制度（德国、荷兰和瑞士没有法定解雇金制度）。澳大利亚和加拿大的部分地区只有集体裁员的下岗工人才能得到解雇金。南欧和中东欧国家将解雇金作为法定制度，覆盖所有工人，要求在集体劳动合同和/或个人劳动合同中设有解雇金条款。亚洲一些国家（孟加拉国、印度、印度尼西亚、马来西亚和巴基斯坦）的解雇金只覆盖正规部门就业者。拉丁美洲和加勒比国家将解雇金作为失业保障的主要制度，覆盖了公共部门和私人部门的所有工人。

三、失业保险储蓄账户

进入 21 世纪后，拉美和东亚一些国家开始放松就业保护，将一次性的、昂贵的解雇金制度转变成分期的、延迟支付的失业保险或失业保险储蓄账户制度，增进了劳动力市场的灵活性，同时也为更多的失业者提供生活保障。因此，在设计非正规部门失业保险制度时，这些国家的经验可以提供有益借鉴。

四、就业保险

值得一提的是，一些国家以就业促进为宗旨的失业保险制度（韩国和加拿大的就业保险，日本的雇用保险和英国的求职者津贴），有效扩大了制度覆盖面，例如韩国的所有微小型企业和非正规就业部门都被纳入到就业保险制度中，参保人数中一半都是非正规就业者，那些非正规部门的失业者也能得到就业促进政策的扶持。

第二节 对保障度的影响

一、失业保险

在 OECD 国家中，失业保险的待遇水平与平均工资或个人工资关联（爱尔兰、法国和英国采取定额给付），大多数 OECD 国家的失业保险金替代率为 40%~75%。北欧国家的失业保险替代率超过这个范围，瑞典为 80%，丹麦则高达 90%。各国的失业保险金均有上限，失业的保障度控制在基本生活水平上。有配偶或子女的失业者还可以得到额外的定额给付或者享受更高的失业保险金支付比例（如比利时、德国和英国），降低了失业风险对家庭的影响。失业保险金的期限一般为 8~36 周，一些国家规定根据缴费期限、就业期限以及失业者年龄等情况适度调整待遇期限。一般来说，就业和缴费期限越长，失业保险金的待遇期限越长；失业者距退休年龄越近，失业保险金的支付期限越长，因为大龄失业者再就业的难度更大。不过，随着待遇期限的延长，失业保险金的替代率逐渐降低，鼓励失业者尽早就业，避免转变为长期失业者。例如，许多 OECD 国家第一年的失业保险金替代率能够达到 50% 以上，有的国家从失业保险金领取的第二年开始降低替代率，例如，卢森堡、意大利、日本和韩第二年的失业保险金替代率会降到 10% 以下；荷兰和瑞士在第三年、瑞典和冰岛在第四年替代率也都会明显下降①。如果待遇领取者拒绝接受培训、无正当理由放弃工作安置或者不符合求职要求的话，待遇资格将被取消。为了监督失业者积极求职，一些国家要求失业者在领取待遇期间须定期向就业部门汇报求职进展。

中东欧国家引入失业保险制度的时间大大晚于 OECD 国家。这些国家的失业保险金替代率一般在 50%～75%，待遇上下限被控制在最低工资和平均工资（或最低工资的两倍）之间。新加入劳动力市场的失业者的待遇水平较低，可能低于最低工资（阿尔巴尼亚、阿塞拜疆、吉尔吉斯斯坦、俄罗斯、乌克兰和乌兹别克斯坦）。有供养负担的失业者可以得到按照最低工资或失业保险金的一定比例发放的额外补助。大多数中东欧国家的待遇期限为六个月，匈牙利最长，达到两年。有的国家规定待遇期限与就业周期、缴费期限和年龄相关（阿塞拜疆、保加利亚、克罗地亚、波兰、俄罗斯、斯洛文尼亚和斯洛伐克）。新加入劳动力市场的失业者待遇期限相对短一些。同样，如果不符合劳动力市场要求，失业者的待遇将被削减或取消。

亚洲的发展中国家或地区失业保险待遇相对低一些，替代率为 50%（孟加拉国、韩国）至 55%（伊朗、中国台湾）。韩国规定在 1/2 待遇期内能够重新就业的失业者可以得到再就业奖励。为了预防短期失业，韩国规定领取待遇的等候期为 14 天，这个时间比大多数发达国家或地区长得多（加拿大与韩国的等候期相同）。

二、失业救助和社会救助

除了失业保险以外，OECD 国家和一些中东欧国家还为失业者提供社会救助，资金来源于一般性税收收入。失业救助或社会救助采取家计调查并设置收入或资产的门槛，收入或资产超过一定限额的失业者，不能得到失业救助或社会救助。符合资格条件的失业者，可以得到定额给付的救助资金，救助资金额度有时根据失业者的婚姻状况和需供养的人数确定。一般来说，只要符合资格条件，失业者就可以一直领取待遇直至失去资格；不过，为了鼓励失业者尽早再就业，防止失业者过度依赖社会救助，一些国家规定失业救助或社会救助的最长期限。例如，荷兰规定失业救助最长期限为一年，西班牙的失业救助最长

---

① OECD. OECD Employment Outlook 2011 [J]. OECD, 2011, 2002 (196): 1–250.

期限为 6~30 个月，瑞典为 150 天，葡萄牙的待遇期限依据年龄，爱沙尼亚为 180 天，匈牙利为 2 年，罗马尼亚为 18 个月，俄罗斯为 6~12 个月。

三、失业保险储蓄账户

失业保险储蓄账户制度的待遇水平完全取决于缴费和账户基金的投资收益。这项制度没有社会互济和收入再分配的功效，一些收入低、工作时间短的失业者可能会因账户积累不足难以保障基本生活。为了避免这个问题，实施失业保险储蓄账户制度的国家利用财政资金建立一个公共资金池（如智利的团结基金），以解个别失业者账户资金余额不足的燃眉之急。

四、解雇金

从拉美劳动力市场僵化的根源来看，缺乏政府监管的解雇金制度是妨碍劳动力流动的重要因素。不仅如此，解雇金一次性兑付的压力大，雇主解雇成本高，对劳动力的需求意愿受挫，可能会造成更高的社会失业率。较高的解雇成本会增加市场对失业工人的歧视，因为雇用这些"糟糕"工人的成本增加了，低技能失业者再就业的难度因此加大。解雇金制度的劳动保护是二元的，正规部门就业者可以得到较好的保护，但非正规部门就业者得不到足够的保护，造成了劳动力市场的分割，失业者的再就业难度加大。

第三节　对收入分配的影响

不同国家的社会福利原则及社会文化背景不同，选择的失业风险管理机制各异，因而失业保险制度的烫平消费、减贫和收入再分配效应也有明显差别。

一、烫平消费效应

失业保险制度将就业时期的一部分收入转到失业时期，平滑收入，具有烫平消费的效应。在现收现付制下，这种烫平消费效应表现为横向劳动力群体之间的互济，就业者向失业者转移一部分收入以增强失业者的消费能力；在基金制下，烫平消费效应则表现为个人的纵向生命周期内的收入平滑，是一个人将就业时期的消费能力部分地转到失业时期。Gruber（1997）的研究发现，在没有失业保险的情况下，失业者的平均消费支出会减少 22%[①]。Kugler（2000）研究发现，哥伦比亚的失业保险储蓄账户的提款有助于缓解失业期间消费的减少[②]。

二、减贫效应

失业保险有助于缓解失业者的生活压力，但论起减贫效果，公共岗位计划的作用更显著。因为，减贫并不是失业保险制度的既定目标。例如，中东欧国家的失业保险金只使贫困减少了不到20%，保加利亚、爱沙尼亚、拉脱维亚和斯洛伐克的这一比例甚至还不足3%（见表 11-3）。失业保险减贫效应微弱与这项制度的筹资机制和给付方式有关：首先，失业保险金与个人缴费或工作期限直接关联，缴费或工作期限长的失业者，可以领取更多或者更长时期的失业保险金；其次，许多国家规定失业保险金给付水平与失业前的工资水平相关，尽管有上限，但工资高的雇员仍较工资低的雇员在失业时拿到更多的失业保险金；最后，许多低收入者集中在非正规就业部门，而正式的失业保险制度难以全面覆盖这些群体。因此，穷人得到失业保险金的概率小得多，即使能够得到，待遇水平也较低。与失业保险金不同的是，公共岗位作为经济波动和自然灾害时期的失业保障计划，能够有针对性地向最贫困的群体提供收入支持，减贫效应更显著。

表 11-3　20 世纪 90 年代中期中东欧国家失业保险制度的减贫效应

	保加利亚	爱沙尼亚	匈牙利	拉脱维亚	波兰	斯洛伐克	斯洛文尼亚
减贫（失业保险金带来贫困人口总数的降幅,%）	1.1	0.5	14.8	2.2	16.7	2.7	6.8
覆盖（领取失业保险金占贫困者总数的比例,%）	3.8	3.8	7.5	2.5	5.6	0.6	11.5

---

① Milan Vodopivec, Dhushyanth Raju. Income Support Systems for the Unemployed: Issues and Options [C]. Washington, D.C.: World Bank, 2002: 47.

② Milan Vodopivec, Dhushyanth Raju. Income Support Systems for the Unemployed: Issues and Options [C]. Washington, D.C.: World Bank, 2002: 45.

续表

	保加利亚	爱沙尼亚	匈牙利	拉脱维亚	波兰	斯洛伐克	斯洛文尼亚
瞄准（领取待遇中贫困者占比,%）	17.4	31.1	4.9	12.4	6.8	0.5	16.0
失业保险金占家庭收入比例（%）	13.0	15.2	25.4	29.8	34.1	7.3	21.2

资料来源：Milan Vodopivec, Dhushyanth Raju. Income Support Systems for the Unemployed: Issues and Options [C]. Washington, D.C.: World Bank, 2002: 48.

三、收入再分配效应

失业保险因与工作年限、工资水平等关联，因此收入再分配的效果不是很明显。例如，表11-4中显示，实施失业保险制度的国家将大约70%的失业保险金给了收入在第二、三、四个1/5等级的群体，第一和第五个1/5收入等级——也就是最贫穷的和最富裕的劳动者，得到的失业保险金很少。哥伦比亚超过3/4的失业保险金受益者是最富裕的1/5群体。解雇金的多少与雇员的谈判力有关，因此最弱势的雇员未必能够得到充分的解雇金。例如秘鲁的解雇金计划参加者都集中于富人。相比而言，公共岗位计划和就业培训计划有明确的指向性，津贴和补助可以直接送达到最弱势群体，收入再分配的效应最明显。例如，阿根廷的公共岗位计划和墨西哥的培训计划主要覆盖最贫穷的1/5人口。在所有失业保障类型中，因个人账户权益的排他性阻碍资金互济，失业保险储蓄账户制度的再分配效应最弱。

表11-4   20世纪90年代中期失业支持计划的再分配

	最贫穷1/5	次贫穷1/5	中间1/5	较富裕1/5	最富裕1/5
失业保险					
平均（%）	15.4	22.3	22.5	20:0	18.9
巴西（%）	10.6	24.6	19.1	25.1	13.6
保加利亚（%）	17.8	14.9	32	13	22.4
爱沙尼亚（%）	31.1	17.7	19.6	18	13.6
匈牙利（%）	7.8	20.4	28.2	24.6	19.1

续表

	最贫穷 1/5	次贫穷 1/5	中间 1/5	较富裕 1/5	最富裕 1/5
拉脱维亚（%）	15.7	13.8	18	26	26.5
波兰（%）	14.8	24.1	22.9	21.6	16.6
斯洛伐克（%）	3.1	33.2	20.8	18.8	24.1
斯洛文尼亚（%）	22.5	30	19	13.1	15.4
失业保险储蓄账户					
哥伦比亚（%）	0.0	4.3	n. a.	19.1	76.6
解雇金					
秘鲁（%）	4.7	9.5	28.6	33.3	23.8
公共岗位					
阿根廷（%）	78.6	15.3	3.5	2.1	0.4
培训					
墨西哥（%）	69.9	15.5	8.1	5.0	1.5

注：中东欧国家数据是领取失业保险金的人数占各 1/5 人口的比重；拉美国家数据是领取待遇人口占失业总人口的比重。

资料来源：Milan Vodopivec，Dhushyanth Raju. Income Support Systems for the Unemployed：Issues and Options ［C］. Washington，D.C.：World Bank，2002：49.

第四节　对劳动力市场和经济增长的影响

一、对劳动参与的影响

失业保险：从理论上讲，失业保险对劳动参与的影响是双向的：一方面，失业保险金提高了工作的机会成本，使闲暇更有吸引力，从而对劳动供给产生负向激励，出现人们常说的"养懒汉"现象；另一方面，领取失业保险金可以保障一定时期的基本生活，为失业者寻找工作创造"喘息"之机，使其有更多时间寻找合适工作，从而有利于提高再就业的工作匹配度，使求职变得更有效率。但是，从经验研究上看，上述两点并未得到广泛而有力的实践数据支持。不过有一点是肯定的，那就是失业保险的缴费提高劳动力成本，降低雇主的劳动力需求，在劳动供给弹性小于需求弹性的情况下会提高均衡失业率。

失业救助：与失业保险一样，失业救助也会对劳动力市场造成负向影响：首先，失业救助会激励失业者延长失业周期。因为失业救助是由一般税收筹资，只要失业者符合家计调查资格，都可以领取失业救助金。工作时间越短、工资越低的人，所获得失业救助的相对收益（领取的待遇/为此承担的成本）就越高，不工作则意味着可以得到最高的相对收益。因此，领取失业救助金的失业者有意愿延长失业周期。其次，如果按照家庭收入状况给付失业救助金的话，家庭其他成员的劳动供给也会受到影响。如果一人失业，可能会因家庭其他成员的劳动收入而失去领取失业保险金的资格或降低待遇水平，那么正在工作的家庭成员可能会不愿工作，有意愿放弃个人工作以换取家庭失业救助金。再次，如果有资格持续领取失业救助金，一些就业能力相对较弱的工人就有可能放弃求职努力而甘愿做长期失业者，劳动力市场供给减少。最后，新加入劳动力市场的年轻人可能不愿努力求职或接受培训，为了得到救助金而选择不工作或自愿失业。

失业保险储蓄账户：失业保险储蓄账户将失业保险金的成本内部化，避免失业保险制度中的道德风险。在传统的失业保险制度中，临近退休年龄的大龄工人会想方设法将领取失业保险金的时间延长至退休，因为退休后便可以领取养老金，如果退休年龄是软约束的，那么失业保险制度会激励大龄工人提前退出劳动力市场。这个问题失业保险储蓄账户制度可以有效化解。因为失业保险储蓄账户制度是遵循多缴多得、长缴多得原则的，相对于其他类型的失业保险制度，失业保险储蓄账户制度更能激励求职和再就业。

哥伦比亚在1990年将原有的解雇金制度转为失业保险储蓄账户制度，雇主以降低雇员工资来分散转轨成本。但是，由于建立了失业保险储蓄账户，雇员的当前消费转向未来，尽管当前工资降低了，实施新制度也未受到雇员大规模的抵制，制度转轨成本被消化，雇用成本没有明显提高，新制度的实施对劳动力市场需求和就业的影响都比较小。

二、对就业的影响

失业保险：从过去几十年失业保险制度发展来看，当失业保险金较慷慨时，失业持续周期会延长，长期失业者的数量随之增多。长期失业者因劳动技能过时而被边缘化，如果没有外力的帮助，重新再就业难度很高。为了降低失业保险对延长失业持续周期的负面影响，很多国家利用公共就业服务推动长期失业者重返工作岗位，并规定不予配合的长期失业者将被削减失业保险金甚至取消待遇资格。失业保险对失业持续周期的不利影响与政府的监督能力有很大关系，在给定福利待遇水平情况下，政府监控越严格，福利的负向激励就越小。

失业救助：早在 20 世纪 70 年代之前，澳大利亚就规定失业者不能拒绝"合适"的工作，否则将被取消失业救助资格。随着"失业—空缺"比例的急剧上升，关于"合适工作"的界定也发生了变化。1976 年的政策改变了原有规定，即使工资低于失业前水平，这个再就业岗位也被视为是"合适工作"，拒绝公共服务部门提供的这个工作机会，同样不能获得失业救助金；1989 年澳大利亚将零散工、兼职工作和临时工作等非正式部门的岗位也纳入到"合适工作"范围。为了削弱失业者对福利的过度依赖，澳大利亚政府要求领取失业救助金的失业者必须积极求职，将出示积极求职的证据作为领取待遇的重要条件。

解雇金：解雇金增加了雇用成本，为雇员提供了严格的就业保护，却打击了雇主雇用需求。对 OECD 的研究显示，解雇金对总就业率的影响不显著，但是对女性劳动力、年轻人和大龄工人的就业有负向影响[1]。需要注意的是，解雇金不会产生降低求职意愿的道德风险，但会产生另一类道德风险——积极加入失业队伍。另外，由于对"失业"概念界定莫衷一是，以解雇金为失业保险制度主体的拉美国家，常常因离职纠纷引发大量的诉讼费用。

公共岗位：政府直接提供公共岗位，可以有效减少失业。不过，Fretwell等（1998）的研究发现，捷克、匈牙利和波兰的公共岗位就业者寻找其他工作的机会更小，工资也更低[2]，这主要是因为公共岗位就业被贴上了低技能的标签。斯洛文尼亚将公共岗位的手工工作改为技术性工作，结果吸引了许多较高学历者和年轻人来就业。公共岗位计划不应被用来提高就业率，应作为政府解决就业困难群体维持基本生活的一种手段；当然，通过公共岗位就业者进行培训，可以提高其就业能力，有利于减少失业。

缩短工时：缩短工时计划是以降低就业者工资为代价，为剩余劳动力提供继续就业的机会，是应对经济危机的应急措施。2008 年全球金融危机期间，一些国家采取缩短工时等措施，防止了大规模失业，其中最典型的是德国。德国

---

① Milan Vodopivec, Dhushyanth Raju. Income Support Systems for the Unemployed：Issues and Options［C］. Washington, D. C.：World Bank, 2002.

② Fretwell D., J. Benus, C. J. O'Leary. Evaluating the Impact of Active Labor Programs：Results of Cross Country Studies in Europe and Central Asia［C］. Washington, D. C.：World Bank, 1999.

联邦就业机构的一项研究显示，2008~2009年德国的总工时减少4%，其中仅有0.3个百分点是因为就业减少，其余的都是因为工时缩减。截至2009年中期，德国的"缩短工作时间"（Kurzarbeit）计划覆盖了150万人。自2007年第三季度到2009年第三季度，德国的工作时间平均缩短了3.5%，而与此同时，在欧洲其他国家因失业不断攀升饱受诟病时，德国的就业却在危机时期逆势而上，增长了1.2%[1]。

三、对产出和经济增长的影响

失业保险制度可以帮助失业者维持基本生活，保持其劳动技能，为经济增长保留劳动力。有了失业保险的制度支持，一些流动性强、高失业风险的工作能够吸引就业，有利于增加产出。从企业角度看，失业者获得失业保险金，有了生活保障，企业裁员的阻力降低，一定程度上有助于劳动力再分配和企业重组。从宏观经济角度来看，失业保险是宏观经济的"自动稳定器"，在经济波动时，福利开支和税收从两个方向缓和经济的波动。

尽管解雇金制度对劳动力供给和需求都产生负向影响，但从积极的角度看，解雇金制度能够促进长期持续的就业关系，可能激励雇主提供培训，有利于提高劳动生产率和雇员未来的就业能力。长期雇用关系也有助于在雇主和雇员之间灌输信任、合作和忠诚，在员工之间激发团队精神，这样会带来更高的生产率（见表11-5）。

表11-5　不同失业收入支持制度对劳动力市场和经济增长的影响

	求职努力和失业后工资	均衡劳动力产出和失业持续期	推动企业重组和总体调整	家庭其他成员的劳动供给	激励经常性工作还是非正规工作	产出和增长
失业保险	对离开失业有显著的负向激励（道德风险问题）	待遇增加会：提高均衡失业率；延长失业持续期（欧洲失业）	鼓励重组；临时裁员增加	失业者配偶的劳动供给减少	巴西的失业保险待遇增加了自雇就业的可能性	宏观经济自动调节的稳定器

① OECD. OECD Employment Outlook 2010- Moving Beyond the Jobs Crisis ［M］. Paris：OECD，2010：74.

续表

	求职努力和失业后工资	均衡劳动力产出和失业持续期	推动企业重组和总体调整	家庭其他成员的劳动供给	激励经常性工作还是非正规工作	产出和增长
失业救助	对离开失业（尤其是低工资者）有显著负向激励	与失业保险相似但效果弱一些	与失业保险相似但效果弱一些	很强的负向效应	与失业保险相似但效果弱一些	与失业保险相似但效果弱一些
解雇金	对求职无道德风险；但激励失业增加；可能带来大量诉讼成本	明显减少就业（尤其是年轻人）；增加自雇就业	对劳动力再分配有负向效应，造成经济"僵化"	无证据	无证据	无研究
失业保险储蓄账户	无道德风险问题	能够减少失业	哥伦比亚由SP转向UISA造成解雇和雇用都增加	无证据	无证据	无证据
公共岗位	如果工资持续较低，对求职努力的影响很小	轻度减少失业和增加就业	负向效应	负向效应	因感到蒙羞而倾向于离开劳动力队伍或选择非正规就业	负向效应

资料来源：Milan Vodopivec, Dhushyanth Raju. Income Support Systems for the Unemployed：Issues and Options ［C］. Washington, D. C.：World Bank, 2002：74-75.

第十二章 失业保险制度向"促进就业"
功能的扩展

经济衰退带来的持续性失业、隐性失业等问题，仅靠提供失业保障是不够的，需要激活失业者并促进其再就业。在存在大量非正规就业和隐性失业的情况下，发展中国家一方面需提供现金转移支付以保障失业者的基本生活，另一方面致力于经济结构调整以接纳更多人就业，并通过培训等促进失业者再就业。

发达国家的失业保险制度随经济波动不断发生变化。2008 年金融危机使发达国家的劳动力市场受到重创，失业率高，长期失业和年轻人失业问题严重，迫使各国政府纷纷对失业保险制度进行调整，调整的核心内容是促进就业。

第一节 20 世纪 90 年代至 2008 年金融危机前

一、改革背景

"二战"到 20 世纪 70 年代石油危机之前，欧洲国家在凯恩斯主义和福利国家思潮的影响下，将充分就业和福利国家建设作为政策重点，一些国家建立了高待遇水平的失业保险制度。例如，丹麦的失业保险待遇最高可达到工资的 90%，最长待遇期限达到四年。高福利并没有带来高失业，欧洲经历了令人羡慕的、长期持续低失业的"欧洲失业奇迹"（European Unemployment Miracle）时期。

20 世纪 70 年代石油危机爆发，原材料价格上升引发紧缩性货币政策，资本价格上升，生产受到打击，推动失业率持续上升，欧洲患上了低增长、高失业与高通胀的"欧洲僵化症"（Eurosclarosis）。主导欧洲经济社会政策的理论基础被颠覆，政府干预的凯恩斯主义被以货币主义学派和供给学派为主导的新自由主义所取代，放松就业保护、促进劳动力市场灵活性，成为欧洲各国政府应对高居不下失业率的政策取向。北欧的社会民主主义国家起初并没有对其福利制度做出明显改革，政府依照雇主联合会与工会联盟谈判的结果"全额埋单"。然而，高度"去商品化"的福利制度与僵化的劳动力市场共同支撑着高失业率，北欧国家也不得不开始重新审视并改变劳动力市场制度。

20世纪80年代欧洲平均失业率始终在8%左右。进入20世纪90年代，欧洲高失业率的情况并未得到根本性扭转，1993~1997年欧洲各年的平均失业率都超过了10%，比美国高一倍①。新自由主义改革在就业问题上宣告失败，"第三条道路"理论取而代之。在劳动力市场制度上，灵活的劳动力市场和安全的失业保障结合起来共同实践"第三条道路"的政治理念。丹麦通过提高劳动力市场灵活性、为失业者提供较高的福利待遇以及促进失业者就业的积极劳动力市场政策，率先走出"僵化症"。荷兰、爱尔兰等国也纷纷采取"灵活保障"（Flexicurity）的就业政策，将工资增长速度放缓，给企业更多利润空间以增加劳动力需求，也较早地走出了高失业率的阴霾。丹麦等国的成功推动了"第三条道路"的广泛实践，欧洲开始进行灵活保障就业制度改革，其失业保障制度目标也由消极的生活保障转向了积极的促进就业。

二、改革实践

无论是失业保险金水平还是失业待遇期限，欧洲的失业保险制度都较美国慷慨。20世纪70年代末以后欧洲高失业率部分地归因于慷慨的失业保险金，部分地归因于较严格的就业保护，也有社会保护带来的高税负的原因。因此，从20世纪80年代中期开始，欧洲失业保险制度改革的重点便落在了劳动力市场制度上，改革措施包括降低失业保险金，放松就业保护，降低企业税负，激活失业者，促进积极就业。

丹麦：在"第三条道路"执政理念的指引下，欧洲福利国家走上了由"工

---

① Jackman, Richard. European Unemployment : Why is it so High and What Should be Done About it? [A] //Debelle, Guy and Borland, Jeff. Unemployment and the Australian Labour Market [Z]. Reserve Bank of Australia, http: //www. rba. gov. au/publications/confs/1998/jackman. pdf, 1998.

作保障"向"就业保障"的改革之路,在劳动力市场中引入激活失业者的政策措施。在经济全球化背景下,实施改革的国家将劳动力市场的灵活性与安全性结合起来,一方面放松就业保护,以增加劳动力市场的灵活性,另一方面扩大失业保障,尤其是对非正规就业部门的失业保障,提高失业后生活的安全性。一些较早出现高失业率的国家,如丹麦和荷兰,在 20 世纪 80 年代初失业率高于欧洲大部分国家,由于采取积极应对措施,包括灵活保障的就业政策,使失业率快速降了下来,在 21 世纪初两国失业率纷纷降至 5% 以下(见专栏12-1)。丹麦和荷兰的成功,在欧洲大陆掀起了劳动力市场制度改革的浪潮。

专栏 12-1 丹麦的"灵活就业"政策与失业保险制度

20 世纪 60 年代到 70 年代前期,丹麦的失业率一直保持在 2% 以下。20 世纪 70 年代石油危机使丹麦的失业率持续上升,到 20 世纪 90 年代初达到历史最高的 12%。1993 年丹麦开始进行积极劳动力市场改革,失业率从 1993 年的 9.6% 降至 2001 年的 4.3%。丹麦的劳动力市场改革是成功的,其改革的主要成效是构建了灵活劳动力市场、慷慨福利制度与积极劳动力市场政策相结合的灵活就业模式。

灵活的劳动力市场。丹麦的解雇保护指数在欧洲大陆国家是很低的,与奉行"自由市场主义"的英国和美国接近。丹麦的劳动力市场制度与规则由雇主联合会与工会联合会谈判达成,政府不干预,谈判双方的力量相差不大,因此很多制度是通过集体协议确定下来的。

慷慨的福利制度。灵活的劳动力市场是有慷慨的福利制度支撑的。丹麦工人的安全感很强,这主要是因为工人失业后可以得到较高水平且全面的社会保障,而且政府承担是福利制度的最终责任人。丹麦的失业保险金替代率最高可到 90%,待遇期限最长可达 4 年,且获得失业保险待遇没有等待期。欧洲统计局进行的一项关于贫困风险的统计表明,2001 年,在社会转移支付之前,丹麦的贫困风险指数是 29%,与其他发达国家相比是比较高的;但在转移支付之后,丹麦的这一风险指数降到了 10%,低于欧洲大多数国家。

积极劳动力市场政策。1994 年以前的制度规定,经过重新资格审查后,一些符合资格的失业者可以继续领取失业保险金。因此,从某种意义上说,1994 年之前丹麦的失业保险金是没有期限的。 从 1994 年开始,丹麦采取积极的劳动力市场政策，改变了以前失业者被动依赖失业保险的状况，提出权利和义务相平衡的原则，激活失业者的政策成为积极的劳动力市场政策的重要组成部分。丹麦对失业者的激活政策主要体现在缩短领取失业保险金的"被动期"（无须参加积极劳动力市场计划便可领取失业保险金的时期），延长失业者的"激活期"（必须参加积极劳动力市场计划方可领取失业保险金的时期）。1994 年以后的政策进一步规定，在结束一段"被动期"后，所有的失业者都必须参加激活计划；到 2003 年，丹麦政府取消了领取失业保险金的"被动期"，规定从失业第一天起所有失业者都必须参加激活计划。为了配合积极劳动力市场政策，丹麦政府花费大量公共资金。2004 年，丹麦用于积极劳动力市场政策的支出占 GDP 的比重是 1.83%，而同期的瑞典是 1.24%，德国是 1.14%，法国是 0.97%，"自由主义"市场经济国家的支出更低，英国是 0.52%，美国只有 0.16%。

资料来源：张然. 欧盟灵活保障就业政策研究 [D]. 上海：华东师范大学博士学位论文，2008.

德国：德国历届政府将充分就业作为主要的执政目标之一。1984 年德国出台政策，为提前退出劳动力市场的大龄失业者提供收入补偿，向 58 岁及以上失业者提供年金津贴，将大龄失业者的待遇期限由一年延长至三年，试图以减少劳动供给（从而降低失业率）来换取政治上的稳定。但是，这些措施却在一定程度上助长了长期失业。到 20 世纪 80 年代后半期，德国开始对那些在低收入工作岗位上实现再就业的长期失业者提供收入津贴，鼓励长期失业者接受较低工资的就业机会。1998 年红—绿联盟上台后，德国开始实施积极劳动力市场政策，具体措施包括：为青年失业者实施岗位创造和职业培训计划；实施"工作激励法案"，为雇员职业培训提供工资津贴，向雇用毕业生和青年失业者的雇主提供补贴。2005 年 1 月出台的"哈茨法案Ⅵ"规定将失业待遇期限由 32 个月缩至 18 个月[1]。

---

[1] Werner Eichhorst, Maria Grienberger-Zingerle, Regina Konle-Seidl. Activation Policies in Germany: From Status Protection to Basic Income Support [C]. IZA Discussion Paper, 2006: 12.

日本：日本除征收失业保险费以外还单独征收促进就业费，促进就业费用于以下项目：一是对不景气而被迫缩小经营规模的企业给予为期一年的工资补贴，以便安置企业内部富余人员；二是对转产、重组企业提供一次性就业稳定特别补贴；三是对在就业特别困难地区开办的企业给予奖励性补贴；四是对创造出大规模就业岗位的企业给予岗位开发补贴；五是向企业、在职员工和失业者个人直接提供培训补贴。提前就业或在失业期内从事临时性工作的失业者，可以得到失业保险金的额外补助。日本规定，失业保险金支付期限为 300 天；如果失业者在领取待遇期限还剩 200～300 天之内实现重新就业，可以领取 120 天的再就业补助金；如果待遇剩余期限在 150～200 天内，可领取 70 天的再就业补助金；如果失业者在其失业津贴领取期结束前 100 天或还剩一半的时间就找到持续一年以上的工作，则可领取 30～120 天的再就业补助金[①]。

三、公共支出

从表 12-1 可以看出，在 2008 年金融危机之前，OECD 国家的积极劳动力市场政策的公共支出保持不变或有所下降（比利时和奥地利略有上升），丹麦、荷兰、比利时和瑞典等国积极劳动力市场政策支出明显较其他国家高，这主要是因为从 20 世纪 70 年代石油危机之后，这几个国家劳动力市场政策做出了重大调整，打破"僵化"的市场环境、引入"灵活保障"的就业政策。

表 12-1　危机前（2003～2007 年）OECD 各国积极劳动力市场政策公共支出占 GDP 比重

单位：%

国家	2003 年	2004 年	2005 年	2006 年	2007 年	国家	2003 年	2004 年	2005 年	2006 年	2007 年
澳大利亚	0.4	0.4	0.4	0.3	0.3	韩国	0.1	0.1	0.1	0.1	0.1
奥地利	0.6	0.6	0.6	0.7	0.7	卢森堡	0.4	0.5	0.5	0.5	0.5
比利时	1.1	1.0	1.1	1.1	1.2	墨西哥	0.0	0.0	0.0	0.0	0.0
加拿大	0.4	0.4	0.3	0.3	0.3	荷兰	1.5	1.4	1.3	1.2	1.1
智利	—	0.2	0.2	0.2	0.2	新西兰	0.4	0.4	0.4	0.4	0.4
捷克	0.2	0.2	0.3	0.3	0.3	挪威	0.8	0.8	0.7	0.6	0.6
丹麦	1.8	1.7	1.6	1.5	1.3	波兰	0.4	0.4	0.4	0.5	0.5

---

① 马永堂. 从保障生活到促进就业——国外失业保险制度改革综述［J］. 中国劳动保障，2007（1）：54-55.

续表

国家	2003 年	2004 年	2005 年	2006 年	2007 年	国家	2003 年	2004 年	2005 年	2006 年	2007 年
爱沙尼亚	0.1	0.1	0.1	0.1	0.1	葡萄牙	0.6	0.7	0.7	0.6	0.5
芬兰	0.9	1.0	0.9	0.9	0.9	斯洛伐克	0.3	0.2	0.3	0.3	0.2
法国	1.1	1.0	0.9	0.9	0.9	斯洛文尼亚		0.2	0.3	0.3	0.2
德国	1.2	1.1	0.9	0.9	0.7	西班牙	0.7	0.8	0.8	0.8	0.8
希腊	—	—	—	—	—	瑞典	1.1	1.1	1.2	1.2	1.0
匈牙利	—	0.3	0.3	0.3	0.3	瑞士	0.7	0.8	0.7	0.7	0.6
冰岛	—	—	—	—	—	土耳其					
爱尔兰	0.7	0.7	0.6	0.6	0.6	英国	0.4	0.5	0.4	0.3	0.3
以色列	—	—	0.2	0.2	0.2	美国	—	0.1	0.1	0.1	0.1
意大利	—	0.6	0.6	0.5	0.5	OECD 总计	0.6	0.6	0.6	0.5	0.5
日本	0.2	0.2	0.2	0.2	0.2	—	—	—	—	—	—

资料来源：Labour Market Programmes：Expenditure and Participants，OECD Employment and Labour Market Statistics（database），doi：10.1787/lmpxp-table-2012-1-en。

　　相对于 OECD 国家，拉美国家在劳动力市场中的投入较少。20 世纪 90 年代中期，OECD 国家投入培训的资金平均为 GDP 的 0.38%，投入到公共岗位和就业补贴的占 GDP 的 0.34%，失业保险计划支出占 GDP 的 2.4%，而拉美国家（包括阿根廷、巴西、智利、哥斯达黎加、牙买加、墨西哥和秘鲁）这三项占比分别只有 0.19%、0.22% 和 0.46%[①]。越来越多的拉美国家认识到，非正规就业规模庞大与严格的就业保护制度（解雇金制度）日益冲突，劳动力市场灵活度不够、就业安全性不高，劳动力市场僵化问题严重。因此，从 20 世纪末开始，拉美一些规模较大的经济体（哥伦比亚、智利等）纷纷改革，引入失业保险储蓄账户制度，放松就业保护，增进劳动力市场的灵活性。

第二节　2008 年金融危机期间及后危机时期

　　2008 年全球金融危机推动欧洲的失业率再度攀升。2008 ~ 2010 年，欧盟

---

　　① Milan Vodopivec，Dhushyanth Raju. Income Support Systems for the Unemployed：Issues and Options [C]．Washington，D. C.：World Bank，2002：78.

27 国平均失业率由 7.1% 上升至 9.7%，最低的奥地利，失业率为 4.4%，最高的西班牙，失业率高达 20.1%。OECD 国家中，澳大利亚、奥地利、日本、韩国、卢森堡、挪威和瑞士七国的失业率保持在 3.5%~5.5%，而爱沙尼亚、希腊、爱尔兰、葡萄牙、斯洛伐克和西班牙在 2011 年 7 月的失业率达到两位数，美国的失业率也一直维持在 9% 以上。2011 年初，一些国家经济开始复苏，失业率有所下降，但总体上下降幅度不大。2011 年 7 月，OECD 国家的平均失业率仅比 2009 年 10 月的 8.8% 下降了 0.6 个百分点，但仍有 4450 万人失业，失业人数比危机前多 1340 万人。年轻人（15~24 岁）失业率更高。2011 年第一季度 OECD 年轻人失业率达到 17.3%，相比而言，25 岁及以上的成年人的失业率是 7%。15~24 岁的失业者属于 NEET 群体（Neither in Employment nor in Education or Training），即未就业、未就学、未接受培训的群体，失业风险大，就业能力低，在危机时期受创最严重。2010 年第四季度这个群体占 30 个 OECD 国家 15~24 岁人口的 12.6%，比 2008 的 10.6% 高出 2 个百分点①。

面对高居不下的失业率，OECD 国家再次重新审视失业保险制度，并采取一些应对危机的、临时性的对策。

一、提高失业保险慷慨度

大多数国家通过增加失业保险金来缓冲经济危机对失业者及其家庭的冲击。在 2008 年金融危机中，OECD 新增财政支出中的 40% 用于失业者的收入支持。爱尔兰、西班牙和美国的失业最严重，因而政府新增支出也最多。但在应对长期失业问题上，大部分 OECD 国家并不首先提高失业保险金，而是采取延长失业待遇期限或者扩大失业保险金覆盖面的方法（如将失业的年轻人或临时工作失业者纳入；OECD 国家新增失业者中的 60% 成为新增的失业保险金领取者②）。对比 2007 年和 2009 年大部分 OECD 国家失业保险金净替代率（失业时的可支配收入加上失业保险金再除以全职工人社会平均工资得到的比率），显示失业保险金并没有显著提高，而失业待遇期限却显著延长了，例如，美国的最长失业待遇期限延长了四倍。在此次危机中，美国失业保险覆盖面和待遇期限延长程度超过以往的衰退时期的水平，失业待遇期限由 2007 年 26 周延长至

---

① OECD. OECD Employment Outlook 2011 ［M］. Paris：OECD，2011：12.
② OECD. OECD Employment Outlook 2011 ［M］. Paris：OECD，2011：16.

2009 年最长的 99 周，具体依各州情况而定①。失业待遇期限延长，鼓动很多人放弃求职努力，加上失业保险金略有提高，致使危机时期美国领取失业保险金的人数大增。

瑞典财政政策理事会（Swedish Fiscal Policy Council）提出一项建议，将失业保险金水平与当前失业率挂钩。如果当前失业率比过去两年的平均失业率高1.5%，失业保险金便自动高于正常水平；如果当前失业率比过去两年平均失业率低 1.5%，则失业保险金自动低于正常水平。这样，失业增加的时期待遇水平提高，失业减少的时期待遇水平自动降低②。

尽管大多数国家在危机时期都采取了积极劳动力市场政策来鼓励就业，但劳动力市场政策仍以失业者生活保障为主。欧盟 27 国的劳动力市场总支出占GDP 的比重由 1.6%上升至 2.17%，上升 0.57 个百分点，其中失业保险金支出占 GDP 的比重由 2007 年的 0.87%快速升至 2009 年的 1.32%，增长了 0.45 个百分点，而积极劳动力市场政策支出占 GDP 的比重变化并不大，仅上升 0.12个百分点③。可以看出，此次危机中大多数发达经济国家还是将对失业者的收入支持作为应对危机影响的主要"缓冲器"（见表 12-2）。

表 12-2　2008 年金融危机后欧洲主要国家失业保险政策的调整

国家	改革措施
提高失业保险慷慨度（提高待遇水平或延长待遇期限）	
斯洛文尼亚	颁布了新的劳动力市场法规，提高失业保险的慷慨度。2011 年引入新的"劳动力市场规则法案"（Labour Market Regulation Act，LMRA），规定在失业前 24 个月内有 9 个月工作即可领取待遇（在此之前的规定是失业前 18 个月至少工作 12 个月），许多工作期限短的年轻人和固定期限合同受雇者因此获得了领取待遇的资格。该法案提高了失业保险金的上下限。提高了失业 3 个月内的待遇水平（由平均工资 70%提高至 80%），平均工资的计算公式也改变了，除数由 12 改为 8
拉脱维亚	2009 年 6 月至 2011 年底将失业待遇期限由原来的 4~9 个月（根据就业时间长短）改为所有待遇领取者均为 9 个月

①　OECD. OECD Employment Outlook 2011 ［M］. Paris：OECD，2011：39.

②　European Commission. European Employment Observatory Review：Adapting Unemployment Benefit Systems to the Economic Cycle ［Z］. Brussels：EU，2011：33.

③　European Commission. European Employment Observatory Review：Adapting Unemployment Benefit Systems to the Economic Cycle ［Z］. Brussels：EU，2011：5-6.

续表

国家	改革措施
冰岛	将 2008 年 5 月 1 日以后失业保险金最长期限由 3 年延长至 4 年，在 2009 年 1 月和 2011 年 6 月两次提高失业保险金，如果待遇低于一定水平（301 欧元），从 2010 年开始还可以领取圣诞节津贴（382 欧元）
罗马尼亚	从 2009 年 3 月开始将失业待遇期限延长 3 个月，最短期限和最长期限由原来的 6 个月和 12 个月延长至 9 个月和 15 个月
爱沙尼亚	2009 年 7 月颁布新的就业合同法，规定自 2013 年开始，将失业后 100 天内的待遇替代率由 50% 提高至 70%，超过 100 天的失业保险金替代率由 40% 提高至 50%，并规定待遇水平不低于月最低工资的 50%
捷克	2009 年 1 月起提高失业保险金替代率，将失业后 2 个月内及超过 2 个月的失业保险金替代率由原来的 50% 和 45% 改为失业后 2 个月内为 65%、第 2~4 个月为 50%、4 个月以上为 45%，但同时缩短了失业待遇期限
智利[a]	2009 年的一项改革规定，当失业率超过过去 4 年的平均水平时，可以启动增加两项额外支付
缩短待遇期限	
塞尔维亚	将最长待遇期限由 18 个月缩短至 12 个月
爱尔兰	在 2008 年 10 月将最长待遇期限由 12~15 个月缩短至 9~12 个月（根据缴费年限），18 岁以下年轻人失业保险金最长期限更是降至 6 个月。不仅如此，爱尔兰还将每周失业保险金由 204 欧元降至 188 欧元。这些举措减轻了政府的财政压力，2009 年度爱尔兰的财政支出减少了 4%
降低待遇	
立陶宛	从 2009 年 1 月开始降低失业保险金，由原来的 302 欧元降至 188 元，这一状况一直延续至 2011 年底，大批失业者及其家庭因此陷入经济困境，导致领取社会救助的人数激增了 1 倍
克罗地亚	2010 年将失业保险金计发基础由最低工资改为平均工资，失业 90 天内的失业保险金为平均工资的 70%（之前是最低工资的 80%），失业 90 天以上的失业保险金为平均工资的 35%（之前是最低工资的 60%），这种调整使总体失业保险金水平有所降低，但低收入失业者的失业保险金提高了
波兰	自 2010 年 1 月起将待遇不变改为失业 3 个月后待遇水平降低 20%
捷克	提高失业保险金的同时，将待遇期限由原来的 6 个月缩短为 5 个月（50 岁以上的失业者可以延长 3~6 个月）

国家	改革措施
保障特殊群体	
西班牙	在 2011 年实施了一项临时性政策,将领取失业保险金与参加激活失业项目结合起来,将自雇就业者纳入到失业保险待遇覆盖范围内。西班牙的临时政策重点指向特定的弱势群体:年轻人、超过 45 岁的长期失业者以及建筑业等部门的低技能群体,如果失业者要领取每月 400 欧元、最长 6 个月的失业保险金,就必须加入到激活计划中
比利时	2010 年 1 月实施的"双赢"(Win-Win)计划,关注重点是 26 岁以下年轻人、50 以上的大龄工人和失业 1 年以上且在 2010~2011 年求职的长期失业者
卢森堡	2009 年引入短时工作计划,由"全国就业基金"(National Employment Fund)向从事短时工作的求职者提供相当于失业保险金 80%(有子女者为 85%)至 90%(参加培训的求职者)的津贴
意大利	向部分工作或临时停止工作的工人提供部分失业保险金,2009 年和 2010 年分别有 36.2 万和 36.8 万人享受这一待遇。如果这些人失业,2010 年意大利的失业率会达到 9.7%,而不是 8.4%
芬兰	在 2009 年 1 月实施的"社会工资协议"(Social Wage Agreement)中规定,将激活计划扩大到临时裁员的失业者,这些人可以在失业期间接受培训,长期失业者还可以得到津贴用于接受继续教育
葡萄牙	为长期失业者提供一项名为"失业社会津贴"(Unemployment Social Allowance,USA)的待遇,2009 年 3 月将这一临时津贴的支付期限延长 6 个月,2009 年 6 月和 2010 年 3 月相继再延长 6 个月,但随着期限的延长待遇水平有所下降
巴西	2008 年 12 月至 2009 年 1 月失业最严重的矿产、钢铁行业的被解雇员工可以延长支付 2 个月失业保险金
改变待遇资格条件	
瑞典	在 2009 年降低了参保缴费的最低年限,由原来的 1 年临时降至 6 个月,取消了领取待遇之前须有工作经历的要求,将更多的失业者和应届毕业生纳入到待遇发放范围中
拉脱维亚	从 2009 年 6 月开始,拉脱维亚最低参保缴费的期限由原来的 12 个月降至 9 个月
斯洛伐克	规定雇员照顾 3 岁以下幼儿的离岗时间应计入失业保险缴费时间
保加利亚	从 2011 年开始要求所有申请领取失业保险金者均须在欧盟的"就业机构"(Employment Agency)登记注册,在欧盟成员国间流动其失业保险待遇可以随之迁移,这一规定有利于激励失业者积极求职

国家	改革措施
	短时工作的失业保障
德国	从 2008 年开始实行短时工作（Short-Time work）计划，如果雇员收入减少 10%以上即可申请加入该项计划。短时工作 6 个月后则由失业保险承担个人的社会保险缴费，接受培训的短时工作者在前 6 个月享受此待遇。短时工作的最长期限由 6 个月延长至 24 个月（2009 年），2010 年减至 12 个月
法国	2009 年 5 月，法国实施一项名为"长期的短时工作"（Short-Time Working of Long Duration），规定达不到法定工作时间的工人可以得到相当于工资 75%的补偿，资金来源于财政，为此雇主须保留相当于短时工作 2 倍时间的就业，并且须面对面地对每一位员工进行技能评估，以确定其接受培训的可能性
斯洛文尼亚	一些失业者在领取待遇期限获得部分时间工作，可以保留一定比例的失业保险金。该法案引入了一些新的积极劳动力市场政策措施，例如"轮流工作"（Job Rotation）和"分享工作"（Job Sharing）
荷兰	2008 年 10 月引入部分时间失业保险金计划，雇主和雇员之间达成协议，将工作时间缩短 20%~50%。雇主和雇员的责任期分别为 26 周（雇主须保留岗位至少 26 周）和 13 周（雇员须按规定时间工作至少 13 周），雇主须向雇员提供培训以增强其就业能力。如果符合条件，公共就业服务机构向雇员提供补贴以弥补因工时减少而造成收入的损失。前 2 个月按照日工资的 75%补助，以后按 70%。直到 2010 年 7 月，参加过部分时间失业保险金计划中约 90%的雇员保住了工作。经济复苏后参加这一计划的人数开始减少，2010 年 12 月约 8500 人，到 2011 年 2 月减至 6000 人
克罗地亚	因采取短时工作措施时经济已经陷入萧条，财政压力达到已经难以分身给失业者，平均每个受益人只得到 137 欧元，津贴水平不高，短时工作计划降低失业率的效果不明显
冰岛	2008 年 11 月修订《失业保险法》，规定失业保险金可以用于补偿因工作时间缩短带来的收入损失，那些经营受影响或者临时歇业的自雇就业者也可享受这一待遇
比利时	2009 年 6 月临时失业计划扩展到在危机中受影响的白领雇员。所有工人的临时失业保险金水平都提高了，从工资的 60%提升至 75%
挪威	2009 年 2 月起，雇主可以在 18 个月内临时解雇雇员 52 周（之前的规定使 30 周）；2009 年 4 月起临时裁员的企业支付失业保险的期限由 10 天降为 5 天；2009 年 7 月起临时解雇 5 天后即可申领失业保险金

国家	改革措施
阿根廷	2009 年期间阿根廷的失业保险受益率变化不明显，主要是因为非缴费计划（如培训、就业保险计划）的扩面和通过"生产恢复计划"（REPRO – Programa de Recuperación Productivo）的津贴实施工作保留计划，鼓励企业减少裁员
提供雇用津贴[b]	
比利时	在 2008~2009 年衰退期采用边际雇用津贴（Marginal Hiring Subsidies），新增雇用的第一个工人减免社会保障缴费额度最高，以后依次递减
芬兰	2007~2011 年对就业形势严峻或者因工厂倒闭大规模失业的地区实施边际雇用津贴。津贴额度相当于工资的 30%（第一年）和 15%（第二年），要求接受津贴的工作岗位须签订永久性合同并工作时间为每周至少 25 小时
葡萄牙	在 2009~2010 年引入一项临时项目"就业行动计划"（Programa Iniciativa Emprego），对雇用长期失业者（注册公共就业服务 6 个月以上）或年轻人（不超过 35 岁的第一次寻找工作者）的雇主免去前 3 年的社保缴费（或在前 2 年给予 2500 欧元的雇用津贴），要求雇主至少雇用 3 年，足额纳税，且无拖欠工资
爱尔兰	实施"雇主工作刺激计划"（Employer Jobs（PRSI）Incentive Scheme），对新增雇用失业 6 个月以上的雇主免去 1 年社保缴费，新工作要求至少 6 个月，否则撤回津贴
匈牙利	免除雇用集体裁员失业者的小企业和非政府组织 1 年社保缴费，要求被雇用的失业人员已经登记求职至少 3 个月或过去 1 年未被雇用。企业的雇用期限不得少于津贴期限的 2 倍
土耳其	对在 2008 年 7 月之前或 2008 年 12 月到 2009 年 1 月雇用失业 6 个月以上的女性或 18~29 岁年轻人的雇主免去前 5 年的社保缴费。要求享受免缴的企业雇用总数不到少于过去 12 个月的平均员工数，也就是不能雇用新人的同时解雇旧人
乌拉圭	广泛使用"工人留职"（Worker Suspension）计划，企业遇到困难但不解除劳动关系的这部分员工可以领取最长 6 个月的失业保险金
其他措施	
英国	2009 年 4 月英国政府拨付 14 亿欧元，在就业服务机构增加招募 4000 名，使总人数上升至 15000 人
土耳其	2010 年启用应急池资金以减轻社会保险缴费负担，涉及私人部门 20 万人；两次推延缴费时限

国家	改革措施
拉脱维亚	2009年9月引入"固定津贴工作"（Work with a Stipend）计划，面向不再领取失业保险金但接受市政府安排的社区工作的人，如果全职从事社区工作即可以得到每月114欧元的津贴，但要求每年工作时间不少于2周，最长工作时间不超过6个月。2009年9月至2011年4月共有9.1万人参加者这一计划。有94%的人认为这项计划为其在危机时期提供了重要的收入支持。这项计划减轻了政府的失业保险负担，而且有利于提高失业者的就业技能，50%的人求职愿望提高了，27%的人就业能力增强了
保加利亚	2010年引入按日支付失业保险金，待遇标准为日工资的60%，替代原来的按月支付失业保险金的做法，这样有利于增进就业灵活性

注：a表示表中拉丁美洲国家的资料整理于 Mario Velásquez. Unemployment Insurance：What to Do During Growth? ILO Notes on the Crisis ［Z］.2010：3. b表示表中"提供雇用津贴"一栏整理于 OECD Employment Outlook 2010：Moving Beyond the Jobs Crisis ［Z］.2010：81.

资料来源：European Commission. European Employment Observatory Review：Adapting Unemployment Benefit Systems to the Economic Cycle ［Z］. Brussels：EU，2011：18-29.

经济危机时期很多失业保险政策的调整（例如，延长失业待遇期限、提高失业保险金水平、降低失业保险缴费率等）都是临时性的。例如，保加利亚在2007~2010年实施长期失业保险金，受益人数曾一度达到全部失业者的46.4%，加重了失业基金的支付压力，2011年起保加利亚停止了长期失业保险金的给付①。丹麦自2010年开始缩短待遇期限，将最长待遇期限由四年降至两年；荷兰从2011年开始收紧失业保险待遇资格条件②。

二、加强实施积极劳动力市场政策

随着经济的复苏，各国的失业保险政策重心发生转移。2011年1月，欧洲委员会发布第一份"年度增长调查"（Annual Growth Survey，AGS），列出了欧洲经济应对挑战的十大举措，其中关于失业保险制度的重点是加强就业激励。

---

① European Commission. European Employment Observatory Review：Adapting Unemployment Benefit Systems to the Economic Cycle ［Z］. Rrussels：EU，2011：28.

② ILO. Global Employment Trends 2012：Preventing a Deeper Jobs Crisis ［R］. Geneva：ILO，2012：17-18.

在第六项举措"让失业者返回工作岗位"中提出，要设计激活失业者重返工作或者自主创业的失业保险制度。该报告中要为重返工作提供正确的激励，将失业保险制度的公平与效率结合起来，在为失业者提供必要生活保障的基础上，应当增强待遇给付的灵活性，并根据经济周期性波动及时调整。为了增强劳动力市场灵活性，该报告建议设计适当的社会保障制度以迎合劳动力市场转型的需要，保险体系应当能够提供适当的收入支持以减缓贫困。除了收入支持以外，在危机时期还应采取激活措施和积极劳动力市场政策，避免待遇领取者产生"福利依赖"。

在欧洲，比利时、希腊、法国、拉脱维亚、卢森堡、匈牙利、葡萄牙、斯洛伐克、马其顿（现已更名为"北马其顿共和国"）和挪威纷纷加强了积极劳动力市场政策和劳动力激活措施。例如，拉脱维亚的"国家改革计划"（National Reform Programme，NRP）提出在 2011～2013 年加强积极劳动力市场政策，改善对失业者培训的质量。葡萄牙 2010 年 12 月启动"竞争力与就业"（Competitiveness and Employment）计划，在 2011 年推行积极就业政策以增进失业者和年轻求职者的就业能力。匈牙利在 2012 年初引入"匈牙利人工作计划"（Hungarian Work Plan，HWP），规定无论教育水平如何，失业者在领取失业保险金之前都必须接受就业部门提供的公共岗位，失业待遇期限被大大缩短[①]。

专栏 12-2　瑞典的失业特征与劳动力市场政策

下面有关瑞典的研究告诉我们：如果失业者面临的主要问题是流动性约束，则需要公共保险；但如果因技能不足导致失业，积极劳动力市场政策是最优选择。

从表 12-3 中可以看出，20 世纪 90 年代，瑞典经济衰退时期就业率高于经济繁荣期，这是因为当时工业部门扩张，许多人在衰退期时能够转向工业部门就业。然而到了 21 世纪，情况正好相反，繁荣时期大量的人在工业部门就业，就业率高于衰退期。总体上看，衰退期就业率未必低，而繁荣期就业率也未必高。因此，很难说就业率的变化是经济波动还是结构调整引起的。

---

① European Commission. European Employment Observatory Review: Adapting Unemployment Benefit Systems to the Economic Cycle [Z] . Brussels: EU, 2011: 30.

表 12-3　瑞典在两个经济周期的就业率

	20 世纪 90 年代	21 世纪之初
繁荣期就业率（%）	40.6（1990 年 2 月）	75.5（2000 年 9 月）
衰退期就业率（%）	50.8（1993 年 4 月）	32.7（2003 年 2 月）

资料来源：Anders Forslund, Peter Fredriksson, Johan Vikström. What Active Labor Market Policy Works in a Recession? ［Z］. IFAU WORKING PAPER, 2011.

　　从图 12-1 中可以看出，衰退期瑞典的失业者数量从高工资者向低工资者大幅度下滑。不过，不同性别在经济周期失业分布的特征不一样。衰退期中男性失业的高工资者多于低工资者，尤其是 45~54 岁的大龄工人；然而繁荣期男性失业者的低工资者多于高工资者，尤其是 40~44 岁年龄段工人。女性失业者这一分布特征不是很明显，有可能因为女性在公共部门的就业比例更高。

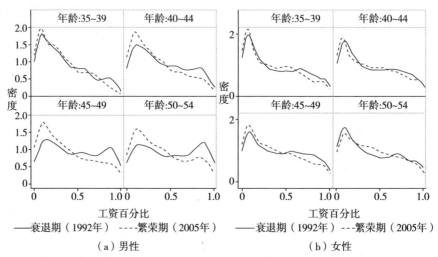

图 12-1　瑞典衰退期（1992 年）和繁荣期（2005 年）不同年龄段、
不同工资等级失业者分布

资料来源：Anders Forslund, Peter Fredriksson, Johan Vikström. What Active Labor Market Policy Works in a Recession? ［Z］. IFAU WORKING PAPER, 2011.

此研究方法和过程如下：

注：考察 1992 年经济衰退和 2005 年经济繁荣两个时间节点；选取 1991 年就业但在 1992 年失业的人及工资、2004 年就业但在 2005 年失业的人及工资。图中横轴是工资的等级，0 代表工资最低，1 代表工资最高；纵轴代表该年龄段失业者占全部年龄段失业者的比例。图中虚线代表繁荣期，实线代表衰退期。

因此，瑞典应对衰退期的高工资失业者采取消极的收入补偿，即采用失业保险保障基本生活；对于繁荣期的低工资失业者采取积极的劳动力市场政策，则应提高其就业能力以适应经济结构变化。

启示：积极劳动力市场政策旨在提高就业能力，主要应对技术变化和产业调整带来的结构性失业；失业保险制度则应对经济波动对收入的侵蚀，保障基本生活以维持劳动能力，待经济形势好转后重新就业。

资料来源：Anders Forslund, Peter Fredriksson, Johan Vikström. What active labor market policy works in a recession? ［Z］. IFAU Working Paper, 2011.

2008 年经济危机后，欧洲国家对劳动力市场的改革重点在激活失业者等积极劳动力市场政策上。图 12-2 是在各项劳动力市场政策上进行改革的欧洲国家数（除爱尔兰、希腊和葡萄牙以外）。可以看出，积极劳动力市场政策和培训是后危机时期劳动力市场政策调整的方向。

表 12-4 是 2003~2010 年 OECD 国家积极劳动力市场政策公共支出占 GDP 的比重。可以看出，长期失业率（失业 1 年及以上工人数占全部失业者比率）与积极劳动力市场政策公共支出是正向关系。在 2008 年及 2008 年之前，各国积极劳动力市场政策公共支出占 GDP 的比重基本不变或变动幅度很小。2008 年金融危机爆发，世界经济受到重大影响。2009 年 OECD 各国长期失业率明显上升（除韩国和波兰以外，韩国降低，波兰上升幅度不大）；受长期失业率提高的影响，各国启动积极劳动力市场政策，其支出占 GDP 比重随之提高（斯洛伐克、捷克、意大利、以色列、瑞典、美国、新西兰等国这一比例没有变化），德国、匈牙利、爱尔兰、葡萄牙、日本、奥地利、丹麦和韩国分别上升 2~3 个百分点。但是从次年及以后年份的长期失业率变动情况来看，2009 年积

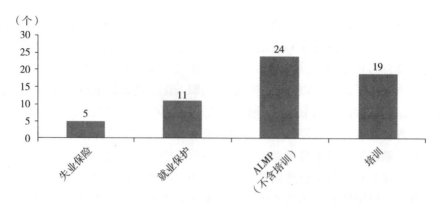

图 12-2　2008 年经济危机后对劳动力市场政策进行改革的欧洲国家数

资料来源：European Commission. Labour Market Developments in Europe［Z］. Brussels：EU，2011：36.

极劳动力市场政策公共支出的增加，在随后的两年内并没有明显逆转长期失业率上升的趋势，丹麦、美国、加拿大、挪威等国长期失业率有所下降，更多地与该国经济形势好转有关联。

表 12-4　OECD 各国积极劳动力市场政策公共支出占 GDP 比重与长期失业率

		2003 年	2004 年	2005 年	2006 年	2007 年	2008 年	2009 年	2010 年	2011 年
斯洛伐克	A	0.3	0.2	0.3	0.3	0.2	0.3	0.3	0.3	—
（%）	B	60.6	68.1	73.1	70.8	66.0	50.9	59.3	63.9	60.6
希腊	A	—	—	—	—	—	—	—	—	—
（%）	B	53.1	52.1	54.3	50.0	47.5	40.8	45.0	49.6	53.1
爱沙尼亚	A	0.1	0.1	0.1	0.1	0.1	0.1	0.2	0.2	—
（%）	B	52.2	53.4	48.2	49.5	30.9	27.4	45.4	56.8	52.2
捷克	A	0.2	0.2	0.3	0.3	0.3	0.3	0.3	0.3	—
（%）	B	51.8	53.6	55.2	53.4	50.2	31.6	43.3	41.6	51.8
德国	A	1.2	1.1	0.9	0.9	0.7	0.8	1.0	0.9	—
（%）	B	51.8	53.0	56.4	56.6	52.5	45.5	47.4	48.0	51.8
斯洛文尼亚	A	—	0.2	0.3	0.3	0.2	0.2	0.3	0.5	—
（%）	B	51.5	47.3	49.3	45.7	42.2	30.1	43.3	44.2	51.5
意大利	A	—	0.6	0.6	0.5	0.5	0.5	0.5	0.5	—
（%）	B	49.2	49.9	49.6	47.3	45.7	44.4	48.5	51.9	49.2

		2003 年	2004 年	2005 年	2006 年	2007 年	2008 年	2009 年	2010 年	2011 年
比利时	A	1.1	1.0	1.1	1.1	1.2	1.3	1.4	1.5	—
(%)	B	49.0	51.7	51.2	50.4	47.6	44.2	48.8	48.3	49.0
波兰	A	0.4	0.4	0.4	0.5	0.5	0.6	0.6	0.7	—
(%)	B	47.9	52.2	50.4	45.9	29.0	25.2	25.5	31.6	47.9
匈牙利	A	—	0.3	0.3	0.3	0.3	0.3	0.5	0.6	—
(%)	B	45.1	46.1	46.1	47.5	47.6	42.6	50.6	49.1	45.1
葡萄牙	A	0.6	0.7	0.7	0.6	0.5	0.6	0.8	0.7	—
(%)	B	44.3	48.2	50.2	47.1	47.4	44.1	52.3	48.2	44.3
法国	A	1.1	1.0	0.9	0.9	0.9	0.9	1.0	1.1	—
(%)	B	40.6	41.0	41.9	40.2	37.4	35.2	40.2	41.4	40.6
土耳其	A	—	—	—	—	—	—	—	—	—
(%)	B	39.2	39.4	35.7	30.3	26.9	25.3	28.6	26.5	39.2
爱尔兰	A	0.7	0.7	0.6	0.6	0.6	0.7	0.9	1.0	—
(%)	B	34.9	33.4	31.6	29.5	27.1	29.2	49.3	59.4	34.9
荷兰	A	1.5	1.4	1.3	1.2	1.1	1.1	1.2	1.2	—
(%)	B	34.2	40.2	43.0	39.4	34.4	24.8	27.6	33.6	34.2
日本	A	0.2	0.2	0.2	0.2	0.2	0.2	0.4	0.3	—
(%)	B	33.7	33.3	33.0	32.0	33.3	28.5	37.6	39.4	33.7
瑞士	A	0.7	0.8	0.7	0.7	0.6	—	—	—	—
(%)	B	33.5	39.0	39.1	40.8	34.3	30.1	33.1	38.8	33.5
西班牙	A	0.7	0.8	0.8	0.8	0.8	0.8	0.9	0.9	—
(%)	B	32.0	24.5	21.7	20.4	17.9	23.7	36.6	41.6	32.0
OECD	A	0.6	0.6	0.6	0.5	0.5	0.5	0.6	0.7	—
(%)	B	31.3	32.0	31.4	28.6	25.0	23.7	31.6	33.6	31.3
奥地利	A	0.6	0.6	0.6	0.7	0.7	0.7	0.7	0.8	—
(%)	B	27.6	25.3	27.3	26.8	24.2	21.3	25.2	25.9	27.6
以色列	A	—	—	0.2	0.2	0.2	0.2	0.2	0.2	—
(%)	B	24.2	25.3	27.3	24.9	22.7	20.3	22.4	20.2	24.2
芬兰	A	0.9	1.0	0.9	0.9	0.9	0.8	0.9	1.0	—
(%)	B	23.4	24.9	24.8	23.0	18.2	16.6	23.6	22.6	23.4

		2003 年	2004 年	2005 年	2006 年	2007 年	2008 年	2009 年	2010 年	2011 年
丹麦	A	1.8	1.7	1.6	1.5	1.3	1.3	1.6	1.9	—
(%)	B	21.5	23.4	20.8	16.1	13.5	9.5	20.2	24.4	21.5
卢森堡	A	0.4	0.5	0.5	0.5	0.5	0.4	0.5	0.5	—
(%)	B	21.0	26.4	29.5	28.7	32.4	23.1	29.3	28.8	21.0
英国	A	0.4	0.5	0.4	0.3	0.3	0.3	0.4	—	—
(%)	B	20.6	21.0	22.3	23.7	24.1	24.5	32.6	33.4	20.6
澳大利亚	A	0.4	0.4	0.4	0.3	0.3	0.3	0.3	0.3	—
(%)	B	20.6	18.3	18.1	15.4	14.9	14.7	18.5	20.6	18.9
瑞典	A	1.1	1.1	1.2	1.2	1.0	0.9	0.9	1.1	—
(%)	B	18.9	—	—	13.0	12.4	12.8	16.6	17.2	18.9
美国	A	0.2	0.1	0.1	0.1	0.1	0.2	0.2	0.1	—
(%)	B	12.7	11.8	10.0	10.0	10.6	16.3	29.0	31.3	12.7
新西兰	A	0.4	0.4	0.4	0.4	0.4	0.4	0.4	0.3	—
(%)	B	11.7	9.7	7.8	6.1	4.4	6.3	9.0	9.0	11.7
冰岛	A	—	—	—	—	—	—	—	—	—
(%)	B	11.2	13.3	7.3	8.0	4.1	6.9	21.3	27.8	11.2
加拿大	A	0.4	0.4	0.3	0.3	0.3	0.3	0.4	0.3	—
(%)	B	9.5	9.6	8.7	7.4	7.1	7.8	12.0	13.5	9.5
挪威	A	0.8	0.8	0.7	0.6	0.6	—	—	—	—
(%)	B	9.2	9.5	14.5	8.8	6.0	7.7	9.5	11.6	9.2
智利	A	—	0.2	0.2	0.2	0.2	0.2	0.3	0.4	—
(%)	B	—	—	—	—	—	—	—	—	—
墨西哥	A	0.0	0.0	0.0	0.0	0.0	0.0	0.0	0.0	—
(%)	B	1.1	2.3	2.5	2.7	1.7	1.9	2.4	2.0	1.1
韩国	A	0.1	0.1	0.1	0.1	0.1	0.3	0.6	0.4	—
(%)	B	1.1	0.8	1.1	0.6	2.7	0.5	0.3	0.4	1.1

注：A 表示积极劳动力市场政策公共支出占 GDP 的比重；B 表示长期失业率。

资料来源：Labour Market Programmes：Expenditure and Participants，OECD Employment and Labour Market Statistics（database）．doi：10. 1787/lmpxp-table-2012-1-en 和 Social Expenditure：Aggregated Data，OECD Social Expenditure Statistics（database）．doi：10. 1787/20743904-2010-table5.

三、缩短失业保险金支付期限

OECD 国家规定随着失业周期的推延，失业保险金水平将逐渐下降，削弱长期失业者对福利的过度依赖。从表 12-5 可以看出，绝大部分 OECD 国家的失业待遇期限越长，待遇水平越低（丹麦在第二年有所提高，但在第五年大幅下降；爱尔兰、新西兰、澳大利亚、英国基本没有变化）。从平均水平来看，OECD 国家第一年的失业保险金替代率在 50% 以上；到了第二年，卢森堡、斯洛伐克、波兰、捷克、意大利、日本、土耳其和韩国的替代率降到 10% 以下（土耳其降为 0，韩国和日本分别从 30.4% 和 45.5% 降至 0.6% 和 3.0%），加拿大、瑞士、斯洛文尼亚、希腊、匈牙利、爱沙尼亚、美国也有明显下降；法国、芬兰、挪威、荷兰、西班牙替代率的大幅下降开始于失业后的第三年（瑞士和美国的替代率在失业第三年降为 0）。冰岛、瑞典在第四年以及丹麦、葡萄牙在第五年明显下调替代率。可以看出，从失业第三年开始明显降低替代率的国家共占全部国家的 1/3。也就是说，超过 2/3 的 OECD 国家在经济危机时期将失业周期控制在两年之内。事实也证明了这种政策安排有利于减少长期失业。2011 年开始，OECD 中超过一半国家的失业率从峰值开始回落。加上经济刺激等政策性干预，此次经济危机的萧条期为 9 个季度，较 20 世纪 70 年代以来几次危机都短（1973 和 1990 年的走出经济萧条用了 15 个季度，1979 年开始的危机则用了 16 个季度）。

表 12-5 2009 年不同失业周期的替代率

	第一年（%）	第二年（%）	第三年（%）	第四年（%）	第五年（%）	五年平均（%）
比利时	71.2	64.6	64.6	64.6	64.6	65.9
丹麦	72.6	73.4	73.4	73.4	9.7	60.5
奥地利	61.8	58.7	58.7	58.7	58.7	59.3
爱尔兰	58.6	58.8	58.8	58.8	58.8	58.8
葡萄牙	79.3	78.9	55.7	38.9	4.7	51.5
新西兰	50.8	50.8	50.8	50.8	50.8	50.8
澳大利亚	49.1	49.1	49.1	49.1	49.1	49.1
德国	64.9	49.4	43.4	37.1	37.1	46.4

续表

	第一年（%）	第二年（%）	第三年（%）	第四年（%）	第五年（%）	五年平均（%）
法国	67.3	67.3	30.0	30.0	30.0	44.9
芬兰	60.1	57.8	32.5	32.5	32.5	43.0
冰岛	66.9	64.4	64.4	8.9	8.9	42.7
瑞典	60.9	59.7	56.5	19.4	7.7	40.9
挪威	72.9	73.9	18.1	17.5	17.5	40.0
西班牙	67.7	63.7	23.5	23.5	12.6	38.2
英国	33.0	32.6	32.6	32.6	32.6	32.7
荷兰	72.6	61.0	5.3	5.3	5.3	29.9
加拿大	61.9	15.5	15.5	15.5	15.5	24.8
卢森堡	85.1	9.3	9.3	9.3	9.3	24.5
瑞士	80.7	40.4	0.0	0.0	0.0	24.2
斯洛文尼亚	56.7	12.2	12.2	12.2	12.2	21.1
匈牙利	45.9	12.9	12.9	12.9	12.9	19.5
希腊	53.2	10.1	4.4	4.4	4.4	15.3
爱沙尼亚	49.3	13.0	4.6	4.6	4.6	15.2
波兰	44.1	7.5	7.5	7.5	7.5	14.8
斯洛伐克	37.9	9.0	9.0	9.0	9.0	14.8
捷克	29.7	8.8	8.8	8.8	8.8	13.0
美国	44.9	16.5	0.0	0.0	0.0	12.3
日本	45.5	3.0	3.0	3.0	3.0	11.5
意大利	46.7	1.6	1.6	1.6	1.6	10.6
土耳其	45.3	0.0	0.0	0.0	0.0	9.1
韩国	30.4	0.6	0.6	0.6	0.6	6.6
平均	58.6	40.4	15.5	12.9	9.3	29.9

资料来源：OECD. OECD Employment Outlook 2011 [J] . OECD, 2011, 2002 (196)：1-250.

第十三章　失业保险制度的改革方向

不同国家在选择失业保险制度模式及其改革方向时，均会受到本国劳动力市场特征、行政部门执行力以及经济运行周期的影响。

从全球失业保险制度模式选择来看，正规部门就业规模大、行政部门执行力强的国家，选择保险型的制度模式，在应对经济波动、失业率上升时多采用改变失业保险参数（如提高失业保险金水平、延长待遇期限、降低缴费率、降低资格门槛以扩大覆盖面等），政府对失业保险制度承担不可推卸的"兜底"责任。在劳动力市场制度相对落后、非正规部门就业规模较大的发展中国家，尤其是亚洲和拉丁美洲，许多国家实施较为严格的解雇金制度，在保护就业的同时却带来了"副产品"——劳动力市场的僵化。在经济全球化的浪潮中，僵化的劳动力市场必定降低一国在国际市场的竞争力。丹麦通过"正规就业灵活化"的灵活保障就业政策，成功地走出了持续高失业率的阴霾。一些拉丁美洲国家则选择便携性强的失业保险储蓄账户制度，同时放松就业保护，来增强劳动力市场的灵活性。

2008年金融危机后，年轻人失业和长期失业问题受到广泛关注。无论是实施失业保险的欧美国家，还是实施失业救助制度的澳洲国家，甚至实施储蓄账户制度的拉丁美洲国家，都不约而同地引入积极劳动力市场政策，激活失业者。在衰退期，积极劳动力市场政策与失业保险制度相容，接受工作安置和就业培训成为领取失业保险金的必要前提；在经济复苏期，积极劳动力市场政策发挥更大作用以促进就业。

"保障生活"是失业保险制度的基本功能，无论怎样的经济环境这点都是毋庸置疑的。但是，现在需要讨论的是，失业保险制度是否应该具备以及如何发挥"预防失业、促进就业"的功能？在经济波动时，失业保险如何与积极劳动力市场政策联动，推动劳动力市场就业？从各国失业保险制度运行规律来看，失业保险制度在经济周期不同阶段的重点不同，积极劳动力市场政策在经济周期的不同阶段的效果也有差别。

第一节　依据经济环境灵活调整

将现金福利、培训、提供信息和中介等就业服务以及工作保留计划等要素结合起来，不同经济时期选择不同侧重点，在保障失业者生活的同时，提高其就业和应对未来失业风险的能力。首先，为了保障失业者基本生活，需要确定合理的替代率，并根据经济波动做出及时调整。其次，通过短时工作、雇用津贴等临时性措施，预防企业在经济衰退时期大规模裁员。最后，当经济开始复苏，通过就业服务、培训计划以及求职帮助等手段，促进就业，并提高再就业的工作匹配度。

一、防止替代率过低

大部分建立失业保险制度的国家，将失业保险金与平均工资挂钩，即使以最低工资为计发基础的中东欧国家，也会对有供养负担的失业者提供额外补助。2009 年，OECD 国家第一年的失业保险金平均替代率约为 60%，最高的卢森堡超过 85%，最低的韩国也超过 30%。

二、增加失业保险制度的弹性

在经济危机时期，失业保险待遇水平、待遇期限以及缴费率应当随失业率做灵活调整。美国在 2010 年 2~12 月将新增雇用失业在两个月以上者的企业免除全部工资税[1]。大多数国家在 2007~2009 年失业保险金有所上升，尤其是美国。2008 年经济危机中，美国失业保险金覆盖面和待遇期延长超过以往衰退期，失业待遇期限由 2007 年 26 周延长至 2009 年的最长 99 周（依各州情况而定）[2]。加拿大规定地区失业率不超过 6%时，就业保险待遇给付最长期限为 36 周，如果失业率超过 6%，每增加 1 个百分点，就业待遇最长期限延长 2 周，

---

[1][2]　OECD. OECD Employment Outlook 2011［J］. OECD, 2011, 2002（196）: 1-250.

最长不超过 45 周①。

专栏 13-1　美国的"延长失业保险金"计划

在 2008 年经济危机中，美国采取延长失业待遇期限来应对经济波动造成失业周期延长的问题。实际上，从历年经济危机应对措施中可以看出，延长失业待遇期限是美国惯用且有效的办法。从 1957 年之后，每一次经济萧条期，美国联邦政府都会向失业者提供额外的待遇支持。从 1970 年开始，美国开始实施延长失业保险金（Extended Benefits，EB）计划，允许各州在高失业情况下将延长支付失业保险金 13~20 周，费用由联邦和州各承担一半。

认识到失业者找工作的困难，2008 年 6 月美国国会制定了"紧急失业补偿"（Emergency Unemployment Compensation，EUC）计划，对于失业保险金期满仍未找到工作的失业者提供由联邦财政资助的长达 13 周的失业补偿。2009 年 2 月延长并扩展了这项计划。这项计划向失业者提供四个层次补助：前两个层次是面向每一个州，补助 34 周；后两个层次是按照各州失业率再增加最长 19 周的补助。在 2010 年底国会通过法案放松对各州获得 100% 联邦资助的限制。在那些失业率最高的州，一个失业者领取失业保险金的最长期限可达到 99 周。

"紧急失业补偿"计划的推出，给更多的长期失业者提供了基本生活保障。2008 年 6 月计划实施之初，美国共有 160 万工人失业超过 26 周，紧急失业补偿或失业保险的受益人数约 200 万。随着危机加深、经济迅速下滑，到 2009 年 11 月失业超过 26 周的人数上升到 570 万，平均失业周期达到 40.9 周。随着衰退的加剧，更多失业者难以在前 26 周找到工作而加入这项计划。2010 年平均每个月有 45.4 万人因失业保险金期满而转为紧急失业补偿受益者，到年底共有 460 万人。2011 年 1~10 月长期失业情况有所好转，平均每月因失业保险金期满转入紧急失业补偿计划的有 34.1 万人，到 2011 年 10 月末共有 330 万长期失业者享有紧急失业补偿或失业保险。截至 2011 年 10 月，累计有 1790 万人通过紧急失业补偿计划受益。由于美国的失业保险金覆盖家庭成员，因此从 2008 年 7 月

---

① OECD. OECD Employment Outlook 2011 [J]. OECD, 2011, 2002（196）：1-250.

以来超过 5000 万人（1/6 美国人口）得到或者通过家庭受益者分享到紧急失业补偿或失业保险待遇，其中 1280 万是儿童，640 万是单职工家庭人口。

评价失业补偿计划。此次经济危机中，美国遭遇了自 20 世纪 70 年代以来最严重的长期失业，其中一个原因是男性长期失业者人数多于女性，而男性更多地集中在受经济周期影响较大的行业。另一个重要原因是美国延长了失业保险待遇期限、提高了失业保险金水平，二者共同推动长期失业率上升。不过，这也仅限于直观的察觉。到目前为止，不同学者在延长待遇期限对长期失业率影响效应的研究上仍莫衷一是。经济政策是双刃的，失业补偿也不例外。一方面对一些工人的求职意愿或接受岗位安排有负向激励，但另一方面为失业者提供基本生活保障，还会在经济疲软时向边际消费倾向较高的群体提供收入支持以增加消费并稳定经济总量。

实际上，多数研究显示，现金给付的失业保险金会引发"道德风险"，待遇领取者可能在重新就业时对岗位"挑肥拣瘦"。也有研究显示，相当于年均消费 1/3 ~ 1/2 的失业保险待遇是不会产生明显的道德风险。

尽管延长失业保险金对削减长期失业的效果还没有实证研究结论，但是延长失业保险金对于保持劳动能力以增加劳动力市场供给毫无疑问是有好处。在美国，一些收入低的大龄工人比收入高的大龄工人更容易退出劳动力市场而申领养老金，这对于劳动供给不利；不过，延长失业保险金会使更多大龄失业者继续留在劳动力市场，这些人一旦就业还能继续为养老保险缴费，从而减轻养老金制度的负担。

资料来源：Executive Office of the President. Unemployment Insurance Extensions and Reforms in the American Jobs Act ［Z］. 2011：3-8.

三、缩短工时以减缓裁员

2008 年经济危机时期大部分 OECD 国家采用了短时工作计划或部分失业计划。缩短工时以让渡部分生产效率来保留就业，避免短期波动带来大规模失业，是一项减少失业的有效措施。这种方式较裁员更有效：一是将经济波动带来的负面影响公平地在劳动力中分摊，通过政府出资（或使用失业保险基金）资助企业不裁员，失业风险由社会成员共同分担。二是采取这种临时性应对措施，减少裁员，企业能够保留珍贵的人力资源，员工能够保留难得的工作机会，同时可以减轻公共安全网的压力。比利时、土耳其、意大利、德国和卢森堡缩短工时的工人占全部就业者的 3% ~ 6%；捷克、匈牙利、荷兰和葡萄牙还规定短时工作的工人必须接受培训；芬兰、比利时、奥地利、波兰、葡萄牙、匈牙利、德国、日本、挪威和瑞士等国政府对短时工作期间的培训提供津贴，但因为缺乏强制性，这些国家的培训参与者约为 10% ~ 25%①。从 OECD 国家整体来看，失业率从 2008 年第一季度的 5.7% 上升至 2009 年第四季度的 8.7%，其中爱沙尼亚、爱尔兰、西班牙、希腊、冰岛、斯洛伐克和美国等国家的失业率都上升了 5 个百分点以上，而德国失业率上升不到 0.5 个百分点，到 2011 年初德国的失业率甚至低于经济危机前的水平。从失业周期来看，爱尔兰、西班牙为 14 ~ 15 个季度，而德国不足 4 个季度。从 OECD 国家整体上看，2008 ~ 2009 年短期和长期失业率明显上升，到 2009 年四季度短期失业率达到峰值，而长期失业率峰值向后延续 7 个季度，在 2011 年三季度达到峰值后略有回调；在失业问题较严重的西班牙和爱尔兰，短期失业率和长期失业率都呈现持续上升趋势；在同一时期，德国的失业率（尤其是 1 年及以上的长期失业率）却持续走低（见图 13-1）②。

四、提供雇用津贴以刺激劳动力需求

在激励劳动力需求方面，雇用津贴比降低雇主社保缴费更有成本效率。2009 年中期，一些国家引入雇用津贴、扩大原来雇用津贴的规模或者面向特定群体提供雇用津贴。例如，奥地利、韩国和葡萄牙引入对长期失业者的雇用津贴，瑞典则将雇用津贴变为永久性政策；韩国对雇用残疾人和年长工人，奥地利、芬兰、葡萄牙和瑞士对雇用年轻人均提供特殊的津贴。对年轻人（英国、芬兰、新西兰、法国和希腊）和老年人（法国）的工资津贴项目也扩大了规

① OECD, OECD Employment Outlook 2011: Moving Beyond the Jobs Crisis ［M］. Washingcon, D. C.: OECD, 2010: 50.
② OECD, OECD Employment Outlook 2011: Moving Beyond the Jobs Crisis ［M］. Washingcon, D. C.: OECD, 2010: 19.

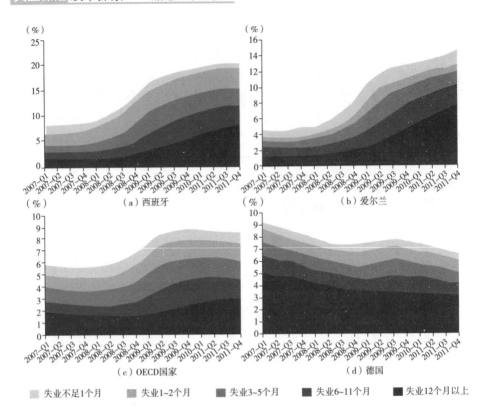

图 13-1　2007～2011 年西班牙、爱尔兰、德国与 OECD 平均失业率的变动趋势

资料来源：OECD. OECD Employment Outlook 2011［J］. OECD, 2011, 2002（196）：1-250.

模。从这些国家雇用津贴执行情况来看，雇用津贴在新增劳动力就业上更有效率，也就是说，相对于短时工作计划而言，雇用津贴在"促进就业"方面的作用大于"预防失业"。

将培训与工作保留计划结合起来，可以促进人力资本投资和保留工作，此时劳动力市场信息和就业服务中介的作用不大。衰退期失业保险的目标是保障生活和增强失业者应对未来经济波动的就业能力。延长失业保险待遇期限，通过向保留工作的企业提供津贴以减少失业，识别有就业能力和市场需求的失业者并向其提供就业服务。

此外，应为求职阶段的失业者提供现金福利，促进改善再就业的工作匹配。在衰退期延长待遇期限或提高待遇水平，衰退期过后恢复资格条件，并对失业者的待遇资格重新进行审核。向求职者提供职位信息和中介服务，将就业培训服务延伸至非正规就业部门，使更多劳动者增强就业能力以应对经济的波动。

第二节　为非正规就业者重构失业保险

相对于欧美发达国家而言，大多数亚洲、非洲、拉丁美洲的发展中国家非正规部门就业规模庞大，但是因缺乏长期就业记录和政府行政能力相对较弱，这些国家失业保险制度的覆盖面非常有限。如果企业逃脱参保缴费责任，或者逃避解雇赔偿，那么很多失业者将无法得到基本的生活保障。例如，2008年印度尼西亚只有34%符合资格的失业工人得到了补偿。即使在正规部门，失业者也未必能够得到充分的生活保障。这主要是因为严格的资格条件阻碍一部分失业者领取失业保险金，或者因待遇期限较短造成在找到工作之前失业保险金已经耗尽。印度的失业保险待遇资格要求非常严格，领取失业保险金要求的最低缴费年限是5年；土耳其要求在过去36个月内至少缴费20个月；巴西和智利的最长待遇期限仅为5个月；中国和智利要求最低缴费年限1年，这将很多短时工、季节工和非全日制工人排斥在失业保险制度之外[1]。因覆盖面有限、待遇资格严苛，亚洲、非洲、拉丁美洲发展中国家的待遇受益率（Benefit-Recipiency Rates）[2] 低于OECD国家。在新兴经济体中，巴西的失业保险受益情况最好，待遇受益率为30%，智利和俄罗斯是20%~25%，中国、南非和土耳其是10%~15%（见图13-2）。

在解决非正规部门失业保障问题上，可以有两条线路：第一条线路是将失业保险制度由正规部门向非正规部门扩展，放低参保门槛、放松资格限制，可以借鉴荷兰的"灵活就业正规化"的做法，但前提是要有较强的社会合作与行政能力（见专栏13-2）。第二条线路是为非正规部门建立独立的、便携性强的失业保险制度，可以借鉴拉丁美洲地区的失业保险储蓄账户制度的做法。不过，从巴西等国实施的情况来看，正规部门仍是失业保险储蓄账户制度的主要参保人群，非正规部门就业者的参保率并不理想（见专栏13-2）。

---

① OECD. OECD Employment Outlook 2011 ［M］. Washington, D.C.：OECD, 2011：95.

② 领取待遇的失业者占全部失业者的比率。

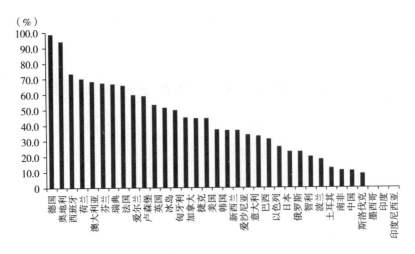

图 13-2 OECD 国家失业保险待遇受益率

资料来源：OECD. OECD Employment Outlook 2011 ［M］. Washingtan, D. C.：OECD，2011：95.

专栏 13-2 荷兰的"灵活就业正规化"

　　荷兰的部分时间工作（Part-Time Work）是受法律严格保护的，从事部分时间工作的就业者确实能够享受社会保障待遇。1996 年 11 月荷兰颁布《禁止工作时间歧视的法案》（*Prohibition of Discrimination by Working Hours Act*），规定雇主不得在雇用、签约上对部分时间工作者有歧视。在经历九年的政治谈判后，2000 年 6 月荷兰实施《工作时间调整法案》（*Adjustment of Working Hours Act*），给予十人以上公司的雇员增减工作时间的权利。

　　从 1995 年末开始，荷兰对所有就业者采用新的劳动力市场政策，旨在"灵活"与"保障"之间取得平衡。具体内容包括：让解雇保护更有利于雇员，提高对临时工作人员的法律地位。一个名为"劳动者基金会"（Foundation of Labour）的组织承担荷兰灵活保障的咨询和建议职责。这个组织成员组成了最大的雇主与雇员的联盟，分别代表各自团体的利益参与谈判，目的是达成"双赢"的协议。协议已经达成，有效期为五年。

　　非正规部门就业人员通过签订灵活期限合同，可以参加社会保障。

但是也有研究发现，年轻人、非熟练工人以及部分时间就业者的灵活期限合同很难转为长期或永久合同。这在一定程度上限制了灵活保障政策的作用。从 20 世纪 80 年代开始，荷兰政府就对使用部分时间工作的雇主和从事部分时间工作的雇员提供津贴；从 1993 年 1 月开始，部分时间工人获得了按比例领取法定最低工资和享有带薪假期的权利。从 1994 年开始，部分时间工人开始享有领取职业养老金的权利，如果领取职业养老金有工资限制，那么部分时间工人的工资将转换成全职工人的工资，根据工作时间按比例地领取一定的养老金；1996 年，平等待遇原则被写入《民法典》和《劳动法》，部分时间工人与全职工人领取同等时间与数额的失业津贴，津贴为以前工资的 70%。

"灵活就业正规化"使荷兰成为 OECD 国家就业形式最好的国家之一。2007 年，荷兰的就业率和失业率分别是 74.3% 和 3.2%，均好于欧盟 27 国平均水平（分别是 64.5% 和 7.1%）。2008 年 8 月，荷兰的失业率降至 2.6%，成为当时欧盟成员国失业率最低的国家。

资料来源：Lans Bovenberg, Ton Wilthagen, Sonja Bekker. Flexicurity: Lessons and Proposal from the Netherland［J］.CESifo DICE Report, 2008, 6（4）：9-14；张然. 欧盟灵活保障就业政策研究［D］.上海：华东师范大学博士学位论文，2008.

专栏 13-3　巴西的失业保险储蓄账户制度

巴西的失业保险制度主要面向正规就业部门被解雇或因企业倒闭而失业的人，那些非正规部门就业者、新加入市场的劳动力以及自愿离职的人很难加入。其制度包括两部分：

按照服务年限确定的保证金（Guarantee Fund for Length of Service, FGTS）。1967 年建立该项制度，个人账户上的基金可用于失业后的生活保障、购买房屋以及退休后的养老金。一般地，上述情况提取的资金占账户总支出的 2/3。每一个有巴西劳动法认可的正规就业合同的工人都有资格申请 FGTS。雇主按雇员月收入的 8% 向其个人账户存款（固定期限工人为2%）。工作超过3个月被解雇的工人可以得到相当于账户基金10%的补偿（对雇主来说就是解雇罚款），1988年补偿比率升至40%，2001年为50%（其中的10%支付给政府而非雇员）。在此之前，补偿金都是直接支付给雇员，因为数量可观且实际收益率不高，雇员往往会与雇主串谋支取账户基金。但是，2001年后，当劳动法将补偿比率提高到50%且其中有10%是向政府交的裁员税，雇员与雇主之间串通的空间缩小了。

普遍的失业保险（Universal Unemployment Insurance，SD）。1986年作为宏观经济调控计划的一部分提出，1994年确定后运行至今。申请这项待遇的失业率需要接受家计调查，要求被保险人或其家庭没有其他收入来源，并没有接受其他社会保险待遇。待遇水平为最低工资的1~1.87倍。过去3年在正规部门就业6~12个月的最长待遇期限为3个月，就业12~24个月的最长待遇期限为4个月，超过24个月的最长待遇期限为5个月，特殊情况可延长2个月。筹资来源于对企业的专项税。同时规定公共就业服务帮助重返工作。

评述：巴西的失业保险是一项将储蓄账户与解雇金相结合的混合制度。从其参保条件来看，这项制度还是主要面向正规部门就业者。尽管如此，在新兴经济体中，巴西的失业保险覆盖率还是较高的。

资料来源：OECD. OECD Employment Outlook 2011 [M]. Washington, D. C.：OECD, 2011：97.

荷兰的"灵活就业正规化"与巴西的失业保险储蓄账户制度各有利弊。在选择制度模式的时候，应当考察各项失业保险制度模式的适用性。从表13-1对现行各类制度的总结来看，发展中国家的非正规部门实施失业保险的条件不完备，行政能力弱、就业规模庞大且复杂等都限制失业保险制度向非正规部门扩展。在经济运行较平稳的正常时期，可以考虑建立失业保险储蓄账户制度，政府通过资金补助引导非正规就业者加入到强制性失业储蓄计划中，为自己失业时提供基本生活保障。

表 13-1　不同失业保险制度的适用性

计划类型	优点	缺点	适用条件
失业保险	互济性好；在部门和地区经济波动情况下采用效果好；经济自动稳定器，缓解经济紧缩程度	产生再就业的负激励；提高均衡失业率；造成持续失业；易于受政治干预的影响；不能有效覆盖非正规部门工人	监控持续资格的行政能力强；非正规部门规模适度，监控成本低；失业者比例低
失业救助	（相对失业保险而言）参加者之前的工作经验要求相对少；可能覆盖非正规部门工人；能够帮助最弱势的失业群体	不能排除无工作经验（因而非缴费）者，会侵蚀财务可持续性；对高收入工人保护程度更小，行政成本更高；减少失业者家庭成员的劳动供给；可能给待遇受益者带来耻辱感	具备家计调查能力；失业者比例低；权力下放，基层执行力要强
失业保险储蓄账户	改善劳动力市场激励；如果加上公共保险，能够提供很好的保护；可能吸引非正规部门工人；可能对自愿离职的也支付待遇	无互济；允许个人从账户中借款；激励离开正规部门转向非正规部门就业（以避免偿还借款），再就业激励被削弱；要求较完善的金融部门；行政成本高	温和的非持续性波动，否则得依靠公共计划；在监控能力弱的发展中国家，这种自我监督很适用；强制性有利于制度推行；有效的账户管理
解雇金	不需要复杂的行政工作	难以覆盖非正规部门工人；降低就业率；阻碍边缘群体获得工作；削弱劳动力市场活力；带来相当大的诉讼成本	—

资料来源：Milan Vodopivec，Dhushyanth Raju. Income Support Systems for the Unemployed：Issues and Options ［C］. Washington，D. C.：World Bank，2002：118-119.

227

第三节　适时引入积极劳动力市场政策

　　劳动力市场政策可以分为消极的和积极的两种类型：

　　消极劳动力市场政策是提供失业保险金和提前退休，目的是为失业者及其家庭提供临时的收入支持。2004~2008 年 OECD 国家这两个项目占消极劳动力市场政策支出的比率分别为 85% 和 13.4%[①]，在经济下滑期，消极劳动力市场政策提高了失业者支付能力，有利于总需求增加，是反经济周期的"稳定器"。此外，失业者得到失业保险金，可以有较充足时间寻找合适雇主，提高岗位供需的匹配度，可以有效避免再次失业。但相反角度看，失业保险金会对工作产生负向激励，给失业者延长失业持续期提供机会，一旦转为长期失业者，找寻合适工作的机会就更小。

　　积极劳动力市场政策一般包括六类：培训计划、求职援助、就业激励、辅助就业、直接创造就业以及其他计划，2004~2008 年各项支出占积极劳动力市场政策支出的比率依次为 27.9%、10.7%、16.1%、15.1%、10.4% 和 19.8%[②]。培训计划（Training Programs）旨在帮助失业者获得新岗位所需技能，例如德国的"深入培训"（Further Training）计划提供最长两年的培训，使受训者最终获得新职位所需的技能和资格。此外，政府向提供培训的企业提供拨款，激励雇主从目标群体中招收学员或培训工人。培训是积极劳动力市场政策最大的支出项目。求职援助（Job-Search Assistance）帮助雇主和失业者实现有效的工作匹配，包括中介或培训、为雇主提供的经纪服务以及提供求职和转换职业成本的资金援助。就业激励（Employment Incentives）是对失业者转入岗位前的临时性支付，包括雇用新雇员的雇主津贴和向获得工作的个人提供有针对性的奖金，以及经济低迷时期向不解雇工人的雇主提供的补助。辅助就业（Supported Employment）包括对工作能力下降的在职工人提供的补贴、换岗职工的职业康复或培训。直接创造就业计划（Direct Job Creation）包括创造的临

---

　　① Jun Nie, Ethan Struby. Would Active Labor Market Policies Help Combat High U. S. Unemployment? [J]. Economic Review, 2011, 96：35-69.

　　② OECD. OECD Employment Outlook 2011 [M]. Wachington, D. C.：OECD Publishing, 2011：40.

时性的、非市场中已有的工作岗位，这些岗位往往在公共部门或非营利性机构中，旨在帮助长期失业者或难以在其他职业中就业的群体。例如法国的"青年就业计划"（Jobs for Young People）向在政府、非营利民间组织、管理公共服务的私营机构中工作的固定期限合同的年轻人提供补助。其他政策（Other Policies）各有不同，包括对失业者中具有企业家精神的人提供创业激励，例如2003年德国的"哈茨改革"。积极劳动力市场政策旨在增强失业者的就业能力以减少失业，这些政策可在经济下行期实施，也适用于经济上行期。

1998~2008年，OECD国家（除美国以外）消极劳动力市场政策和积极劳动力市场政策的支出比率分别为59%和41%，美国分别为70%和30%。按照每个失业者支出占人均GDP的比重来看，美国消极劳动力市场政策的支出为12%，其他（除去美国）20个OECD国家平均为25%；美国积极劳动力市场政策的这一支出比例为5%，其他20国为19%[1]。

在应对失业问题上，有研究显示，消极劳动力市场政策并不能有效降低失业率，相反会推动失业率小幅上升，这主要是因为领取失业保险金的人的就业意愿相对低，不愿意从事较低收入的工作。然而积极市场政策每增加1%的支出就能使失业率降低0.11个百分点，尤其是培训计划和求职援助，对失业率的降低有显著推动作用，而其他的积极劳动力市场政策措施虽有影响但在统计上不显著。有研究显示，失业保险金最长期限每增加一年，失业率会上升0.29%；替代率的上升也会推动失业率上升，但其效果在统计上不显著。相反，培训和就业援助等积极劳动力市场政策措施有利于降低失业率，在这两项积极措施上的人均支出占人均GDP的比重每提高1%，失业率分别下降0.2%和0.31%，其中培训主要改善失业者的就业能力，而求职援助则是帮助提高岗位供需的匹配度。在对OECD国家的研究中，发现直接创造就业计划可能会抬高失业率，这主要是因为岗位设置是面向就业有特殊困难的群体，但要让这些人参与劳动的成本有时会高于创造就业岗位的成本。从成本效率上看，积极劳动力市场政策整体上在降低失业率方面有成本效率，即支出每增加0.04%，由此降低失业率带来的GDP增长率为0.09%[2]。

2011年OECD国家平均失业率为2.9%，积极劳动力市场政策支出占劳动

---

①② Jun Nie, Ethan Struby. Would Active Labor Market Policies Help Combat High U. S. Unemployment? [J]. Economic Review, 2011, 96: 35-69.

力市场总支出的比重为40%①。其中，有11个国家失业率高于平均水平，较高的是西班牙、爱沙尼亚、爱尔兰，失业率均超过10%；在11个高失业率国家中，积极劳动力市场政策支出占劳动力市场总支出低于平均值的有六个国家，大部分OECD国家的失业率与积极劳动力市场政策支出占比之间存在一定的反向关系，可以说明积极劳动力市场政策对失业尤其是长期失业有一定程度的减缓作用。

---

① OECD. OECD Employment Outlook 2011 [M] . Washington，D. C. ：OECD Publishing，2011：31.

第四篇

典型国家和地区案例

第十四章 德国：面对金融危机 失业率不升反降

本章主要探讨哈茨改革和默克尔政府的就业政策如何使深陷"失业陷阱"的德国降低失业率，以及德国在 2008 年全球金融危机与欧洲债务危机的背景下如何调整失业保险制度，保持在经济增长的同时失业率显著下降。

第一节 德国失业保险制度的历史变迁

在工业时代初期，人们普遍认为失业的根源在于劳动者缺乏就业意愿，因此在 17 世纪，包括德国在内的大多数欧洲国家都建立了救济院（Armenhaus），失业者在这里被强制从事重体力劳动，且不能接受国家救济。这种状况在著名的俾斯麦社会立法运动中也没能得到改善。直到 20 世纪初，"除了失业者自身之外，社会因素也是造成失业的原因"的观点才逐渐被接受。1927 年魏玛共和国颁布了《职业介绍与失业保险法》，将失业保险作为强制保险项目，不论有无就业意愿，各类雇员都能够在失业情况下领取失业保险金。但是，该法颁布不久即爆发了世界性的经济危机，经济萧条，失业人数猛增，失业保险制度名存实亡。

"二战"之后，德国重拾魏玛时期的失业保险制度。1956 年联邦议会颁布了原失业保险法的修正案，1969 年《就业促进法》正式实施。这些新法的核心内容是改善劳动者的就业流动性，通过职业培训和再培训使劳动者适应劳动力市场不断变化的需要。1997 年，就业促进改革法颁布，所有与失业和就业促进相关的法律被汇编入社会法典第三编。与魏玛时期不切实际的就业政策相比，德国的决策者们这一次的态度较为谨慎，将充分就业确立为基本目标，彻底抛弃那些过于理想化的失业福利计划。

作为"莱茵模式"的主要代表，以"高工资、高税收、高福利"为特征的德国福利制度起初对于实现社会公平、维护社会稳定发挥了其他制度所不能比拟的作用。但是自 20 世纪 70 年代以来，德国经济增长缓慢，社会管理成本大大增加，福利制度的弊端日趋明显。特别是伴随着全球化进程的加快，福利制度带来了不少负面影响，如国家财政负担沉重、社会资源浪费、劳工成本走高、劳动热情降低、就业机会减少、经济发展缓慢甚至停滞等。据联邦劳动局统计，1960 年失业保险支出总额为 12.06 亿马克，占国民生产总值的 0.40%；1980 年支出总额增长到 230 亿马克，占 GNP 的 1.56%；到 1990 年则分别增到 511 亿马克和 2.14%。20 世纪 90 年代以来每年都有约 140 万登记失业的雇员领取失业保险金，失业保险金平均每月为 1422 马克。失业保险费用入不敷出，例如 1992 年失业保险费收入总额为 805 亿马克，但仍出现高额赤字，政府只得向劳动局提供了 49 亿马克的财政补贴[①]。

近年来，德国领取退休金和社会救济的人口接近工资收入人口，德国财政支出的 62% 都用来偿还债务和社会福利，庞大的社会保险账户出现亏空。德国联邦政府债务也因此连年超过"GDP3%"的警戒线，不断受到欧洲联盟委员会的批评。福利制度改革已经成为德国等发达国家棘手的经济与社会问题，也成为任何一个政党在竞选中和上台后都无法回避的重大政治问题。

第二节　哈茨改革及其评价

一、哈茨改革的背景

随着时代发展与社会变迁，德国除了暴露出以上高福利导致的诸多弊端之外，国内经济社会发展、社会人口结构及家庭结构的变化、全球化与欧洲一体化给德国失业及失业保险也带来诸多挑战。

第一，经济增长迟缓。德国制造业从 20 世纪 80 年代开始发展变慢，整个经济处在以传统的制造业为中心向以第三产业为中心的产业结构转型的过

---

① 吕学静. 各国失业保险与再就业 [M]. 北京：经济管理出版社，2000：31-32.

程中。

第二，人口老龄化及家庭结构和男女就业比例发生了根本性的变化。传统的德国模式是以赚钱养家的丈夫和照料儿童和老人的主妇组成的家庭为基本受益者，后工业化社会产生了多元化家庭模式：双职工家庭、单亲家庭、同居家庭等；加之，人口出生率下降，致使家庭规模缩小。20世纪70年代起与服务业兴起相关，妇女就业参与率开始逐步提高。

第三，改革前德国没有待遇期限的限制，待遇与失业前收入挂钩，这样的制度安排存在失业陷阱的隐患。在哈茨改革前，德国的失业保障制度（由失业保险、失业救济和社会救助组成）中失业救济金由联邦政府财政出资，只要失业者家庭收入低于一定标准便可申请，待遇水平与失业前的收入挂钩（根据其是否抚养子女，失业救济金为原工资的57%或53%），且没有待遇期限的限制。低资格门槛和无期限福利的制度安排诱导就业参与率降低，使低技能工人和大龄劳动力失去就业意愿，造成这些群体陷入长期失业的陷阱。

第四，全球化对德国福利国家制度产生各种负面影响，其中两个方面最为严重：首先，金融资本的全球化严重削弱了福利国家对税源的掌控。资本的流动性和税源不稳定性给以"疆土国家"和"国家公民身份"为特征的福利国家带来财政风险。福利国家通过提高消费税和社保缴费来增加收入，但这种做法会对宏观经济造成消极影响并恶化就业前景。其次，德国劳动力成本相对较高（由于实行高税收和高福利政策，德国工人的实际工资水平并不高），加之德国工人的平均劳动时间在发达国家中处于最低水平，造成德国企业在全球经济中的竞争力下降。全球化为资本、投资者和企业带来了新机遇和新选择，但同时加大国家对经济和劳动力市场的控制，在这种背景下，要实现提高经济竞争力和保证社会团结的双重目标就更是难上加难。投资者顾及德国高昂的劳动力成本甚至会选择放弃在德投资，给德国经济造成沉重打击的同时，也加剧失业问题。

第五，欧洲一体化改变了社会公民的身份边界，松动了福利国家概念中的"疆土"与"权利"的传统链接。成员国政府不再能够把社会福利局限于仅提供给本国的国民，而且也不再能单方面决定来自其他成员国的"外国人"是否有福利方面的公民待遇。德国日渐发展成为一个事实上的非典型移民国家。移民工人的涌入，给具有社会保护传统和"家庭化"特点的德国社会保障模式带来更大的财政负担。然而当围绕传统的民族国家再分配制度的社会和政治平衡被打破时，选民对这种开放感到不安全，继而引发了一些社会矛盾和社会冲突。此外，为满足《马斯特里赫特条约》规定的加入欧元区所要遵循的趋同标准，德国无法通过举债或发行货币的办法满足国内社会保障开支。因而，通过减少福利成本、削减福利标准来减少国家责任且增加个体的义务，成为增强德国福利国家经济竞争力、迎接欧洲一体化和全球化的不二之选①。此外，从 20 世纪 90 年代开始，"工作第一"的原则成为欧洲失业保障制度改革的主基调。在这一原则指引下，德国对失业保障待遇的资格条件和待遇水平的限制日趋严格，同时注重发展公共和私人就业服务网络，促进失业者重新融入劳动力市场。欧盟"里斯本战略"（2000 年）为各成员国设定了 2010 年达到 70% 就业率的目标，为了实现这一目标，德国采取积极的劳动力市场政策促进就业。失业保障制度是与劳动力市场政策和社会保护计划有着最为直接联系的政策领域。

第六，国内政治因素。劳动力市场的改革问题困扰着德国的历届政府，这一点在德国的历届大选中表现得十分明显：1998 年，导致连续执政 18 年之久的科尔总理下台的主要原因就是失业率高达 10%，而施罗德获胜的筹码之一就是"劳动、革新与公正"的竞选口号以及他在地方成功解决失业问题的声誉。2002 年大选中，施罗德政府遇到的最大难题仍然是失业问题。2002 年，施罗德政府组织了"哈茨委员会"研究"当代劳动力市场服务业"问题，并出台了四部《现代劳动力市场服务业法案》（Gesetz für moderne Dienstleistungen am Arbeitsmarkt I–IV），开始进行所谓的"哈茨改革"（Hartz–Reform）。作为对改革内容的细化，施罗德政府于 2003 年 3 月提出了旨在改革福利体系和就业政策的一揽子改革方案"2010 规划"。2004 年下半年以后，执政的德国社民党接连经历了大规模的民众反对、党内左翼人士的分裂、地方选举失败等一系列严峻考验，并被迫于 2005 年秋季提前举行大选。

以上这些因素导致德国的失业率从 1970 年以来一路飙升，1970 年失业率为 0.7%，而 20 世纪 90 年代至 2005 年一直在 10% 左右徘徊②，2006 年甚至高达 12%③。德国的失业问题具有以下特征：结构性失业现象严重，传统产业集中的地区往往失业率较高；东德失业问题比西德严重；妇女、低技能者、年老

---

① 周弘 . 30 国（地区）社会保障制度报告 [M] . 北京：中国劳动社会保障出版社，2011：78–79.

② Luchtmeier, H. The Impact of 2003–05 Labor Market Reforms on Economic Growth [Z] . A Presentation to the Delegation of the Chinese Academy of Social Sciences, Berlin, 2008.

③ 参见德国联邦统计局网站：https://www. destatis. de/DE/ZahlenFakten/GesamtwirtschaftUmwelt/ VGR/VolkswirtschaftlicheGesamtrechnungen. html.

者等弱势群体的失业问题比较严重；长期失业现象比较严重，在失业者中占有很大比重等。因此，德国需要找出劳动力市场上存在的问题，并采取一系列积极的政策来促进就业，进而推动经济的发展①。

二、哈茨改革的内容

在施罗德政府执政的第二个任期内，大众汽车公司负责人力资源事务的董事长彼得·哈茨被任命为负责人，联合政府官员、大企业首脑与教授学者共 15 人，组成了哈茨委员会，专门就失业问题为联邦政府提供解决方案。

哈茨改革前，德国的失业保障主要包括失业保险、失业救助和社会救助等三个子制度。

失业保险：雇主和雇员按雇员毛收入的 6.5% 各承担 50% 的缴费义务，形成失业保险基金；雇员缴费满一年以上，在其失业时可获得失业保险金；享受待遇时间为 6~32 个月，取决于雇员的年龄和过去 7 年中的工作时间，57 岁以上的失业者最多领取 32 个月；待遇标准为雇员失业前月净收入的 67%，如果没有小孩则比例为 60%。

失业救助：资金来源于政府财政，无须缴费，只要失业者家庭收入低于一定的标准即可申请，且享受时间没有限制。有一个孩子的失业者的失业救济最多可达失业前月净收入的 57%，如果没有小孩则比例为 53%。

社会救助：资金来源于地方财政，提供给那些没有资格领取上述两种福利的人，没有享受时间和资格的限制。哈茨改革后，失业者在失业后的 12 个月内（55 岁以上为 18 个月）可领取失业保险金Ⅰ（原来的失业保险），当没有资格领取失业保险金Ⅰ或超过领取失业保险金Ⅰ的领取期限后，失业者可领取失业保险金Ⅱ。失业保险金Ⅱ是将原来的失业救助与社会救助合并，并与工资脱钩，改为定额发放，且领取者需要接受较为严格的家计调查。这项改革是将战后通过失业救助确保失业者拥有"标准的生活水准"降低到仅仅维持"基本生活"的低保水平。

从 2002 年 6 月起，哈茨委员会陆续出台了四部法案，主要内容如表 14-1 所示，哈茨改革对劳动力市场进行了根本性的调整，被认为是战后德国对社会

---

① 杨伟国，格哈德·伊林，陈立坤．德国"哈茨改革"及其绩效评估［J］．欧洲研究，2007（3）：26-37+158.

保险制度进行的最根本性的改革。

表14-1 哈茨改革方案的重点内容

哈茨 I (2003年1月 1日生效)	设立失业即时申报制度;设立人事服务代理机构(Personal-Service-Agenturen),为失业者提供就业优惠券;由联邦劳动局(Bundesagentur für Arbeit)规范继续教育制度,提供培训抵用券;重新定义"合适的工作":失业期超过一年(大龄劳动力为18个月)的失业者,应当接受任何合法的工作,不管工作内容和薪酬高低是否能够令失业者满意;促进大龄失业者再就业;规定劳务派遣工在劳动时间、工资、休假方面享有与正式雇员平等的权利,以期提高社会对劳务派遣制度的接受度;建立更加灵活的审批制度
哈茨 II (2003年1月 1日生效)	建立工作中心:职业中介和待遇发放;通过税收优惠和减免社保缴费创建就业促进措施;创建企业许可(Ich AG,即允许失业者个人建立企业从而变成自我雇用者,目的是鼓励由个人创办小型企业,政府给予三年的创业补助);微型工作(指月收入在400欧元以下的工作,从事这种工作的劳动者可以免除缴税和社会保险缴费的义务);小型工作(指月收入在400~800欧元的工作,政府予以减税);法定医疗保险的一揽子费率由10%升至11%;雇主缴纳职工税前工资的2%作为一揽税
哈茨 III (2004年1月 1日生效)	联邦劳工局进行机构改革(将传统的具有三方机制的公共就业服务管理体系改革为由一个首席执行官和任期五年的管理部门组成的商业化运作模式的监督部门)
哈茨 IV (2005年1月 1日生效)	将改革前向雇员发放的失业救助(Arbeitslosenhilfe)与社会救助(Sozialhilfe)合并为"失业保险金 II"(又被称为哈茨IV救济金),待遇水平高于之前的社会救助(不过,在特殊情况下,如为学校教育、圣诞节、房屋装修等所需时,社会救助金可能高于失业保险金 II)。未达到失业保险金 I 申请条件的,可以申请失业保险金 II。与传统的失业保险给付(即失业保险金 I)相比,失业保险金 II 为正在寻找工作的人设立了最低社会保障,其目的则是在劳动局和就业中心的配合下,促使和激励长期失业人员重新返回劳动力市场,另外,哈茨IV失业保险金不是以原来工作的税后工资作为失业保险金高低的参考,而是根据申请人实际的财产情况和收入情况给予的一种最低限度的社会保障;将向有劳动能力的失业者发放的两种社会保障项目直接归于联邦劳动局管理,另外也允许部分地方政府(约为69个乡镇)负责长时间失业者的待遇给付;从2006年2月1日起,失业保险制度支付失业保险金的期限缩短为18个月。58岁以上的失业者可以延长至24个月;2005年起,满足哈茨IV失业保险金领取条件的家庭中的7~13周岁的儿童的领取比例降至独身成年人的60%(之前为65%),14~17周岁的领取比

续表

哈茨 IV (2005 年 1 月 1 日生效)	例降至 80%（之前自 1955 年以来一直为 90%），已成年的家庭成员比例与后者相同 （之前成年家庭成员可以比后者多领取 12.5%）

资料来源：周弘.30 国（地区）社会保障制度报告［M］.北京：中国劳动社会保障出版社，2011：80；杨伟国，格哈德·伊林，陈立坤.德国"哈茨改革"及其绩效评估［J］.欧洲研究，2007（3）：26-37+158.

三、对哈茨改革的评价

2006 年德国平均登记失业人数为 450 万人，失业率为 12%。联邦就业机构的报告显示，2007 年平均登记失业人数为 377.6 万人，失业率降至 10.1%，2008 年失业率为 7.5%[①]。尽管哈茨改革启动之后德国失业率有所降低，但失业率的降低能否完全归功于哈茨改革，并依此证明哈茨改革的成功，尚不能过早下定论。不过，哈茨改革对促进就业的作用还是显示了一定功效。从 2005 年开始，失业保险金领取者实现就业的人数逐年增加（见表 14-2）。

表 14-2　2005~2007 年失业保险金领取者采取不同灵活就业形式的人数

	微型工（千人）	钟点工（千人）	学徒工（千人）	全日工（千人）	自我雇用（千人）
2005 年 1 月	43	100	15	220	45
2006 年 1 月	529	145	20	325	50
2007 年 1 月	603	195	26	453	56

资料来源：朱玲.促进就业：德国劳动力市场改革［J］.中国工业经济，2008（3）：135-142.

另外，对于哈茨改革的批评之声也不绝于耳。第一，哈茨改革的设想是通过一种简单的制度来为失业者"一站式"解决所有问题。但现实的情况是，一

---

① 参见德国联邦统计局近年来公布的数据：https：//www.destatis.de/DE/Publikationen/Thematisch/ThematischeVeroeffentlichungen.html。这里的失业者系指在官方登记失业，领取失业保险金的失业者（Erwerbstätige）。统计局还会定期电话访问，按照国际劳工组织的标准统计失业人数（这类人群被称为 Arbeitslose），这个数据一般高于登记失业人数。

种简单制度的引入导致了更为复杂的体系的形成，与制度设计的初衷背道而驰。第二，改革后联邦劳动和社会事务局与公共就业服务机构之间存在权力重叠问题。"失业保险金Ⅱ"引入后，待遇领取者中既有原先的社会救助领取者又有失业者，这两类群体在改革前是分属于不同管理机构的。职能交叉会因机构之间相互推诿而造成失业者受损，例如，一些难以定义其是否处于失业状态的人（如那些长期失业者）可能因此而领不到失业保险金，而且，由于该机构为失业者提供临时工作会得到联邦劳动局的补贴，他们也存在维持失业者失业状态的利益动机，而不是想方设法地帮助失业者回到正规的就业市场。第三，失业保险金Ⅱ的制度设计主要是为了激发失业者早日就业，以解决长期失业问题。例如，Dingeldey认为，这一政策的引入在制度上是正确的，它将失业救助与社会救助结合起来，并改变了以往无限制发放的情况，可以促使劳动者尽快回到劳动力市场中去。但制度推行后出现了失业保险金支出大幅增加的现象，引起一些学者对这项改革的负面评价。这些学者认为，失业保险金Ⅱ高于社会救助的待遇标准，不工作的收入比以前多了，意味着一旦失业者的家庭资产或收入略有增加，失去领取失业保险金Ⅱ的资格，收入就会明显减少。所以，这一政策可能会激励失业者放弃寻找工作而获得失业保险金。经济合作与发展组织也对德国的劳动力市场政策进行了评估，与许多学者的结论相同，他们认为失业者所获得的失业保险金加上市政当局及就业服务机构提供给他们的"一欧元工作"，以及可能从微型工作中获得的收入，对失业者，尤其是长期失业者和低技能失业者重新寻找工作存在较强的负面激励。此外，还有批评新政策过于注重职业介绍的成功率，劳动部门为了体现工作效率，往往会择优介绍容易实现就业的失业人员，恰恰就忽视了那些不容易安置且特别需要帮助的失业者；指责哈茨改革通过各种灵活方式实现的就业存在排挤正常有社会保险义务的就业岗位现象，从而增加了社会保险制度的压力；抨击哈茨改革通过各种措施提高求职人员的就业积极性固然可以促进"懒人"因失去高福利而不得不去就业，但是对于确实想就业而得不到岗位的失业者而言，哈茨Ⅳ的规定显然是苛刻了[1]。

不过，不管现状如何，"失业保险金Ⅱ"的引入从总体上降低了失业福利，对提高就业率有积极的促进作用。Steiner认为，结合2010年规划，这一制度安排将会带来长期失业的明显下降，因为高水平和长时间的失业保险金是导致

---

[1] 周弘.30国（地区）社会保障制度报告[M].北京：中国劳动社会保障出版社，2011：85-86.

长期失业的主要原因。经济合作与发展组织的上述研究也指出，那些领取过失业保险金的劳动者跟没有受到过扶持的失业者相比，再次失业的概率要小得多[1]。应当承认，哈茨改革在理念、管理体制和激活市场的政策等方面的创新预示着德国今后会朝着更为积极的劳动力市场政策方向前进，也体现出德国政府在"公平"和"效率"之间的重新权衡取舍。例如，除了降低失业待遇水平外，"失业保险金Ⅱ"以及哈茨Ⅰ中对"合适的工作"进行重新定义，并规定了相应的配套惩罚和监控措施，这些意味着德国整个失业保障体系的理念发生了巨大转变。新定义的"合适的工作"要求求职者接纳新工作机会而不管其以前的职业地位，这种做法打破了德国失业保障制度中原有的以身份和职业为导向的重要原则，主要目的就是促使（或者说迫使）长期失业者更积极地接受新工作。领取待遇的失业者不再是单纯的公民基本权利享受者，他们还必须承担促进社会经济发展的义务，甚至为此牺牲一些个人的权利[2]。

四、默克尔政府对失业保险制度的改革

作为右派政治力量，默克尔政府上台伊始即宣称，新政府不仅注重公平，更讲求分配的效率，进一步为企业减轻赋税，放宽就业和解雇制度，减少福利，采取更加激进的福利改革措施。

（一）实施"50+计划"和组合工资计划

2006 年，德国联邦政府通过了"50+计划"，主要通过政府的各种资助来提高大龄劳动力的就业率，目标是到 2010 年将 50 岁以上人员的就业率提高到55%。具体措施包括施行联合工资项目，通过工资组合和新的平等资助方式提高再就业率。如果一个失业的老人同意接受比失业前收入低的工作，政府将给予部分补助；补助标准为就业第一年是新旧工资差距的 50%，第二年是 30%，两年免交 90%的养老保险费。据统计，每年有三万就业的大龄劳动力得到了该项目的资助[3]；政府为雇用 52 周岁以上大龄劳动力的企业放松解除劳动合同的条件限制，鼓励企业增加对这些人的雇用；从 2012 年起将退休年龄从 65 岁逐步延长至 67 岁（1947 年出生的雇员退休年龄为 65 周岁零 1 个月，1948 年的为

---

①②　杨伟国，格哈德·伊林，陈立坤. 德国"哈茨改革"及其绩效评估［J］. 欧洲研究，2007（3）：26-37+158.

③　姚玲珍. 德国社会保障制度［M］. 上海：上海人民出版社，2011：292.

65 周岁零 2 个月，以此类推，直至 1964 年出生的雇员为 67 周岁），以此减少过早退休，降低 55 岁及以上人口提前退休的比例①。

（二）降低附加工资成本

默克尔政府大力削减失业保险费比例，减轻企业的用工成本。从 2008 年 1 月 1 日起，失业保险费从 6.5% 降至 4.2%，并逐步降低至 3.5%②。另外，决策者还认为，最低工资标准会造成各个行业的雇员工资普涨，增加企业用工成本，其结果只能是企业为减轻负担，大量裁员，导致失业率上升，加重社会保险基金的支付压力。目前，德国只在建筑行业和邮政行业实行了最低工资制度。

（三）修改劳动法和放宽解雇限制

德国原有的《解雇保护法》对雇员数超过五人的企业的裁员活动进行严格约束和规范，致使企业裁员的成本增加，外资企业也不愿意进入德国。默克尔政府主张放宽解雇保护，赋予企业更多的活动空间，允许劳资谈判在企业一级进行，这样企业可以根据市场的变化自行调整用工状况和人力资源结构，提高企业的市场竞争力。

（四）提高就业办公室的工作效率

默克尔政府认为，降低失业率的关键是安排失业者尽快重新就业，因此就业办公室的主要工作职责是就业再安置。政府就此为就业办公室制定了常态的考核评价体系，督促就业办公室出台更多积极而有效的就业安置计划和措施。

第三节　金融危机期间德国失业率不升反降的经验

2008~2009 年全球金融危机之后，几乎所有的发达国家的经济都出现萎靡不振，但有一个国家却是例外，那就是德国。德国不但失业率低，而且经济增长迅速。德国是出口外向型经济，大约国民生产总量的 1/3 销往其他国家。按

---

① Deutscher Bundestag. Beschäftigungssituation Älterer, ihre wirtschaftliche und soziale Lage und die Rente ab 67. Antwort der Bundesregierung auf die Große Anfrage der Abgeordneten Klaus Ernst, Agnes Alpers, Matthias W. Birkwald, weiterer Abgeordneter und der Fraktion DIE LINKE（Bundestagsdrucksache 17/2271），2010.

② 姚玲珍. 德国社会保障制度［M］. 上海：上海人民出版社，2011：292.

理说金融危机与欧洲债务危机应该会对德国的重要行业（例如汽车行业和机器制造业）产生不小的冲击。2008 年金融危机发生时曾预计德国 2009 年的经济会萎缩 2.5%，经济受创程度会比其他欧盟国家还要厉害，因为德国银行持有较多的美国次债证券，随着雷曼兄弟的破产，他们会遭受巨大损失。然而，金融危机爆发后，德国经济发展虽略显蹒跚却依然能够保持增长。2011 年，德国经济增长率为 2.7%，而其邻国大多数都陷入衰退，甚至爆发主权债务危机。2012 年，德国第一季度经济增长 0.5%，是经济学家预期增幅的五倍。经济逆势增长，使德国的失业率在危机时期出现不升反降的现象，5.6% 的失业率创自德国统一后的新低。对于德国来说，失业率为 10% 的日子已经一去不复返了。法国的失业率为 10%，是德国的两倍，西班牙失业率为 25%，是德国的五倍[1]。这些看起来似乎让人难以理解。深入分析后会发现，这里既有德国制造业强劲出口带来的强劲经济以及低利率的原因，又和德国政府面临危机及时通过宏观调控以及失业保险政策在内的福利政策的调整有关，这些政策降低了企业运营成本，缩短了失业周期，一些政策帮扶不裁员的企业使其渡过危机时期最艰难的阶段。

首先，德国在金融危机中立于不败之地有其自身的经济原因。一方面，债务危机和经济衰退造成欧元疲软，德国的出口产品在欧元区以外变得更有竞争力。与欧元区其他国家不同，德国出口占经济比重较大，它生产的产品在全球很受欢迎。具有讽刺意味的是，欧债危机让德国的出口更有优势，德国继续成为仅次于中国的第二大出口国。另一方面，德国债券的市场需求增强。德国债务占 GDP 比重在 80% 左右，比西班牙的 68% 还高，但德国国债的收益率几乎为零，而西班牙国债的收益率逼近 7%[2]。由于德国国债的需求实在太旺盛，短期国债收益率在盘中甚至出现负值。德国银行以及美国的养老基金都喜欢购买德国国债。欧债危机后，购买德国国债的投资者主要是西班牙与希腊的储户，他们把一辈子存的钱都从银行中取出用于购买德国国债，因为他们担心自己国家的政府会退出欧元区，并采取通货膨胀手段让他们的储蓄贬值。

其次，德国为应对金融危机积极调整失业保险等相关福利政策。面对金融危机，德国政府通过在企业、工会与雇员之间的协调千方百计保"就业"。德

---

① 参见德国联邦统计局网站：https：//www. destatis. de/DE/ZahlenFakten/GesamtwirtschaftUmwelt/ VGR/VolkswirtschaftlicheGesamtrechnungen. html。

② 参见中华人民共和国商务部网站：http：//www. mofcom. gov. cn/aarticle/i/jyjl/m/201107/201107 07647652. html。

国政府的政策就是政府、企业与员工一起抱团取暖，不能轻易减员，其政策核心是降低企业运营成本以换取企业不减员。具体有以下措施：

第一，减少使用劳务派遣工。德国劳动学界认为用人单位可以自由决定是解雇自己的员工还是劳务派遣工，即是否使用劳务派遣应当属于用人单位作为企业家自由裁量的范围，劳动者必须接受其决定。但是，按照联邦劳动法院的典型判例，如果用人单位打算解雇掉自己的员工，用劳务派遣工来替代其工作的话，则该解雇是非法的。由此可以推断，德国司法界并没有赋予用人单位在两类员工群体中自由选择的权利，而且至今也还没有听说过把自己的员工辞退同时却在相同岗位上使用劳务派遣工的例子。当企业遭遇经营困境，一般不是首先裁员减员，而是优先减少对劳务派遣工的使用。

第二，消耗"时间账户"中的盈余。在德国，劳资协议或者劳动合同中确定的每周工作时间基本上是 35~40 小时，而实际工作时间往往要长一些。以前，一般都在旺季直接支付加班工资，在淡季恢复正常工作时间。然而，从 20 世纪 80 年代中期开始，实践中渐渐开始采用"灵活工作时间"的模式，即把加班时间计入"时间账户"，并在日后消耗这一"盈余"。也就是说，对于多工作的时间并不是直接发放报酬，而是在日后工作量小的时期调休，这样休息时间的工资也按照正常上班时间来发放。实践中，还有所谓的"长时间工作账户"，即通过较长一段时间的连续加班，积累的"盈余"足够调休半年，甚至一两年。这种账户往往是为了特殊目的设置的，比如，劳动者可以比法定退休年龄提前一年停止工作，而工资照付。

第三，提供带薪假期。为了应对危机，还有一些企业把年休假统一提前，度过目前工作量不足的困难时期，避免采取短时工作制或者裁员的不利后果。但是，让企业在经营困难时期一下子提供六个星期的带薪年休假，也会造成企业经济负担，影响其偿付能力，所以，一般只会用掉其中一部分，保证员工在小孩放假期间也能同时休假。

第四，实行短时工作制并提供补贴。避免失业最常用、最重要的手段是实行短时工作制，当然用人单位需要在满足一定前提条件后才可以做出这一安排。此外，只有符合了社会法典第三编第 169 条及相关要求时，政府才被允许通过劳动局支付"缩短工时补贴"，这些补贴用来负担工人因工时缩短而减少的薪金。近年来德国就业者和短期工人数量如图 14-1 所示。

第五，减时减薪。减少正常工作时间的同时降低工资也是应对特定时期失业问题的重要手段，一般来说，劳资协议中会有相应的条款。有时候还会规

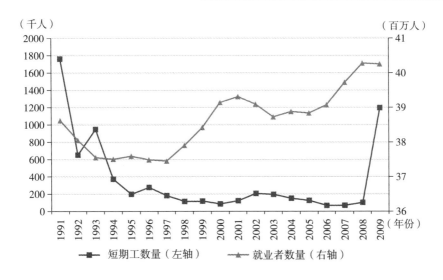

图 14-1　1991~2009 年德国就业者和短期工人数量

资料来源：OECD. OECD Economic Surveys：Germany，OECD，Paris［Z］. 2010：45.

定，工资降低的幅度必须小于工时减少的幅度。实行减时减薪，虽然劳动者不能得到"缩短工时补贴"，但用人单位可以不用负担全部社会保险费或者劳动者休假时的全额工资。另外，如果减时减薪仍然无法避免裁员，劳动者失业后拿到的失业保险金额度将会受影响，因为失业保险金额度以减少以后的工资作为基础计算，所以，劳动者还是更加倾向于要求实行短时工作制。

第六，失业保障相关政策针对无法避免的裁员做出调整。金融危机期间，德国政府除了继续沿用哈茨改革中对失业者提供失业保险金及技术培训与就业介绍的政策之外，为了延缓失业的到来，由工会和用人单位达成一致，在社会计划里约定设立所谓的"过渡公司"，把打算辞退的员工转移到这个机构中，委托专业人员给予最长 12 个月的深造或者改行培训，尝试为其介绍新的工作机会。这期间劳动者可以领取金额相当于失业保险金的补贴，但不被视为失业，也就是说，不影响之后领取失业保险金的时间。"过渡公司"的运营费用和发给劳动者的补贴由用人单位和劳动局共同负担，有时还会得到欧盟专项就业基金的支持。为了解决失业问题，特别是长时间失业者的再就业问题，德国政府也会采取提供公益性岗位、对雇用长期失业者的劳动单位给予岗位补贴以及鼓励失业者自主创业等一系列措施①。

　　在金融危机期间，除了企业选择减少劳务派遣工、工人选择各种缩短总工时的做法以减少失业，德国政府也会与工会讨价还价，使其同意压低薪金，并通过削减失业补贴以鼓励就业，通过"短工计划"保障工作岗位。总之，各种"抱团取暖"的措施从短期看似乎违反了市场经济规律，但从长期看，既降低了德国企业的成本支出，又能够保住制造业的工作岗位。有数据显示，这些措施使德国在经济危机时期保住了约500000个工作岗位②。2009年德国失业率为7.8%，2010年为7.1%，2011年为7.1%，2012年5月德国失业率为6.7%，同比下降0.3个百分点，创造1992年以来单月最低纪录，而同期欧元区17国的失业率平均水平为11%③。此外，欧盟国家青年人的平均失业率为22%，西班牙25岁及以下青年失业率高达51.5%，希腊青年人失业率更是高达52.7%，相比之下，德国25岁及以下青年失业率仅为8%，为欧洲联盟国家的最低水平④。

　　综上所述，置身于金融危机与欧债危机中仍立于不败之地的德国，其失业率不升反降的根源在于其制造业支撑下的强劲经济增长以及长期的低市场利率。不可否认的是，2003~2005年哈茨改革、积极劳动力市场政策以及金融危机期间德国政府千方百计采取的各种"抱团取暖"政策，均带来了降低企业运营成本以换取企业不裁员以及鼓励失业者再就业的功效。

---

　　① 王倩. 金融危机中避免失业减少裁员之策——德国的对策［J］. 中国劳动关系学院学报，2009，23（3）：61-66.
　　② 郑风田. 德国制造如何立足于金融危机［J］. 乡镇企业导报，2011（12）：58.
　　③ 参见新华社柏林电视台，2012年6月7日。
　　④ 希腊西班牙失业率居高不下　德国失业率欧盟最低［EB/OL］.［2012-06-08］. http：// intl. ce. cn/specials/zxgjzh/201206/08/t20120608_23392412. shtml.

第十五章　美国：高效的失业保险财务机制

　　2008 年金融危机至 2012 年底政府在积极应对失业的同时，美国联邦储备系统先后宣布了四轮量化宽松货币政策（QE），以支持本国经济复苏。美国联邦储备系统担心若没有足够的政策宽松措施，美国经济增长动力可能不足以让美国的劳动市场状况持续改善。2012 年美国推出第三轮量化宽松货币政策之后，日本、英国和欧元区紧随其后，都推出了各具特色的量化宽松货币政策。正在逐渐形成的全球化货币宽松热潮将使全球低息环境和充裕的流动性持续更长时间，这可能会为新兴市场经济体系再次带来通胀和资产价格上升的压力。与此同时，美国联邦储备系统声明其今后的货币政策将与失业率挂钩，这无疑使美国的失业及失业率的变化成为举世瞩目的焦点。

第一节　2008 年金融危机之后美国失业率持续高位水平

　　与同期其他代表性国家和地区比较，2008～2009 年金融危机之后，美国劳动力市场虽处于缓慢复苏过程，但其失业率仍然显著高于金融危机发生前的水平（见图 15-1）。2012 年 5 月美国失业率降到 8.2%。与美国相比，日本、德国和 OECD 的失业率相对较低。日本在金融危机最初发生时其失业率的增长是温和的，在达到峰值后迅速下降。德国则在金融危机开始之后失业率小幅下跌，2009 年第一季度失业率略有增加，从 2010 年中期开始失业率持续下降，截至 2012 年中期失业率比金融危机开始时下降约 30%。欧元区失业情况并不理想，2012 年 5 月失业率甚至升至 11.1%。经过持续近三年的经济复苏，OECD 预测 2013 年美国失业率将继续缓慢下降，到第四季度会达到 7.4%。与此同时，居高不下的工作岗位削减将有所缓慢，OECD 报告发现美国接近 1/3

的失业者失业一年以上，而仅有约 1/10 的失业者早在金融危机发生前已经失业①。

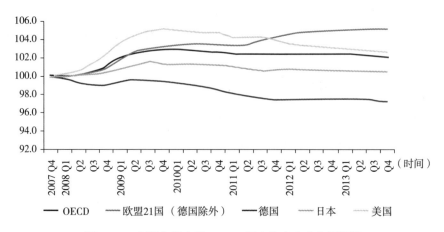

图 15-1 金融危机之后 OECD 国家失业率变化及预期

注：各系列以 2007 年第四季度的失业率数据为基期。

资料来源：OECD 的计算结果基于《第 91 号 OECD 经济展望》。转引自：OECD. OECD Employment Outlook 2012〔M〕. Washington, D. C.：OECD, 2012：19.

失业率高居不下，政府为失业者提供的收入支持（以失业保险津贴为主）随着失业人数的增加而迅速增加，平均每个失业者花费的收入支持费用比 2007 年增加了 18%，而 OECD 国家平均水平只增加了 9%②。失业保险支出之所以如此明显增加，主要原因在于美国联邦政府出台一系列法律提高了失业保险的慷慨度，其中的主要措施是延长失业津贴最长给付期限，一些州将失业津贴给付期从 26 周延长至 99 周（到 2012 年底，美国部分州已经停止延长失业津贴给付期的政策）。

从图 15-2 可见，金融危机期间，因劳动力需求不足造成大量失业，OECD 国家一年以内的失业者所占比例急剧增长，但随着经济复苏，工作岗位缩减速度放缓，加上一些人沦为一年以上长期失业者，一年以内的短期失业者比例开始明显下降。与 OECD 国家、欧元区国家及日本显著不同的是，美国长期失业率从低于 1%急剧增加到 2011 年第四季度的超过 2.7%。值得注意的是，在美国几乎一半的长期失业者失业期在两年以上。这意味着给付期从 26 周延长到

①② OECD. OECD Employment Outlook 2012〔M〕. Washington, D. C.：OECD, 2012.

99 周的临时性措施对这一群体起不到显著作用。

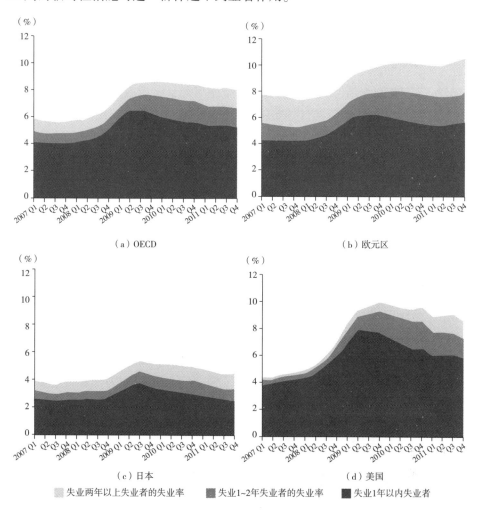

（a）OECD （b）欧元区

（c）日本 （d）美国

失业两年以上失业者的失业率 失业1~2年失业者的失业率 失业1年以内失业者

图 15-2 2007 年第一季度到 2011 年第四季度不同失业期的失业人口变化
（占劳动者数量的百分比）

注：OECD 为 32 个国家数据的加权平均（除智利、韩国外）。欧元区为 17 个欧洲国家数据的加权平均；从 2011 年第一季度到 2011 年第三季度（2011 年 3 月至 8 月），日本因遭遇大地震而中断调查工作。

资料来源：经合组织根据主要经济指标估计，经合组织统计数据库（OECD Labour Force Statistics Databases）和国民劳动力调查（National Labour Force Surveys）。http：//dx. doi. org/10. 1787/8889 32650914。转引自：OECD. OECD Employment Outlook 2012 ［M］. Washington，D. C.：OECD，2012：27.

第二节　金融危机期间美国失业保险政策调整

为了应对 2008 年由次贷危机引发的金融风暴，美国政府在 2008~2009 年通过联邦立法对州失业保险计划实施积极影响，形成了失业津贴的三个支柱。

第一个支柱为常规失业保险补偿（Regular UC）计划。美国各州（除马萨诸塞州和蒙大拿州以外）的失业保险给付期一般为 26 周，失业保险基金来自于对雇主征收的工薪税。州政府采取四种经验税率方法中的一种来设定本州的税率，其中"储备金比率"和"保险金比率"是最普遍的方法。州政府还对存放于美国财政部的失业保险信托基金具有维持责任，失业保险计划破产的州可以向联邦政府借款。2009 年底，24 个州、哥伦比亚区和维尔京群岛尚有未偿还的贷款。2008 年金融危机以后，美国常规失业保险补偿计划的变化不大（见图 15-3 和图 15-4）。直至 2012 年，部分州缩短了常规失业保险补偿的给付期限，例如阿肯色州和伊利诺伊州缩短至 25 周，密歇根州、密苏里州及南卡罗来纳州缩短至 20 周，佛罗里达州基于失业率不同缩短为 12 周至 23 周。

第二个支柱为联邦—州"延伸失业津贴计划"（Extended Benefits Program，EB）。根据该项计划，非经济衰退情况下，失业保险给付期为常规失业保险给付期的一半，即 13 周。延伸失业津贴的给付期限与各州失业率水平有关，2009~2010 年延伸津贴计划的最长给付期在一些高失业的州延长至 20 周。通常情况下，延伸津贴计划的资金由联邦政府和州政府各自承担 50%，但在经济衰退时期则完全联邦政府承担。因政府设置的临时触发器门槛较低，2009 年底支付延伸津贴的 38 个州中大约 2/3 处于开启临时触发器状态[1]。《2012 年美国纳税人救助法案》（*the American Taxpayer Relief Act of* 2012）将该计划的有效期延长至 2013 年 12 月 31 日[2]。

第三个支柱为紧急失业补偿计划（the Emergency Unemployment Compensation Program，EUC）。该计划完全由联邦政府出资。在经济衰退时期，几乎所有的州都受到持续高失业的影响，便可启动联邦政府资助的紧急失业津贴补偿

---

① Wayne Vroman. The Great Recession, Unemployment Insurance and Poverty ［Z］. Conference on Reducing Poverty and Economic Distress after ARRA, 2010-01-15.

② 参见美国劳工部网站：http：//www. ows. doleta. gov/unemploy/supp_act_eb. asp。

失业补偿（UC）计划：26周（48个州、华盛顿、波多黎各、维尔京群岛）；28周（蒙大拿州）；30周（马萨诸塞州）	紧急失业补偿（EUC08）：第一级（所有州为20周）；第二级（所有州为14周）；第三级（总和失业率不低于6%的州为13周）；第四级（总和失业率不低于8.5%的州为6周）	延伸失业津贴（EB）计划：13周（该州的投保失业率不低于5%，并且在两年前此期间的投保失业率的120%）可选择的层次（0、1、2）：13周（该州的投保失业率不低于6%）启动总和失业率的触发器：13周（该州的总和失业率不低于6.5%，并且两年前此期间的平均总和失业率不低于110%）；20周（该州的总和失业率不低于8%，并且两年前该州此期间平均总和失业率不低于110%）

| 最长26周 | + | 最长34~53周 | + | 0~13周（具有相应的总和失业率同时最长20周） | = | 最长60~99周 |

图15-3 2009年11月8日至2012年2月18日美国失业保险津贴

注：投保失业率（IUR）与总和失业率（TUR）完全不同，因为前者将以下几个主要群体排除在外：自雇工人、无收入家庭工人、某些非营利组织中的工人以及其他主要的季节性工人。此段期间美国除以下州例外，大多数州可获得的失业津贴最长为26周。这些州是马萨诸塞州（30周）、蒙大拿州（28周）、阿肯色和伊利诺伊州（25周）、密歇根州、密苏里和加利福尼亚州（20周）、佛罗里达州（依据失业率不同失业津贴为12周至23周）。如图所示，在计算紧急失业补偿（EUC08）和延伸失业津贴（EB）的最长期限时常规失业补偿（UC）津贴不高于26周，参见：CRS Report R41859, Unemployment Insurance: Consequences of Changes in State Unemployment Compensation Laws, by Katelin P. Isaacs.

资料来源：Congressional Research Service［A］//Julie M. Whittaker, Katelin P. Isaacs. Unemployment Insurance: Programs and Benefits［R］. Washington, D.C.: Congress, 2012.

计划。20世纪70年代、20世纪80年代初、20世纪90年代以及21世纪初分别采用了这样的临时性政策。2008年6月30日，美国政府通过《2008年紧急失业补偿计划》（EUC08），将有效期从原定的2008~2009年的一年时间向后延长，《2012年美国纳税人救助法案》（the American Taxpayer Relief Act of 2012）将该计划的有效期延长至2014年1月1日[①]。失业补偿计划遵循反经济周期而执行，即在经济衰退时期给付津贴，并在经济恢复时期收回。由于该计划全部由联邦政府融资，因此，州政府倾向于在支付延伸津贴计划（EB）之前先启用紧急失业补偿计划（EUC）。这无疑加大了联邦政府转移支付的规模，2009年美国失业救助的转移支付规模之大、数量之多前所未有。例如，规定临时

① 参见美国劳工部网站：http://www.ows.doleta.gov/unemploy/supp_act.asp。

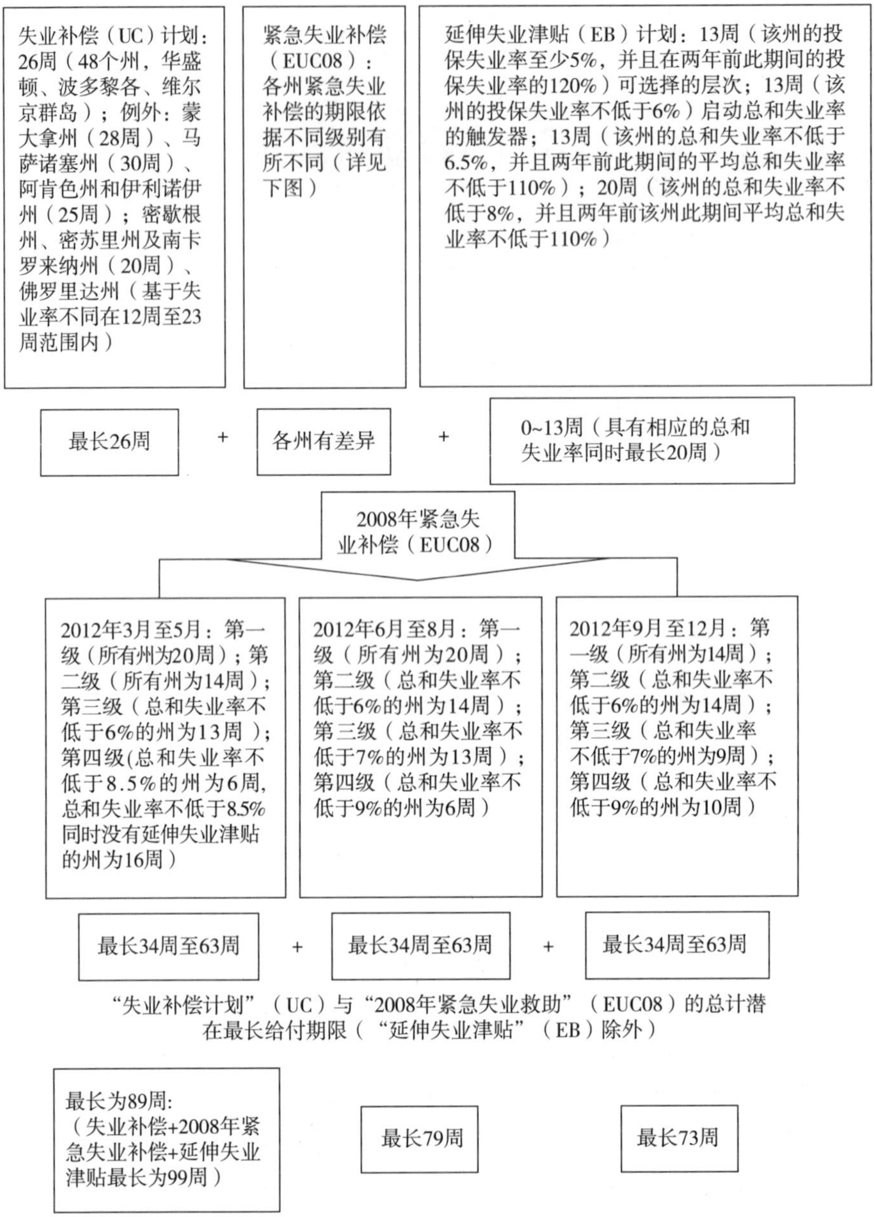

失业补偿（UC）计划：26周（48个州，华盛顿、波多黎各、维尔京群岛）；例外：蒙大拿州（28周）、马萨诸塞州（30周）、阿肯色州和伊利诺伊州（25周）；密歇根州、密苏里州及南卡罗来纳州（20周）、佛罗里达州（基于失业率不同在12周至23周范围内）

紧急失业补偿（EUC08）：各州紧急失业补偿的期限依据不同级别有所不同（详见下图）

延伸失业津贴（EB）计划：13周（该州的投保失业率至少5%，并且在两年前此期间的投保失业率的120%）可选择的层次；13周（该州的投保失业率不低于6%）启动总和失业率的触发器；13周（该州的总和失业率不低于6.5%，并且两年前此期间的平均总和失业率不低于110%）；20周（该州的总和失业率不低于8%，并且两年前该州此期间平均总和失业率不低于110%）

最长26周 + 各州有差异 + 0~13周（具有相应的总和失业率同时最长20周）

2008年紧急失业补偿（EUC08）

2012年3月至5月：第一级（所有州为20周）；第二级（所有州为14周）；第三级（总和失业率不低于6%的州为13周）；第四级（总和失业率不低于8.5%的州为6周，总和失业率不低于8.5%同时没有延伸失业津贴的州为16周）

2012年6月至8月：第一级（所有州为20周）；第二级（总和失业率不低于6%的州为14周）；第三级（总和失业率不低于7%的州为13周）；第四级（总和失业率不低于9%的州为6周）

2012年9月至12月：第一级（所有州为14周）；第二级（总和失业率不低于6%的州为14周）；第三级（总和失业率不低于7%的州为9周）；第四级（总和失业率不低于9%的州为10周）

最长34周至63周 + 最长34周至63周 + 最长34周至63周

"失业补偿计划"（UC）与"2008年紧急失业救助"（EUC08）的总计潜在最长给付期限（"延伸失业津贴"（EB）除外）

最长为89周：（失业补偿+2008年紧急失业补偿+延伸失业津贴最长为99周）

最长79周

最长73周

图 15-4　2012 年 2 月 19 日至 2012 年 12 月 29 日美国失业保险津贴

资料来源：Congressional Research Service ［A］//Julie M. Whittaker, Katelin P. Isaacs. Unemployment Insurance：Programs and Benefits ［R］. Washington, D. C.：Congress, 2012.

转移支付措施的政策法规就达到五项之多，包括《2009 年美国复兴与再投资法案》《2009 年综合拨款法案》《2009 年综合拨款法案修正案》《2009 年劳工、房屋所有权与创业救助法案》和《2010 年国防部授权法案》。每个法案均包括若干失业待遇补偿的内容，例如，《2009 年美国复兴与再投资法案》中涉及失业保险待遇的有："2008 年紧急失业补偿的延伸计划"（2010 年 1 月 1 日之前失业保险金每周增加 25 美元），"失业保险补偿现代化刺激支出"（到 2011 年 9 月 30 日联邦给各州拨付 70 亿美元），"特别行政费分配方案"（联邦政府向州政府拨付 5 亿美元）等。所有这些都是反危机和反周期的临时措施，几乎都属于劳动力市场政策的成本支出，资金来自财政转移支付①。2012 年之后，随着美国经济形势好转，失业率递减，紧急失业补偿计划的给付期限呈现减少趋势（见图 15-4）。

第三节　美国失业保险制度反经济危机的策略与作用

在发达国家中，美国失业保险制度的运行机制和制度结构具有一定的代表性，符合美国劳动力市场政策"中性"的特征。"二战"后，尤其 20 世纪 80 年代以后，美国不断调整失业保险制度多次应对经济危机，其失业保险反经济危机的策略具有以下几个特点：

一是从历年失业保险支出与失业率的关系以及失业保险支出结构来看（见图 15-5），包括：

从 1980 年以来的历次危机与支出的关系来看，失业率与支出规模的趋势是同向和吻合的，即在失业率攀升时支出规模也随之大幅提高。

在四次经济危机中，正常支出和转移支付二者合计的规模一次比一次大，1982 年和 1983 年危机分别为 257.7 亿美元和 261.9 亿美元，1992 年和 1993 年危机分别为 402.7 亿美元和 352.7 亿美元，2002 年和 2003 年为 546.1 亿美元和 550.3 亿美元，此次金融危机达到巅峰，2008 年是 521.9 亿美元，2009 年骤升至 1328.1 亿美元，2010 年仅前五个月就高达 618.9 亿美元。这说明，政府反周期的作用越来越大。

① 郑秉文. 中国失业保险基金增长原因分析及其政策选择——从中外比较的角度兼论投资体制改革 [J]. 经济社会体制比较，2010（6）：1-20.

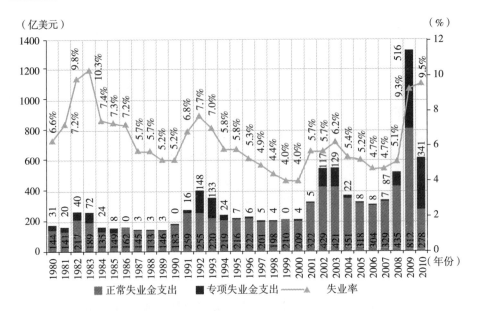

（亿美元）

（%）

图 15-5　1980~2012 年美国正常失业金支出、临时反危机支出与失业率变化

注："正常支出"（RB）指失业金；"其他支出"均来自转移支付，包括七个部分：延伸待遇给付（EB）、联邦补充失业金（FSB）、联邦补充补偿金（FSC）、紧急失业补偿金（EUC）、临时延伸失业补偿金（TEUC）、联邦农业雇员失业补偿金（UCFE）、前公务员失业补偿金（UCX）。

资料来源：关于失业率的数据，2008 年以前的引自 Average Duration vs Total Unemployment Rate，见美国劳工部网站（http：//www. doleta. gov/unemploy/），2009 年数据和 2010 年数据（截至 5 月底）引自 BLS，The Employment Situation-June 2010 in News Release，Bureau of Labor Statistics，U. S. Department of Labor，2010-06-02，USDL-10-0886。关于失业金支出，引自 UI Program Outlays。

正常年份只有失业保险金的支出，其资金来自失业保险基金，只有四次经济危机期间增加各种失业救济金，出现大规模转移支付，例如，2010 年前五个月的支出占全部失业保险支出的一半以上，达到 341 亿美元，高于正常失业保险金支出的 278 亿美元①。

在危机期间，除失业保险制度增加支出有相关条例规定以外，转移支付也有相关立法依据，财政对所有转移支付均列有专门项目。

无论是失业保险基金的支出，还是转移支付的支出，投向非常集中，目的非常明确，它们均以失业津贴为主，以提高失业者及其家庭的消费能力，而较

---

① 郑秉文. 中国失业保险基金增长原因分析及其政策选择——从中外比较的角度兼论投资体制改革［J］. 经济社会体制比较，2010（6）：1-20.

少用于就业促进和就业培训，这也符合凯恩斯主义思想，即通过扩大有效需求和控制贫困发生率促进经济复苏。2008年，美国失业保险支出583.1亿美元，其中536.8亿美元用于失业保险金补贴支出，就业促进与就业培训仅为57亿美元；2009年，总支出1391.2亿美元，其中失业保险金补贴支出高达1333.5亿美元，就业促进与就业培训仅为72.1亿美元[①]。

二是从"失业受益率"（见图15-6）看，尽管"二战"后美国遭遇数次经济危机的重创，但是失业保险制度及时调整，使"失业受益率"[②] 保持稳定，制度"瞄准度"比较理想。失业受益率是衡量一国失业保险制度瞄准度和覆盖率的主要标尺，受制度设计理念和福利模式的约束，国家之间失业受益率差距较大，即使在一国之内也会受到执政理念和国家财政状况的影响而出现制度"瞄准度"问题。例如，20世纪50年代美国"失业受益率"保持在50%左右；20世纪六七十年代，这一比率在40%左右徘徊；20世纪80年代初期，政府偿付能力不足因而收紧失业保险给付条件，失业受益率明显下降，1984年达到最低的30%；1984年之后，这一比率稍有改善，20世纪90年代维持在35%左右，进入21世纪的最初三年则跃升至超过40%（2001年为44%，2002年为43%，2003年为41%），随后一路下滑至2008年的37%，2009年又升至40%[③]；之后逐年下降，2011年为27%[④]。从美国长达60多年的"失业受益率"曲线来看，剔除其他因素之后，基本与经济波动趋势相关，经济繁荣时，失业受益率走低，经济萧条时，失业受益率上升。

三是从美国1970~2008年失业保险基金收支情况来看（见图15-7），有如下特点：

凡是在经济危机期间出现支付高峰时，征缴税率次年必然提高，时滞大约1年，在持续爬升大约3~4年后达最高点，然后开始下滑；这两条曲线交叉式的顺周期起伏波动状态显示，失业税收入对失业保险金支付高峰时出现的缺口的"弥补行为"主要发生在"事后"，而无须"事前"积累，这是失业保险与养老和医疗等社会保险项目最大的区别。

征缴税率和支出标准占全部工资比重均呈同步下降趋势，而没有单纯追求

---

①③　郑秉文．中国失业保险基金增长原因分析及其政策选择——从中外比较的角度兼论投资体制改革［J］．经济社会体制比较，2010（6）：1-20．

②　享受失业津贴的失业者占当年失业者总数的百分比，通常被称为"失业受益率"（Recipiency Rates，RR）。这一比率通常被用来测度失业保险受益程度。

④　参见美国劳工部网站：http：//www.doleta.gov/unemploy/。

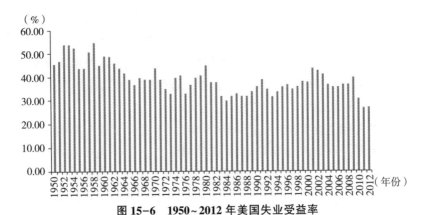

图 15-6　1950~2012 年美国失业受益率

资料来源：参见美国劳工部网站：http：//www.doleta.gov/unemploy/chartbook/chartrpt.cfm。

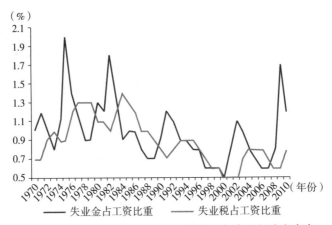

—— 失业金占工资比重　　　—— 失业税占工资比重

图 15-7　1970~2010 年美国失业税收入与失业保险金支出

资料来源：参见美国劳工部网站：http：//www.doleta.gov/unemploy/chartbook/chartrpt.cfm。

基金的积累，这个规律可被视为失业保险制度和失业保险基金追求的一个目标，即收支大致相抵，略有结余。美国的"联邦失业税"和"州失业税"全部进入"失业信托基金"，该基金将其几乎全部用于政府债券投资，截至 2009 年 9 月 30 日，该基金净值合计仅为 198.45 亿美元，其中，其持有 2010 年 6 月 30 日到期的特种国债 3.34 亿美元（利率 3.25%），2011 年 6 月 30 日到期的特种国债 192.94 亿美元（利率 4.5%），利息收入 2.17 亿美元，这就是美国失业保险基金规模目前的财务情况：负债与资产大致相抵，基金结余很少[①]。

---

① 郑秉文. 中国失业保险制度存在的问题及其改革方向——国际比较的角度［J］. 中国经贸导刊，2011（5）：12-16.

回顾一下 1998 年以来美国失业保险基金收支状况就会发现，在过去的 18 年里收支总体水平均呈下滑趋势，其中有 9 年收入小于支出，6 年收支大致相抵，只有 3 年收入大于支出。总体看，18 年来收支大致平衡，没有余额。正如美国 2009 年的财务报告所言，"联邦政府没有为将来支付失业保险金或劳工部其他相关的支出而储备专项资金"。从理论层面看，失业保险基金储备规模还没有一个国际公认的量化指标，各国都在探索之中。总体看来，美国没有大规模或者固定数额的失业保险基金储备，但是屡次应对经济危机的效果较好，平滑经济萧条年份之后基本不需要大量财政补贴①。

四是从 1988~2010 年美国年度平均失业保险替代率来看（见图 15-8），美国失业保险替代率在 1988~1992 年呈上升趋势，最终 1992 年至今一直稳定在 46% 左右，低于 50% 的水平，2007 年各州失业保险金平均替代率为 47.0%，十几年来变化不大②。与欧洲相比，美国失业保险替代率大约比欧洲低 1/3 以上，而且每次金融危机之后都是美国失业率首先走出低谷，欧洲失业率高企是其难以摆脱危机的一个标志，在学界，欧洲"失业陷阱"受到的诟病远比美国更为激烈，美国劳动力市场弹性显然好于欧洲，就业率高于欧洲，失业率低于欧洲，成为欧洲赶超的一个典范。欧美之间存在的这些差异性固然由许多原因导致，但失业保险制度及其待遇水平的差异性是其中主要原因之一③。

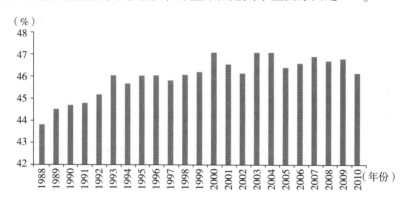

图 15-8 1988~2010 年美国年度平均失业保险替代率

资料来源：参见美国劳工部网站：http://www.doleta.gov/unemploy/chartbook/chartrpt.cfm。

---

①③ 郑秉文. 中国失业保险基金增长原因分析及其政策选择——从中外比较的角度兼论投资体制改革［J］. 经济社会体制比较，2010（6）：1-20.

② 参见美国劳工部网站：http://www.doleta.gov/unemploy/。

第十六章　日本：从失业保险转向雇用保险

　　20 世纪 90 年代初股票市场和房地产市场泡沫破灭，日本经济开始骤然减速。与日本经济辉煌时引起世界瞩目一样，日本持续十年的经济低迷同样引起了世界的广泛关注。直到 2003 年，日本经济才有明显起色，但这一复苏也只是短暂而虚假的。2004 年至 2008 年日本经济复苏，失业率保持在 4% 左右，2007 年甚至降至 3.9%[①]。然而，2008 年全球金融危机爆发后，随着金融危机向实体经济蔓延，日本财政状况恶化到"二战"结束时的水平，甚至还超过了危机"源头"的欧美国家。日本的长期经济低迷被称为"失去的十年"或者"失去的二十年"。日元升值、通货紧缩、少子化与老龄化及内需不足等都是其背后的原因。"他山之石，可以攻玉"，中国和日本经济及社会背景有很多相似之处。例如，日本人口老龄化严重，其经济开始低迷的 1990 年正是日本"人口红利"完结的开始；日本曾连续多年经济增长率高达两位数，并经历了长达三十余年经济较快增长；日本经济"硬着陆"前房地产泡沫严重等，这些问题在中国也同样存在。因此，借鉴两个"失去的十年"背景下日本失业保险制度的经验与教训对我国完善失业保险制度有重要意义。

第一节　20 世纪 90 年代之前日本雇用保险制度的形成

　　"二战"结束后，日本国内劳动力市场秩序混乱，战后大批军人复员加剧了日本已经非常严峻的失业形势。为了迅速恢复经济以及应对严重失业问题，日本政府于 1947 年正式颁布《失业保险法》（*The Unemployment Insurance Act*）

---

　　① Japan Institute for Labour Policy, Training (JILPT). Labor Situation in Japan and Its Analysis: General Overview 2011/2012 [J]. Japan Institute for Labour Policy and Training, 2012.

及《职业安定法》（*The Employment Security Act*），此后又相继颁布了一系列旨在促进就业的劳动立法。《失业保险法》最初的设计非常简单，只依据参保缴费期限界定待遇期限，没有针对失业者的参保缴费期限或者年龄设置不同的待遇期限，规定一年内参保缴费 6 个月及以上的失业者统一享受 180 天的失业津贴待遇期。同时，该法也设置了一些限制领取津贴的条款，例如，失业者无理由自愿退休时就不能领取失业津贴[①]。由于在实践中很难判断退休者是否处于"失业"状态，因此，退休工人申领失业津贴的情况越来越多。这种现象加剧了失业保险制度的支出。为了缓解日益严重的失业问题，1949 年日本政府颁布了《失业者应急救援措施法》。该法规定，地方政府应该在包括道路建设和维护、渠务维修工程或公共建筑维护等公共就业项目中为失业者提供工作岗位。由政府提供就业岗位，短期内确实减少了失业，但随着时间推移，政策的执行效果越来越不理想，到 20 世纪 50 年代初，政府超负荷地临时安置了大量失业工人，造成公共就业项目已经人满为患；更有甚者，这些公共就业项目吸引了大量丧失就业能力的年长工人、贫困自雇者和新增女性劳动者纷纷涌入，大批青壮年失业工人仍游离于劳动力市场边缘。

1953 年日本政府开始实施紧缩型财政政策，这无疑使失业形势雪上加霜。到 1955 年，日本失业保险账户出现 10 亿日元赤字，原因在于统一待遇期限的规定引发大量季节性工人和短期工人的道德风险，这些人工作 6 个月后失业就可以领到 6 个月的失业津贴[②]，这对于参保缴费期限较长的失业者不公平，损伤了雇员参保缴费的积极性。为了降低短期参保缴费失业者的道德风险和缩小失业保险金支出规模，1955 年日本政府对《失业保险法》进行了第八次修订。此次修订延长了具有较长参保缴费期限失业者的待遇期，同时缩短了季节性工人和其他短期参保缴费失业者的待遇期。随着 20 世纪 60 年代日本经济复苏并进入高速增长阶段，劳动力市场需求大增。然而，令人啼笑皆非的是，这时期日本领取失业保险金人数不减反增。因为这些人宁愿继续享受失业津贴而不愿重新就业。这种现象引发社会不满，决策者不得不对失业保险金支付和待遇资格方面存在的反向激励问题加以修正。日本厚生劳动省规定，如果失业者不想失去失业保险金，就必须接受公共职业安置所为其提供的任何工作。这项政策

---

① Yasuyuki Konishi, Legal Benefits System for Retirement Risk in Japan：Basic Structure and Relationship with the Employment System［J］. Japan Labor Review，2012，9：4-22.

② Nicola Duell，David Grubb，Shruti Singh，et al. Activation Policies in Japan［C］. Paris：OECD，2010.

给求职者和公共职业安置所都带来了很多麻烦，因为一些公司不愿接受安置人员，故意在面试环节不录取求职者①。不仅如此，这项法规被公众指责为残忍无情。

1969 年日本政府对《失业保险法》进行了第 26 次修订，规定那些短期内频繁解雇员工的雇主必须缴纳特殊保险费，这些缴费将被用于资助相关促进就业措施的实施。这项规定旨在减少季节性失业并确保稳定就业。日本是一个能源依赖型经济体，1973 年的石油危机对其国民经济造成沉重打击，失业问题再次成为社会突出的问题之一，而历时 20 多年的《失业保险法》无法解决层出不穷的问题。日本失业保险待遇受益者中季节性工人和青年女工占比很高，对于大多数民众而言，失业保险金似乎成了这两类群体的专享制度。很多人对自己只缴费但没有享受待遇很不满意，对失业保险制度产生不信任。雇主联合会与工会组织也不断敦促政府采取必要的措施改革失业保险制度。在这种背景下，日本国会于 1974 年 12 月通过并于 1975 年 4 月 1 日起实施《雇用保险法》。

《雇用保险法》替代了原有的《失业保险法》，后者仅以保障失业者基本生活为目标，而新法案则是在为失业工人提供必要待遇以保障其基本生活水平的同时，采取必要措施促进其再就业。从立法名称的变化可以看出日本政府开始转变观念，从单纯重视失业者的生活救济转向更加强调发挥促进就业功能。《雇用保险法》规定："为失业者求职提供各种便利措施，例如，预防失业、平衡就业状况、增加就业机会、开发并改善劳动者技能、提高福利以保障就业。"此外，《雇用保险法》还规定，雇用保险在为失业者提供津贴的基础上承担下列两项事务：雇用安置和能力开发。1980 年日本政府将这两项事务有机整合，作为解决经济结构调整带来的结构性失业问题的重要手段。不论是立法名称还是改革内容，都显示出日本失业保险已经从事后救济色彩浓厚的被动型应急措施，发展为事前预防功能很强并以促进就业为主要目标的主动型制度。随着日本经济结构的调整，劳动力市场供需关系的变化使失业率上升，政府在失业津贴相关事业中开支也大幅增加，为此，在 20 世纪 80 年代日本政府又改革了失业津贴制度。

---

① Nicola Duell, David Grubb, Shruti Singh, et al. Activation Policies in Japan [C]. Paris：OECD, 2010.

第二节　20 世纪 90 年代初至 21 世纪初日本雇用保险制度的调整

20 世纪 80 年代后半段，日本经济处于高速增长状态，以大企业为中心的"终身雇用制"和"年功工资制"推广，日本的就业状况相对稳定，失业率保持在较低水平。但是 20 世纪 90 年代初，随着"经济泡沫"的破裂，日本经济开始陷入长期低迷中，失业率急剧上升，从 1990 年的 2.1% 上升至 2000 年的 4.7%，2003 年升到 5.3%[①]。与此同时，非正规就业群体增加，长期失业以及青年失业问题日益严峻，日本国民对本国经济恢复逐渐失去信心。面对严峻的就业形势，这一阶段日本雇用保险制度面临如下几大挑战：

首先，长期失业问题严重，雇用保险制度缺乏有效应对措施。日本经济长期陷入衰退，加之产业结构调整，工人一旦失业，由于缺乏相应技能从而很难找到工作，越来越多的失业工人沦为长期失业者，这些人在失业保险待遇期结束之后还未能找到新的工作，引发严重的社会问题。因此，如何促进长期失业者回到工作岗位，是这一阶段日本雇用保险制度面临的首要问题。

其次，非正规就业大量增加，雇用保险制度的瞄准度不断下降。20 世纪 90 年代初期，日本的非正规就业规模还不是很大，到 20 世纪 90 年代中期，正规就业者的数量开始下降，而非正规就业者的数量开始上升。如表 16-1 所示，1980~2009 年日本调查失业者从 110 万增加到 318 万，雇用保险受益人占失业人口的比例从 62.1% 降至 27.4%，制度"瞄准度"严重缩水。失业者的增加与非正规就业的出现及增长有关。例如，到 1992 年，"飞特族[②]"的数量在十年内翻了一番，到 2002 年又翻了一番。日本的劳动法规定企业可以自由地解雇临时工人，因此，为了增强调节用工数量的灵活性以适应经济的变化，许多企

[①] Nicola Duell, David Grubb, Shruti Singh, et al. Activation Policies in Japan ［C］. Paris：OECD, 2010.

[②] 都市"飞特族"。"飞特"是日语里用来指代 15 到 34 岁之间没有稳定工作或者失业在家的年轻人，这当中不包括家庭主妇和学生。他们有时也被称为失业人员或者自由职业者。"飞特"的英文拼法 freeter 或 freeta 于 1987 或 1988 年首次使用，据说是英文单词 free（自由）或 freelance（自由职业）和德语单词 Arbeiter（工人）的合成形式。

业愿意雇用临时工人而减少固定人员的雇用。临时工人加入雇用保险制度要受到很多制约，因此，随着临时工人人数的增加和正规工人人数的减少，越来越多的劳动者被排斥在雇用保险制度之外，结果向雇用保险制度缴费的人数也呈下降趋势。

表16-1　1980~2009年日本雇用保险缴费覆盖率、津贴受益率和津贴平均受益期

财政年度	雇用保险的参保人占经济中总雇员的比率	雇用保险受益净额	劳动力调查的失业人口	15~64岁人口	雇用津贴受益人占劳动力调查的失业人口的比例	雇用津贴受益人占15~64岁人口的比例	津贴的平均期
	（%）	（千，年度平均）			（%）		（月）
1980	62.9	683	1100	78740	62.1	0.9	5.8
1985	63.7	647	1520	82350	42.6	0.8	5.5
1990	64.9	496	1310	86080	37.9	0.6	5.7
1995	63.7	857	2030	86980	42.2	1.0	6.1
2000	62.6	1069	3110	86570	34.4	1.2	6.1
2001	62.6	1129	3280	86250	34.4	1.3	5.7
2002	63.1	1064	3500	85770	30.4	1.2	5.5
2003	63.6	853	3360	85380	25.4	1.0	5.1
2004	64.6	697	3020	85140	23.1	0.8	4.7
2005	65.4	643	2840	84610	22.6	0.8	4.4
2006	66.0	598	2630	83960	22.7	0.7	4.4
2007	67.2	582	2480	83130	23.5	0.7	4.3
2008	68.5	622	2530	82440	24.6	0.8	4.2
2009	69.0	870	3180	81640	27.4	1.1	5.5

　　资料来源：日本统计部、日本历年统计数据，表23-34。www.stat.go.jp/english/data/chouki/index.htm；对外交流与内务部（2010年），日本2010年度展望，表20-22。www.stat.go.jp以及劳动统计www.mhlw.go.jp/toukei/itiran/roudou/roukei/shihyou/index.html；OECD就业在线数据库www.oecd.org/els/employment/database和OECD的估计。转引自：Nicola Duell, David Grubb, Shruti Singh, et al. Activation Policies in Japan［C］. Paris：OECD，2010.

　　最后，失业保险基金支出规模扩大，雇用保险制度面临日益严重的赤字问题。日本雇用保险基金在1992年前一段时间内保持盈余，到20世纪90年代末

期迅速跌至出现赤字。1997 年东南亚金融危机引发日本经济开始新一轮下滑，1998 年初日本失业率飙升，领取失业津贴的人数增加，尤其是年龄较大的失业工人领取的期限长、给付水平高，总的失业津贴支出总量不断上升。然而与此同时，向雇用保险制度缴费的人数不仅没有增加，反而下降，雇用保险基金的赤字问题非常严重。

自 1974 年《雇用保险法》颁布以来，日本政府几乎每年都会对该法进行修订以配合积极劳动力市场政策对失业问题作出积极应对（见表 16-2）。在两个"失去的十年"期间，日本政府对雇用保险制度的修改与完善包括：

第一，考虑到不同年龄雇员的失业风险不同，1974 年《雇用保险法》规定"依据年龄不同设置不同的待遇期限"，取消 1947 年《失业保险法》中规定的只依据参保缴费记录设置统一的待遇期限。但是，由于实践中仍旧无法准确地判断不同年龄的工人是否真实处于"失业"状态，1984 年日本政府对《雇用保险法》进行第六次修订，"依据受益人的年龄和参保缴费期限设置不同的待遇期限"。

第二，考虑到老年雇员很难找到工作，1995 年第 27 次修订《雇用保险法》，规定"60 岁的参保者的待遇期限延长 30~60 天"。此举一出，领取失业保险金的人数大幅增加。为了减少老年雇员的道德风险，2001 年日本政府缩短了"普通"失业者的待遇期限，特别是对年纪较大的长期参保雇员。

第三，针对经济结构转变中非正规就业者比例的增加，2001 年日本政府取消"为非全时工作参保雇员设置的最低收入限制条件"，结果造成非全时工人参加雇用保险的人数快速增加。

第四，考虑到因所在企业"破产、倒闭"等原因被动失业的劳动者在求职中缺乏必要的准备而影响了再就业，待遇期而且清晰界定这部分雇员是否真实处于"失业"状态存在一定困难，2001 年日本政府将待遇期限的确定由原来的"参保缴费记录及年龄决定待遇期"改为"根据不同的失业原因决定"待遇期，给予因"破产、解雇"等原因被动失业者更长的待遇期，缩短临时合同接近到期的失业者的待遇期。例如，在"因破产、解雇"失业中，延长 45~59 岁的参保者的待遇期限，缩短 60~64 岁参保者的待遇期（低于 45~59 岁参保者待遇期）。

第五，2001 年修改了非正规就业者参保的收入条件。在此之前，非正规就业者按照统一收入水平参保。2001 年之后则改为依据年龄不同设置不同的收入水平作为缴费的基础，例如，30 岁以下的雇员每天日工资收入 14590 日元，

60~64岁雇员的日工资为 19450 日元[①]。

第六，2003 年规定缴费五年以上的"普通失业者"的最长待遇期缩短 30 天，"破产、解雇"等原因的失业者的最长待遇期延长 30 天。降低 60~64 岁雇员的缴费收入上限，降至低于 45~59 岁雇员的缴费收入上限。60 岁以下雇员的收入增加，失业保险总替代率从 0.8 降至 0.5（60 岁以上的雇员从 0.8 降至 0.45）[②]。

表 16-2　1975~2010 年日本雇用保险的调整与变化

年份	雇用保险的调整
1975	《雇用保险》代替了《失业保险》，依据年龄而非参保缴费记录设置待遇期限
1984	同时根据年龄和参保缴费记录设置待遇期限
1995	60 岁的参保者的待遇期限延长 30~60 天
2001	取消为非全时工作参保雇员设置的最低收入门槛； 待遇期限长短的决定因素由原来的缴费记录和年龄改为失业原因。缩短"普通失业者"特别是年纪较大的长期参保雇员的待遇期限，延长因"破产、解雇"等原因造成的失业的待遇期限；延长 45~59 岁参保者的待遇期限，缩短 60~64 岁参保者的待遇； 按照不同年龄设置缴费收入上限，30 岁以下的雇员的收入上限为 14590 日元，60~64 岁雇员的收入上限则为 19450 日元
2003	缴费五年以上的雇员，在"普通失业"情况下最大待遇期减少 30 天，在"破产、解雇"等情况下最大待遇期延长 30 天。60~64 岁雇员的收入上限降至 45~59 岁雇员收入上限之下
2009	允许固定期限的雇员（其雇主预计雇用其六个月以上）缴费参加该制度（以前仅限于预计被雇用一年以上的雇员）
2010	雇用保险的适用范围扩大到包括预计被雇用 31 天以上的雇员

资料来源：Benefits and Wages country - specific files（www.oecd.org/els/social/workincentives）；Hamaguchi（2008）；Hatoyama Cabinet（2010）；Hayami（2003）；JIL（2003a；2004）；http://yoshida - econ.info/cms/index.php；MoF(2009) and www.mhlw.go.jp/general/seido/anteikyoku/koyouhoken/index.html. 转引自：Nicola Duell, David Grubb, Shruti Singh, et al. Activation Policies in Japan [C]. Paris：OECD, 2010.

---

①② Nicola Duell, David Grubb, Shruti Singh, et al. Activation Policies in Japan ［C］. Paris：OECD, 2010.

通过日本历年雇用保险制度相关指标数据的变化（见表 16-1）和劳动力市场政策支出占 GDP 比例的变化（见图 16-1），可见日本雇用保险制度的实施取得了如下效果：

第一，1980~2001 年，雇用保险受益人数增加了 65%，但是来自劳动力的调查显示失业者的总数增长了近两倍，雇用保险受益者占调查失业者的比率从 62.1% 急剧下降至 34.4%，下降了近一半；2001~2004 年这一比例由 34.4% 降至 23.1%，又下降了 11.3%。这表明，随着经济结构调整，就业结构也在变化，非正规就业者增多，这些人因无法满足雇用保险的参保资格而徘徊在制度之外，失业时无法享受失业保险金。

第二，1980~2004 年雇用保险参保人占经济中总雇员的比例保持在低于 65% 的水平，但是在 2002~2007 年这一比例略微上升至 67%。这表明，虽然日本长期经济低迷，失业问题严重，但是日本雇用保险制度进行一系列调整（例如，2001 年日本政府取消雇用保险为非全时工人设置的最低收入参保门槛）后，更多的非正规就业者加入雇用保险，制度瞄准度有所提高。

第三，20 世纪 90 年代受益者人数占工作年龄人口数的比例大约为 1%，2004 年之后低于 1%，总体上低于欧盟国家的失业保险待遇受益率水平（3%~6%）[①]。失业待遇受益率低可归因于大企业实施"终身雇用制"和"年功工资制"背景下就业稳定，但更显示出日本经济低迷，结构性失业严重。

第四，2000 年至 2005 年的 5 年间，平均待遇期从 6.1 个月降至 4.4 个月，下降超过 1/4，达到雇用保险制度 1975 年建立以来的最低点[②]。这次明显下降归因于 2001 年雇用保险享受资格改革（2001 年日本雇用保险制度缩短了接近临时合同到期日的失业者可享受的待遇期，2003 年缩短了"普通失业者"的最长待遇期）。

第五，劳动力市场政策支出占 GDP 的百分比的历史数据显示日本政府失业津贴等消极劳动力市场政策方面的支出波动明显大于积极劳动力市场。2000 年消极劳动力市场政策支出达到峰值，这是因为 20 世纪 90 年代之后失业率大幅攀升，政府采取相应调整措施加大了支出规模。

第六，2001 年和 2003 年日本雇用保险制度改革放宽了给付条件，并延长"破产、解雇"等非自愿失业者的待遇期，政策效果明显，2003 年以后日本失

[①②] Nicola Duell, David Grubb, Shruti Singh, et al. Activation Policies in Japan [C]. Paris：OECD, 2010.

业率大幅度下降。

第七，公共职业安置所的管理费有一个长期下降的趋势，表明日本政府十分重视控制雇用保险制度的管理成本。

第八，1990~2007 年，尽管同期失业率仍比较高且在一段时期内不断升高，日本政府用于积极劳动力市场政策支出占 GDP 的比例基本稳定，而且在 2007 年之后开始明显增加，说明日本政府自 20 世纪 90 年代初"泡沫经济"崩溃后始终如一地重视积极劳动力市场政策。

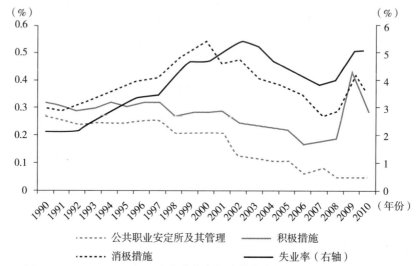

图 16-1　1990~2010 年日本劳动力市场政策支出占 GDP 的比例和失业率

资料来源：支出数据来自 OECD/欧盟劳动力市场计划统计局数据库；失业率数据来自 OECD 在线就业数据库（www.oecd.org/els/employment/database）。转引自：Nicola Duell, David Grubb, Shruti Singh, et al. Activation Policies in Japan［C］. Paris：OECD，2010.

第三节　2008 年金融危机之后日本雇用保险制度的调整

从 2002 年 1 月开始，日本经济呈现出复苏迹象，此后至 2007 年 10 月，日本经历了"二战"以后最长时期的经济复苏，相比同期全球经济下滑局面，日本经济形势可谓一枝独秀。然而，2008 年爆发了 21 世纪最为严重的全球金融危机，欧美市场成为重灾区，而严重依赖向欧美市场出口的日本受到牵连，制造企业开始全面亏损。此外，日元升值及通货紧缩等多种因素共同作用，日本制造业落入亏损的深渊，就业形势迅速恶化，失业率上升，2009 年和 2010 年日本失业率持续两年保持在 5%左右①。虽然，随着经济复苏，日本经济增长率逐渐由负转正，但是经济复苏对劳动力市场的影响具有滞后性。此外，社会的发展、经济形势、人口结构、政局变换以及劳动力市场状况的变化，暴露出来的诸如非正规就业者的失业、青年失业及长期失业等严峻问题亟待解决。日本青年人尤其是刚毕业学生的失业率居高不下，即使这些青年失业者能在非正规部门就业，工薪收入也低于正规就业者。

为了应对 2008 年金融危机，日本政府采取了一系列紧急措施，致力于改善就业形势。这些措施包括放宽"就业调整津贴"的给付条件，建立创造工作基金计划。2010 年 6 月日本内阁通过《新增长战略》，以期重振日本经济。该战略的目标在于：①实现经济名义增长率达到 3%，实际增长率达到 2%；②将失业率降至最低。该战略特别规划在环境保护、医疗卫生、亚洲和旅游业等四个领域创造新需求并实现创造就业岗位，同时启动"就业和人力资源战略"作为实现"新增长战略"的支柱。"就业和人力资源战略"对青年、女性、老年以及残疾人群体在劳动力市场中的就业率指标分别做出具体规定，明确提出到 2020 年实现 20~64 岁人口就业率达到 80%。该战略的一个关键点是在政府推动下帮助工人实现在"工作与生活之间更好的平衡"②。

为了实现"新增长战略"，日本制定了的"三步走"策略（2011 年爆发海啸地震及其引发的核辐射危机之后，日本政府对"新增长战略"做出了相应调整）：第一步，运用 2010 年财政年度意外事故储备的"紧急应对措施"；第二步，运用 2010 年财政年度补充预算以应对日元升值与通货紧缩的"综合性紧急经济措施"；第三步，运用 2011 年财政年度预算和税收制度全面实施"新增长战略"。具体政策包括：

第一，针对应届毕业生的相关措施。"应届毕业生就业计划"向三年内为应届毕业生提供就业岗位的企业给予经济刺激。"应届毕业生公共职业安置所"已经在所有辖区建立起分支机构以便支持应届毕业生求职。

第二，优先在一些领域创造就业岗位。为了在护理、医疗照护等预期就业增长领域创造新增就业机会并开发人力资源，每个辖区允许将来源于国民政府的资金用于实施该计划，这些计划寻求在一些领域创造就业机会。这些计划扩

①②　Japan Institute for Labor Policy, Training（JILPT）. Labor Situation in Japan and Its Analysis: General Overview 2011/2012 ［J］. Japan Institute for Labor Policy and Training, 2012.

大了津贴的持续期，并提高了支付标准。

第三，"就业调整津贴"制度。为那些由于经济周期性调整、经济结构改变或者其他原因导致业务活动范围收缩的雇主提供假期津贴补助。为了应对日元升值，日本政府放宽了该补助的待遇资格条件，同时强化了该补助的反欺诈措施。

第四，求职者支持制度。为那些无资格获得雇用保险待遇的求职者提供补助，用于这些人的职业培训费和在此期间的生活费（从 2011 年 10 月开始实施）。

鉴于非正规就业者人数不断增加，日本政府放松了雇用保险的资格条件，同时也放宽了失业津贴的资格条件。2009 年，非正规就业者参保缴费最低期限由一年缩短为半年，2010 年甚至从 2009 年的半年缩短为 31 天①。

2011 年 3 月日本暴发海啸地震及其引发的核辐射危机，灾区的医疗、护理服务、福利服务、就业保障和中长期经济复苏等问题突出，受灾地区的就业形势一片黯淡，给日本社会保障制度提出了极大挑战，日本政府亟须采取措施恢复经济、重建灾区以及振兴就业和劳动力市场。为了应对恶劣的就业形势，日本政府出台"'日本一体化'工作计划"，并协调相关部门共同采取综合性紧急措施，于 2011 年 4 月 1 日启动该计划的第一阶段，于 2011 年 4 月 27 日启动该计划的第二阶段。具体措施包括：

通过"重建计划"和"扩大创造就业基金计划"创造就业机会。"重建计划"要求私人部门企业将就业岗位空缺的详细情况汇报给公共职业安置所（Hello Work）办公室；"扩大创造就业基金计划"旨在为灾区创造更多就业机会。

对受地震海啸灾害影响的企业提高补助标准，以维持原有就业水平。

对受地震海啸灾害影响的就业者提供开发就业补贴。这项补贴发放对象是雇用受灾害影响离开工作岗位者的企业（大企业为 50 万日元，中小企业为 90 万元）和受灾地区求职者。

"就业调整补贴"的特殊规定。依据《灾后援助法》，放宽受灾地区企业的经营范围（东京地区除外）以及就业调整补贴的申领程序及享受期限。

通过雇用保险相关特殊规定维持就业。雇用保险对于位于受灾地区并受灾

① Nicola Duell, David Grubb, Shruti Singh, et al. Activation Policies in Japan [C]. Paris: OECD, 2010.

害影响而中止经营的企业以及无法领到工资和假期津贴的工人给予特殊优惠措施。即为雇员提供失业津贴，即使这些雇员实际上已经离开工作岗位。

此外，雇用保险规定受灾地区享受特殊政策，待遇支付期在原来 60 天的基础上延长 60 天。

在上述激励措施基础上，日本政府对灾区重建做出中长期规划①。

第四节　日本雇用保险制度发展的经验

综观日本雇用保险制度的建立及其在两个"失去的十年"期间的发展，可以发现其对我国失业保险制度的构建有如下几点经验与启示。

一、高度重视员工的在职培训，强化制度的失业预防功能

提高劳动者的技能与素质可以有助于减少劳动者失业。即使发生失业，具有较高技能与素质的劳动者也能够更加快速地实现再就业。因此，日本雇用保险制度更加注重通过各种资助政策积极鼓励雇主对在职雇员实施培训以提高其劳动技能与素质，而不是被动、消极、简单地发放失业补助金。对于雇主而言，有了政府的各项资助政策，开展雇员培训积极性也提高了。相对于劳动力市场的外部培训，日本的企业内部培训更发达，雇主都非常注重根据内部岗位要求对员工进行的专业技能培训。由于雇主对雇员培训投入较大，因此即使企业经营不景气，雇主也愿意容留富余人员，而不是大批解雇员工；当企业经营状况改善、生产规模扩大需要充裕劳动力时，这些富余劳动者则可以立即投入工作岗位，这样也为企业节省了大笔招募与培训成本。不仅如此，在职培训可以向员工渗透企业文化，加强雇主与雇员之间的信任与情感依赖，降低了企业裁员和员工离职而导致失业增加的可能性，有助于减轻雇用保险制度的运行负担。

---

① Japan Institute for Labor Policy, Training（JILPT）. Labor Situation in Japan and Its Analysis: General Overview 2011/2012 [J] . Japan Institute for Labor Policy and Training, 2012.

二、注意发挥失业补助金的再就业导向作用，强化制度的就业促进功能

1974年日本将"失业保险制度"更名为"雇用保险制度"。一方面，名称的变化标志着日本这一制度的功能已经由原来的"保障失业者基本生活"向"促进失业者再就业"延伸。另一方面，日本引入"促进就业"理念并对失业津贴的使用做出重大的调整和细化规定，其中的"促进就业补贴""持续就业津贴"等政策使这一制度有效地规避了北欧一些国家同一制度所产生的"失业陷阱"，有利于制度的持续健康运行。并且对失业者求职期间交通费、住宿费、搬家费等方面的资助，切实地帮助失业者解决了再就业中存在的障碍，最终有助于实现制度的"促进就业"功能。综上所述，失业保险制度建立的直接目的在于保障失业者失业期间的基本生活，与此同时，失业保险制度不应沦入使失业者被动并持久接收失业保险金而丧失再就业积极性的"失业陷阱"之中。因此，失业保险的根本目的应该是在保证失业者基本生活的基础上使其获得重新参与市场竞争的公平机会，通过促进其再就业实现人生价值。实际上，这已成为世界上所有建立就业保险（或雇用保险）制度国家的共识。

三、强调企业在"保障就业"中的地位和作用

考察日本雇用保险制度中的就业促进政策，可以发现，这一政策的实质是通过抑制雇主的解雇行为从源头上预防失业，而不是利用社会对劳动力的巨大容纳能力促进就业。如果把日本雇用保险制度看作一张安全网的话，具体来讲，它有三道防线：第一道防线是由企业构建，预防失业功效，在生产紧缩时期，通过政府出台的各项资助政策鼓励企业自主开展职工培训以储备劳动力资源；第二道防线是向失业者提供基本津贴以保障其基本生活；第三道防线是由公共职业安置所对失业人员进行职业培训与转业训练，并与第一道防线相衔接，促进失业者再就业。由此可见，日本雇用保险制度这张安全网的节点主要是由企业构成的。

日本的企业构建以"终身雇用制"及"年功工资制"为基础的雇用规则，在相当长时期内，这种把企业作为稳定就业和消化社会剩余劳动力主体地位的做法有效地削减了失业和抵御失业给社会带来的负面影响。在雇用保险制度实

施的 30 多年间，日本经受了两次石油危机的打击和数次日元大幅升值的沉重压力，但失业率并未大幅升高，而是稳定在较低水平，这与其雇用保险制度中采取积极措施以预防和应对失业有很大关联。不过，这一做法也逐渐滋长出日本"以企业为家"的企业文化和"终身雇用制"的就业模式，影响了劳动力资源的优化配置，造成日本劳动力市场的僵化，这一点需要警惕。

四、纳入非正规就业者，制度灵活对待不同类型参保者

回顾日本经济低迷的 20 年，雇用保险制度对稳定失业人群、促进就业、安定社会，帮助政府走出经济低迷起到了重要作用。随着日本非正规就业者比例大幅增加，日本雇用保险制度的覆盖范围逐步从正规就业者扩大至非正规就业者，并针对短时工、零散工等不同类型的非正规就业者设置了不同的缴费与待遇计发办法，大大吸引非正规就业者加入雇用保险，为失业后生活提供一定保障，缓解了这些高失业风险群体的后顾之忧。同时，日本雇用保险制度及其因势利导调整制度的做法，不仅为高失业率和非正规就业规模较大的国家在解决扩大覆盖面问题上提供了宝贵经验，也为各国面临的非正规就业劳动者的失业，尤其长期失业问题提供了重要借鉴。

第十七章 韩国：年轻的失业保险制度在十年内经受两次金融危机考验

与德国、美国及日本相比，建立于 1995 年的韩国就业保险制度可谓最年轻的失业保险制度。韩国就业保险制度的目标在于避免失业、鼓励弱势及无业者留在劳动力市场中并支持企业人力资源发展。韩国能够迅速从 1997 年金融危机中走出，虽然不能完全归功于其就业保险制度，但是就业保险制度功不可没。就业保险制度也帮助韩国走出了 2008 年全球金融危机的阴霾。然而，韩国劳动力市场仍然存在着很多问题，例如，非正规就业者大幅增加、劳动力老龄化、女性劳动者的劳动参与率低以及青年失业率增加等。为此，韩国政府实施了一系列包括就业保险制度在内的更多的积极劳动力市场政策。

第一节 韩国就业保险制度的发展历史

一、韩国就业保险制度的初建时期 (1995~1997 年)

20 世纪 60 年代以前，韩国社会动荡不安，经济发展落后，社会保障制度的建设并未提上议事日程。20 世纪 60 年代以后，韩国开始了大规模工业化进程，保持了较高的经济增长速度。在此背景下，韩国政府将"建设福利国家"作为施政目标，并开始了社会保障相关方面的立法。与此同时，韩国政府也多次试图建立失业保险制度，但是由于韩国当时正处于经济高速增长时期，劳动力短缺，而且韩国企业大多实行"终身雇用制"，因而失业现象并不严重。此外，相关政府官员认为本国经济还不够发达，尚不具备建立失业保险制度的财力基础。因此，建立失业保险制度的讨论也仅局限于相关部门内部。

第十七章 韩国：年轻的失业保险制度在十年内经受两次金融危机考验

20世纪70年代受第二次石油危机的冲击，韩国出现大规模的结构性失业，1980年韩国失业率高达7.5%[①]，自此失业才成为引起社会广泛关注的问题，韩国政府不得不重新考虑建立失业保险制度。但由于担心财政压力以及失业保险制度对就业的负面激励，失业保险制度最终没有付诸实践。1991年韩国劳动力研究所（The Korea Labor Institute，KLI）建议，"政府在'第七个经济和社会发展计划'阶段（1992年至1996年）建立'就业保险制度'"。韩国政府接受了韩国劳动力研究所的建议，并授权该机构制定设计韩国第一个就业保险制度。1992年5月18日，韩国劳动力研究所成立了由28人组成的"就业保险研究委员会"。1993年5月18日该委员会向韩国政府提交"韩国就业保险制度建议"。政府在听取社会公众各方意见之后制定《就业保险法》，这部法律于1993年9月1日在国民大会上获得一致通过，1993年12月27日颁布，1995年7月1日开始正式实施。失业津贴的发放要求被保险人最低缴费一年以上，因此，就业保险制度实际上是从1996年7月1日才真正运作起来[②]。可见，韩国的就业保险制度至今超过20年。韩国的就业保险制度（Employment Insurance System，EIS）的目的在于"消除失业、促进就业、提高职业技能，并为失业者提供资金支持与就业援助"。这一点与大多数国家（例如，德国和日本）传统失业保险制度以失业保险金为核心内容的规定不同，制度中包括一系列积极劳动力市场政策措施。为了实现上述目标，《就业保险法》提出："执行'稳定就业计划'（The Employment Stabilization Program，ESP）、'职业能力发展计划'（The Vocational Competency Development Program，VCDP）和'失业津贴计划'（The Unemployment Benefit Program，UBP）。"就业保险制度不仅提供失业保险金，而且也提供目的在于促进结构调整、就业和避免失业的就业保障和职业技能发展计划，因此其不仅是失业保险项目，也成为劳动力市场政策的重要组成部分。

二、亚洲金融危机后就业保险制度的调整（1998~2007年）

1998年亚洲金融危机发生之前，韩国的劳动力市场接近充分就业状态，失

---

① Sung Teak Kim. Korea's Unemployment Insurance in the 1998 Asian Financial Crisis and Adjustments in the 2008 Global Financial Crisis [Z]. Asian Development Bank Institute Working Paper Series，2010.

② Kil-Sang Yoo, Jiyeun Chang. Active Labor Market Policies and Unemployment Insurance in Selected Countries [J]. Korea Labor Institute，2002.

业率低于 3%^①。当危机爆发时，受外汇市场的影响，韩国的金融市场完全瘫痪。在国际货币基金组织（IMF）高利率政策的推动下，许多企业倒闭，包括韩国大集团在内的大批工业重组。这些工业集团试图通过大规模裁员来降低劳动力成本。因此，1998 年韩国劳动力市场失业率创造出自 20 世纪 60 年代以来的最高纪录 7%，1999 年为 6.3%；失业人数从 1997 年的 56.8 万人骤增至 1998 年的 149 万人和 1999 年的 137.4 万人；由于劳动参与率下降，就业率（就业者数量/15 岁以上人口数量）从 1997 年的 60.9% 暴跌至 1998 年的 56.4%^②。更为糟糕的是，即使早在 1995 年就已经建立就业保险制度，但是当时韩国尚未打造好社会安全网，政府不得不采用临时福利计划和包括失业者公共工程在内的积极劳动力市场计划（The Active Labor Market Policies，ALMPs）以渡过危机。

1995 年韩国的就业保险制度尚处于"婴儿期"，其覆盖范围十分有限，尤其在小企业工作的雇员更得不到保障。当时，失业保险制度覆盖雇员必须在 30 人及以上的企业；稳定就业计划（ESP）和职业能力发展计划（VCDP）覆盖雇员必须在 70 人及以上的企业（见表 17-1）。1999 年韩国就业保险制度覆盖了 46.5% 的工薪劳动者，但是只有 15.5% 的有工资收入的失业者获得了失业津贴^③。因此失业津贴计划（UBP）不能为大量失业者有效提供确定水平的收入，更不用说临时放宽申领资格和延长待遇期。然而，一些学者仍认为，因为在危机时期失业津贴计划（UBP）帮助了许多失业者，所以其在某种程度上对劳动力市场还是产生了一定程度的积极影响。

表 17-1　1998~2008 年两次金融危机期间韩国就业保险制度的主要措施对比

1998~2000 年韩国就业保险制度的主要措施	2008~2009 年韩国就业保险制度的主要措施
创造就业项目	
公共工程、就业津贴、促进出国就业、创业补贴、返乡农民援助、中小企业援助	扩展青年就业岗位（实习援助等）、提供公共工程（"期望工作"计划）、扩展社会服务、扩大自谋职业援助、扩大老年就业

---

①③　Sung Teak Kim. Korea's Unemployment Insurance in the 1998 Asian Financial Crisis and Adjustments in the 2008 Global Financial Crisis［Z］. Asian Development Bank Institute Working Paper Series，2010.

②　参见表 17-2。

续表

1998~2000 年韩国就业保险制度的主要措施	2008~2009 年韩国就业保险制度的主要措施
工作分享和维持项目	
避免企业解雇工人补贴、工作保留和再就业补助	扩展保留工作岗位项目（停止业务援助、无薪离岗援助、职位轮换援助）
教育和培训项目	
扩大就业培训	继续教育项目、青年"新入职"计划、日工职业培训计划、大量中小企业合作培训计划
生活保障和促进就业	
扩大失业津贴覆盖范围、提高贫困者救助水平、为失业者提供贷款	扩大失业津贴覆盖范围、新入职津贴、空岗津贴、促进地区就业援助等
其他	
构建就业服务网络，建设劳动力市场信息系统	—

资料来源：Ministry of Labor, White Book for Unemployment Measures Against 1997 Financial Crisis, March 2002. Government Report, Evaluation and Planning for Job Creation Policies, March 2009.

1997 年亚洲金融危机发生后，韩国就业保险制度做出了如下调整，并在一定程度上取得了积极效果：

第一，扩大覆盖范围。韩国就业保险制度建立之初的覆盖范围很小，金融危机发生前覆盖率仅为 20%左右；1998 年金融危机之后，其覆盖面变化较大，比例增至 26.4%；覆盖人口数量也由危机之前的 420 万左右增加到将近 530 万[①]。就业保险制度覆盖企业的范围也有所增加。为了应对经济危机，1995 年韩国建立"稳定就业计划"和"职业技能发展计划"。1998 年 1 月，韩国就业保险规定："10 人及以上的企业可以参加失业保险"；同时规定："50 人及以上的企业列入稳定就业计划和职业技能发展计划的覆盖范围"；1998 年 10 月 1 日又规定："不论企业规模大小，均列入就业保险制度的覆盖范围"。

第二，实施了诸如临时福利计划和针对失业者的公共工程在内的积极劳动力市场计划（ALMPs）。在当时这些计划的实施效果比失业津贴计划（UBP）更有效。在就业保险制度（EIS）中做出如下计划相互协调，形成一个完整的体系：①稳定就业援助；②提供诸如公共工程等的临时工作；③提供工作培训

---

① Sung Teak Kim. Korea's Unemployment Insurance in the 1998 Asian Financial Crisis and Adjustments in the 2008 Global Financial Crisis ［Z］. Asian Development Bank Institute Working Paper Series, 2010.

和工作安排；④对于贫困家庭的现金转移支付。1998~2002年政府在这些计划中保持稳定可靠的预算水平，以应对劳动力市场以上问题①。

第三，加大就业保险的相关投入。1997年经济危机发生时，韩国就业保险制度正是创建初期，还未完善。尽管如此，韩国政府在处理经济危机时采取了迅速的、强有力的措施，增加了在就业保险方面的财政预算，由1997年之前占GDP很小的比例提高到1998年占GDP比重的2.2%，进而增加到1999年3.2%的水平；与OECD国家相比，韩国在应对危机上反应较为迅速，在相似的经济危机背景下，韩国用于就业保险和劳动力市场的支出占GDP的比重增长了2.5%，比利时三年的时间增长了0.4%，法国四年的时间增长了0.6%②。随着2000年全球经济复苏，韩国经济开始迅速从衰退中反弹。然而"V字形"经济复苏却对评价这些劳动力市场计划提高了难度。尽管如此，失业率从1998年的7.0%大幅下降到2001年的3.8%③，这仍旧显示出政府混合政策有助于解决大规模失业问题。此外，从长期来看当时韩国政府对于为应对这种类型经济危机做的准备还不够，一个宝贵的经验是应该强调重构完善的社会福利制度的重要性。

三、2008年金融危机后就业保险制度的调整（2008年至今）

当2007年底金融危机席卷全球时，2008年后半年韩国经济和劳动力市场开始恶化。2007年失业率为3.1%，2008年底为3.3%，2009年上升至3.6%，2010年增加到3.7%，但2011年已经有所下降，下滑至3.4%④。比较而言，2008年金融危机对劳动力市场的影响比较滞后。但是韩国除失业率递增之外，非正规就业者大幅增加、劳动力老龄化、工作与生活之间缺乏平衡、女性劳动者的劳动参与率低以及青年失业率增加等问题日益凸显。

韩国政府为了应对金融危机，对就业保险制度做出如下调整：

第一，扩大就业保险制度覆盖面，调整失业津贴的受益资格。政府通过扩大失业津贴的覆盖范围并修改扩展津贴的资格条件以强化失业津贴作为社会安

---

①③ Sung Teak Kim. Korea's Unemployment Insurance in the 1998 Asian Financial Crisis and Adjustments in the 2008 Global Financial Crisis［Z］. Asian Development Bank Institute Working Paper Series，2010.

② OECD. Pushing Ahead with Reform in Korea［M］. Paris：OECD，2000：76~77.

④ Ministry of Employment and Labor, Republic of Korea, 2011 Employment and Labor Policy in Korea［Z］. 2011.

全网的作用，从而为弱势群体的生活提供保障。此外，政府修改享受扩展失业津贴的资格，强化失业津贴作为社会安全网所起到的重要作用。2008 年有838783 人申请失业津贴，比 2007 年增加 151018 人（22%）；2008 年实际失业津贴受益者的数量为 990061，比上年度的 854400 人增加了 135661 人（15.9%）；此外，2008 年支付失业津贴 23 亿美元，比 2007 年的 3.4 亿美元增加 17.7%[①]。

第二，增加用于创造工作岗位的财政投入。2009 年韩国政府为了应对经济危机对就业造成的影响，追加 37 亿美元财政预算用于创造新增就业机会，包括此项预算在内，该年度用于就业计划的财政预算总计达 95 亿美元；政府希望通过财政投入创造 82 万个新增就业岗位，通过工作分享保留 40 万份工作；政府还计划为 47 万人提供教育与培训机会，并为 195 万失业者及 52 万失业者家庭成员提供各种生活保障措施以促进其就业[②]。政府加大财政投入为缺乏求职经验的人提供短期工作，以丰富其工作经验，并为潜在或已经失业的劳动者提供生活保障。

第三，支持保留工作岗位，并建立工作分享计划。为了支持私人部门的工作分享计划，政府加大了保留工作岗位津贴的投入力度，采取税收递减财政补贴等激励措施鼓励公司加入工作分享计划。2009 年 6 月，6781 个工作岗位中有雇员在百人以上的 1762 家企业（相当于 26%）加入了工作分享计划[③]。

第四，支持就业促进，特别是青年就业支持。政府通过强化就业服务并扩大职业培训，为失业者再就业提供积极支持，为求职困难的青年和低收入群体提供一揽子促进就业措施。2008 年 15～29 岁青年的失业率为 7.2%，超过总体失业率（3.2%）两倍多；失业青年的数量总计 31.5 万人，占全国失业者总数的 41%，其中 20～24 岁青年失业最严重，他们中间很多人的受教育水平比较低。政府建立并广泛实施了为青年创造就业岗位、"校企合作"及"出国就业"等短期和长期措施；政府为青年毕业生提供包括在中小企业工作以及在中小学做助教的工作，解决了大约 10 万青年毕业生的就业问题[④]。

第五，实施长期护理保险计划。2008 年韩国建立了长期护理保险计划，以期缓解无收入家庭照料者的资金负担。该计划的目的在于满足身患老年疾病无法完成日间活动的韩国老年群体的需求。

[①][②][③][④] International Social Security Association. Crisis Country Case Study：Republic of Korea ［Z］. 2010.

　　2008 年全球金融危机的初期，一些研究机构提出警告，认为此次金融危机会比 1998 年亚洲金融危机给韩国经济和劳动力市场造成更显著的破坏。然而，事实表明来自 2008 年金融危机的影响实际上更微小。2007 年以后就业人数和失业人数同时增加，表明经济活动人口在增加。2008 年金融危机期间就业率虽有所降低，但降幅明显小于 1998 年（见表 17-2）。

表 17-2　韩国劳动力市场年度统计

年份	就业人数（千人）	失业人数（千人）	劳动参与率（%）	就业者人数/15 岁以上人口数（%）	失业率（%）
1980	13683	748	59.0	55.9	5.2
1985	14970	622	56.6	54.3	4.0
1990	18085	454	60.0	58.6	2.4
1991	18649	461	60.6	59.1	2.4
1992	19009	490	60.9	59.4	2.5
1993	19234	571	60.9	59.1	2.9
1994	19848	504	61.6	60.1	2.5
1995	20414	430	61.9	60.6	2.1
1996	20853	435	62.1	60.8	2.0
1997	21214	568	62.5	60.9	2.6
1998	19938	1490	60.6	56.4	7.0
1999	20291	1374	60.6	56.7	6.3
2000	21156	913	61.0	58.5	4.1
2001	21572	845	61.3	59.0	3.8
2002	22169	708	61.9	60.0	3.1
2003	22139	777	61.4	59.3	3.4
2004	22557	813	62.0	59.8	3.5
2005	22856	833	61.9	59.7	3.5
2006	23151	783	61.7	59.7	3.3
2007	23433	733	61.7	59.8	3.0
2008	23577	769	61.5	59.5	3.2
2009	23506	889	60.8	58.6	3.6
2010	23829	920	60.8	58.7	3.7

续表

年份	就业人数（千人）	失业人数（千人）	劳动参与率（%）	就业者人数/15岁以上人口数（%）	失业率（%）
2011	—	—	—	—	3.4
2012.08	—	—	—	—	3.0

注：2009~2011年数据参见 Ministry of Employment and Labor, Republic of Korea, 2011 Employment and Labor Policy in Korea, Published in December, 2011 , p132。2012年8月的失业率数据来自 Ministry of Employment and Labor in Korea，http: //www. moel. go. kr/english/main. jsp.

资料来源：National Statistics Office（Korea）. Economically Active Population Survey［C］. Sung Teak Kim，Korea's Unemployment Insurance in the 1998 Asian Financial Crisis and Adjustments in the 2008 Global Financial Crisis［Z］. Asian Development Bank Institute Working Paper Series，2010：8.

第二节　韩国现行就业保险制度的基本框架

如表17-3所示，韩国现行就业保险制度分为稳定就业计划、职业能力发展计划、失业津贴计划和育儿假津贴等。其中，涉及妇女和儿童保护的育儿假津贴等是最近实施的内容。

表17-3　韩国现行就业保险制度框架

韩国就业保险制度EI的基本框架	稳定就业计划（ESP）	创造就业岗位援助	援助工作分享
			援助创造临时工作
			援助就业环境改善
			援助有前途的创业
			专业劳动力的就业补贴
		就业调整援助	就业保留补贴（暂时关闭、培训、请假、无薪休假、轮班工作制）
		老龄人口等的促进就业和保障援助	促进就业补贴
			老龄人口延长就业补贴
			最高工资补贴制度
			孕妇及分娩后妇女就业保障津贴

279

续表

韩国就业保险制度EI的基本框架	其他稳定就业援助措施	建筑工人就业保险管理补贴
		企业托幼机构运营成本补贴
		建立企业托幼机构的贷款或补贴
	职业能力发展计划（VCDP）	对雇主提供技能发展计划的援助	技能发展培训补贴（对于正规雇员等的补贴更高）
		带薪假期培训补贴
		工作技能发展培训机构和设施贷款
	雇员技能发展援助	雇员职业能力发展援助
		用于雇员求学和培训支出的贷款和补贴
	失业者援助	失业者培训援助（我的工作学习卡制度）
		国家重点和战略性行业的职业培训援助
	失业津贴计划（UBP）	求职津贴	求职津贴
		伤害和残疾津贴
		扩展津贴
	促进就业津贴	提前就业津贴
		职业技能发展津贴
		广域求职津贴
		搬迁津贴
	育儿假津贴等	育儿假津贴
		产假福利（包括流产和死胎）

资料来源：Ministry of Employment and Labor, Republic of Korea, 2011 Employment and Labor Policy in Korea [Z]. 2011.

一、稳定就业计划

该计划旨在通过多种补贴创造就业岗位，促进保留现有工作岗位以稳定就业并实现充分就业，尤其关注到老龄人口、孕期及分娩后的女性就业者等劳动力市场中缺乏竞争力的弱势群体的就业援助问题。当然，稳定就业计划的各种补贴与援助不仅直接发放给劳动者个人，而且还有相当大比例补贴给企业。例如，企业托幼机构运营成本补贴、托幼机构建设的贷款或补贴等。

二、职业能力发展计划

该计划旨在保持和提高劳动者的职业技能。其中，有大部分内容针对就业者，并且按照援助对象的不同，又分为"对雇主提供技能发展计划的援助"和"雇员技能发展援助"。前者不但包括技能发展培训补贴、带薪假期培训补贴，甚至包括用于工作技能发展培训机构的设施的贷款；后者包括雇员职业能力发展援助以及促进雇员自我学习提高的求学和培训支出的贷款和补贴。除了以上两项，职业能力发展计划还关注到失业者培训援助，建立了专门的"我的工作学习卡制度"并对国家重点和战略性行业的职业培训提供援助。

三、失业津贴计划

韩国的失业津贴计划旨在为失业者提供基本生活来源，促进其积极求职，并为其求职给予一定奖励和成本补偿。如表17-4所示，韩国就业保险制度中失业津贴计划要求雇主与雇员共同缴费。然而稳定就业计划与职业技能发展计划则只有雇主缴费。2011年4月，失业津贴的费率从0.9%（雇主缴费0.45%，雇员缴费0.45%）提高到1.1%（雇主缴费0.55%，雇员缴费0.55%）[①]。

表17-4　韩国就业保险制度的缴费率

计划		雇员	雇主（%）
失业津贴		0.55	0.55
稳定就业计划与职业技能发展计划的人数	少于150人	—	0.25
	150人以上（优先扶持企业）		0.45
	150~1000人		0.65
	1000人以上		0.85

资料来源：Ministry of Employment and Labor, Republic of Korea, 2011 Employment and Labor Policy in Korea [Z]. 2011.

---

① Ministry of Employment nd Labor, Republic of Korea, 2011 Employment and Labor Policy in Korea [Z]. 2011.

　　韩国的失业津贴计划具体分为"求职津贴"和"促进就业津贴"。前者的具体支付方法如表17-5所示；后者按照特定用途分为提前就业津贴、职业技能发展津贴、广域求职津贴和搬迁津贴，具体的支付方法如表17-6所示。

表 17-5　韩国求职津贴（JSB）

资格条件	待遇期						待遇标准
已经在一个工作场所（就业保险覆盖范围内）工作超过180天；必须积极寻找工作；例外：自愿离职或因为严重行为不端而被解雇	依据参保期和被保险者的年龄在90天和240天之间						本人失业前平均工资的50%；最大额/天数＝4万韩元（例如，35美元）；最小额/天数-最低小时工资的90%
	年龄	参保期限（年）					
		0~1	1~3	3~5	5~10	10+	
	30-	90	90	120	150	180	
	30~50	90	120	150	180	210	
	50+，残疾	90	150	180	210	240	

　　资料来源：Ministry of Employment and Labor, Republic of Korea, 2011 Employment and Labor Policy in Korea［Z］. 2011.

表 17-6　韩国促进就业津贴

	资格条件	待遇标准
提前就业津贴	在规定的失业津贴期间结束前找到工作的失业者	未支付的求职津贴的1/3至2/3
职业技能发展津贴	参加职业能力发展培训的失业者（在工作中心）	培训期间的旅行和食物支出，5000韩元/天
广域求职津贴	离开居住地50公里以外寻找工作的失业者	住宿费用（上限为4万韩元/天），实际的旅行成本
搬迁津贴	需要搬家以便寻找工作的失业者	实际成本：实际成本超过2.5 tons的80%

　　资料来源：Ministry of Employment and Labor, Republic of Korea, 2011 Employment and Labor Policy in Korea［Z］. 2011.

第三节　1998年和2008年两次金融危机中韩国调整就业保险制度的经验

如果说是因为包括就业保险制度在内的社会福利制度帮助韩国渡过1998年和2008年金融危机可能言过其实了，但可以肯定的是，社会福利制度确实是应对金融危机的重要举措之一，这通过韩国社会福利制度在十年内两次金融危机中的表现得以证实。两次金融危机中韩国政府对就业保险制度的调整，可以为我国完善失业保险制度提供如下经验借鉴：

第一，危机之前应未雨绸缪做好充分准备。首先，对于国内范围而言，金融稳定对于稳定就业的意义重大。任何国家都必须控制包括利率与汇率在内的宏观经济政策以避免经济危机期间受高利率政策影响下的工业重组。从两次金融危机可以看出，经济下滑可以归因于企业在创造体面工作方面的能力有限。反之，如果政府能够通过宏观经济调控促进企业创造出更多的体面工作，则失业率下降的同时，经济必然增长。同时，为了避免"失业型"复苏，政府当局应该竭力解除僵化的就业保护政策，并逐步采取进一步措施以增加劳动力市场的灵活性。

其次，政府必须在经济危机发生之前建设并完善包括失业保险在内的社会福利制度。然而一项福利制度（包括失业保险）的调整与完善受到该国文化和经济状况的影响，并需要相当长时间才能使其具备有效性。同时，失业保险制度应该具备一定灵活度以备在经济危机期间予以调整。韩国政府应对1998年金融危机实施的一系列政策多为临时的仓促行为，并不具备系统性和针对性，此外，1995年刚刚建立的就业保险制度尚不成熟，制度覆盖范围小，保障能力不足，相关政策在保障失业者生活、促进就业和经济复苏方面的效果并不明显。然而应对2008年金融危机时政策调整更具针对性，除了积极扩大包括就业保险在内的社会保障制度覆盖范围之外，还进一步完善包括就业保险制度在内的社会福利体系，从企业与劳动者、就业者与失业者、普通雇员与老龄及特殊时期女性雇员、求职与培训等多对象、多角度、全方位、一体化形成了稳定就业、提高职业能力以及提供求职援助与提高失业者的就业意愿等相互配套的一系列措施。完善的社会保障制度与积极劳动力市场政策，共同构成了社会安全网络，削弱了金融危机的影响。

第二，转变制度建设理念，强化预防失业与促进就业功能。首先，转变失业保险制度建设的基本理念。在失业保险制度建立之初，只是消极地对失业者提供生活救助。但随着时代发展和社会变迁，失业保险制度建设应将"预防失业"与"促进就业"功能前移，配合积极劳动力市场政策，将消极被动地为失业者提供保护转变为积极防止失业、促进就业。纵观韩国就业保险制度，打破了我们认识的传统失业保险制度的桎梏。全方位、多角度地提供促进就业与预防失业的措施。

其次，千方百计实现预防失业与促进就业。即使在经济危机期间，解雇行为也被视为降低劳动力成本的最后举措。预防失业方面：一方面，切实保障稳定现有就业岗位。韩国政府通过灵活工时和灵活工资以及内部劳动力市场解决短期劳动力成本问题。韩国政府通过"创造就业岗位援助""就业调整援助""老龄人口等的促进就业和保障援助""其他稳定就业援助措施"，从源头抓起，为雇主提供多种补贴和贷款。尤其针对高失业风险的老龄就业者及孕期妇女与分娩后妇女为雇主提供就业保障津贴，以及托幼机构的贷款与补贴，还为就业者提供培训以及就业保留补贴。另一方面，通过职业能力发展计划，提高就业者职业能力的同时也在预防其失业。促进就业方面：为失业者提供培训以提高其职业能力的同时，千方百计为其减少求职障碍，并激励其提高就业意愿。例如，提前求职津贴被作为给予提前找到工作的失业者的奖励；求职者求职期间的住宿费、旅行费、食物费甚至搬迁费等成本都能予以支付。总之，韩国就业保险制度不仅在提供失业津贴方面发挥重要作用，而且对建立培训计划和经济刺激措施以提高失业者的就业能力至关重要。

第三，扩大覆盖范围，构筑社会安全网。十年内两次金融危机，韩国政府都扩大了就业保险制度的覆盖范围。理论上，目前韩国就业保险的覆盖范围已被扩大到雇用1人及以上雇员的所有商业企业（见表17-7）。但是，在韩国就业保险制度建立之初，《就业保险法》只规定，"所有雇用30人及以上雇员的企业可以纳入失业津贴计划的覆盖范围；所有雇用70人及以上的企业可以纳入稳定就业计划和职业技能发展计划"。同时，制度初建时基于筹集保险费存在难度，对规模不同的建筑企业分别实施专门的制度安排。随着就业保险制度覆盖范围的扩大，参保企业的数量和参保劳动者的数量大幅度增加。2004年1月1日起，就业保险制度覆盖面扩大到日工、60岁及以上的就业人员、正规部门员工、隶属于中央或地方政府的雇员、沿海渔业船舶的从业者以及一些外国劳动者。2005 年 12 月，韩国修改了就业保险法执行法令，微型企业（雇员少于 5 人）的雇主自 2006 年起也可以参加就业保险制度①。2005 年就业保险制度覆盖雇员人数约为 800 万人，2008 年增加到近 930 万人，2009 年增加到 965 万人②，截至 2012 年 8 月达到 1101 万人③。从 1998 年到 2008 年，参保的企业数量增加了 3.6 倍，参保的劳动者数量增加了 1.8 倍。参保的企业数量占企业总数的比例从 1998 年的 14.4%增加到 2008 年的 44.7%。参保的劳动者数量占劳动者总数的比例从 1998 年的 26.4%增加到 2008 年的 47.1%④。这表明为参保劳动者建立的社会安全网正在扩大。

表 17-7 韩国就业保险覆盖范围扩大过程

企业类型	普通企业 （基于普通雇员的数量）					建筑企业 （基于总成本在百万韩元的企业）			
时间段	截至 1997 年 12 月 31 日	1998 年 1 月 1 日至 2 月 28 日	1998 年 3 月 1 日至 6 月 30 日	1998 年 7 月 1 日至 9 月 30 日	截至 1998 年 10 月 1 日之后	截至 1998 年 6 月 30 日	1998 年 7 月 1 日至 2003 年 12 月 31 日	2004 年 1 月 1 日至 12 月 31 日	2005 年 1 月 1 日之后
失业津贴	30 人以上	10 人以上	5 人以上						
稳定就业计划、职业技能发展计划	70 人以上	50 人以上	50 人以上	5 人以上	1 人以上	3400 人以上	340 人以上	20 人以上	建筑类企业的所有工人

资料来源：韩国劳动部网站：http：//www. molab. go. kr/english/Employment/Employment_Insurance_Rate. jsp。转引自：Sung Teak Kim. Korea's Unemployment Insurance in the 1998 Asian Financial Crisis and Adjustments in the 2008 Global Financial Crisis ［Z］. Asian Development Bank Institute Working Paper Series，2010.

---

① Seung-Yeol Yee. The Functions of Employment Insurance and Industrial Accident Compensation Insurance as a Social Safety Net ［Z］. The thirty first issues of the Monthly Labor Review，the Korea Labor Institute，2007（7）.

② Japan National Committee for Pacific Economic Cooperation（JANCPEC）. Towards a More Resilient Society：Lessons from Economic Crises ［Z］. The Japan Institute of International Affairs，2010：252.

③ 参见 Ministry of Employment and Labor in Korea，http：//www. moel. go. kr/english/statistics/major_statistics. jsp。

④ Sung Teak Kim. Korea's Unemployment Insurance in the 1998 Asian Financial Crisis and Adjustments in the 2008 Global Financial Crisis ［Z］. Asian Development Bank Institute Working Paper Series，2010.

第四，提高就业保险制度的瞄准度，关注非正规就业者的失业问题。提高就业保险制度的瞄准度才能有助于弱势群体尤其非正规就业者渡过经济危机。非正规就业者工作条件恶劣，工资水平低。当金融危机来临经济形势恶化，这部分非正规就业者的失业风险也最高。例如，尽管韩国就业保险制度不断提高其覆盖范围，但是截至 2008 年仍有大约 53% 的雇员，其中大部分为非正规雇员被排斥在就业保险制度之外①。这些非正规就业者人数众多，并且无法被就业保险制度所覆盖，从而不能得到任何津贴。如果情况得不到改善，加之收入分配恶化，收入低于贫困线的家庭数目将持续增加。因此，有必要强化建设针对非正规就业者的就业政策，从而将其纳入社会安全网。

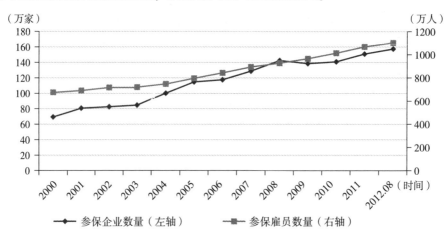

图 17-1　2000 年至 2012 年 8 月韩国就业保险制度中参保雇员和参保企业数量

注：2011 年及 2012 年 8 月数据来自 Ministry of Employment and Labor in Korea, http：//www. moel. go. kr/english/statistics/major_ statistics. jsp.

资料来源：Japan National Committee for Pacific Economic Cooperation (JANCPEC), Towards a More Resilient Society: Lessons from Economic Crises ［Z］. The Japan Institute of Internation Affairs, 2010 (10): 252.

---

① Sung Teak Kim. Korea's Unemployment Insurance in the 1998 Asian Financial Crisis and Adjustments in the 2008 Global Financial Crisis ［Z］. Asian Development Bank Institute Working Paper Series, 2010.

第十八章　中东欧转型经济体：失业保险制度建立与总体评价[①]

1989 年下半年中东欧国家经历政局动荡，从以指令性计划为主的计划经济管理体制根本性转向以市场调节为主的市场经济管理体制。经济体制的转型对就业影响较大，为此，20 世纪 90 年代中东欧国家相继建立起失业津贴制度。本章描述了 20 世纪 90 年代中东欧各国失业津贴在资格条件、待遇标准、待遇期和特殊规定等方面的制度特征，并讨论了执行过程中产生的问题，最后检验了其经济效应。其中，收入保护效应来源于家庭收入和支出概况的经验分析，与覆盖面、家庭的平均津贴水平以及津贴目标相一致；效率效应来源于文献回顾，与失业期长短效应、结构调整以及失业总量和失业率有关。证据表明：第一，失业津贴制度是先进的；第二，通过广覆盖的失业津贴和家庭收入共享津贴，一些国家大大削减了贫困；第三，发达国家的研究发现失业津贴会对就业产生不利影响。

第一节　引言

20 世纪 90 年代中东欧前社会主义国家的经济发生了巨大转变，出现了前所未有的大规模显性失业。一方面，这些经济体面临着为失业者提供收入保护的艰巨任务；另一方面，这些经济体又要避免因严重的失业形势而使财政不堪重负。此外还要千方百计地将收入保护措施对就业的不利影响控制到最小程度。

---

①　此章根据 Milan Vodopivec, Andreaswo "RGO" Tter, &Dhushyanthraju. Unemployment Benefit Systems in Central and Eastern Europe：A Review of the 1990s［J］. Comparative Economic Studies, 2005, 47：615–651. 编译，原文是世界银行 2003 年 3 月发布的同名报告的缩减版。

　　面对未来高失业的预期，许多转型经济体借鉴 OECD 国家的经验，引入了失业保险制度。本章的目的在于通过检验制度的收入保护效应和效率效应来评价这一制度。为了考察收入保护效应，本章分析了失业津贴制度的覆盖范围、规模和瞄准度，并通过确认失业津贴受益人的分布状况以及失业津贴制度如何改变转型前工人的收入分配来分析失业津贴制度的分配效应。至于效率效应，我们研究失业津贴如何影响就业，尤其更慷慨的替代率和更长的津贴持续期是否影响失业期长度。此外，本章也检验了失业津贴制度的引入是否有助于加速企业重组（没有研究得出检验结论认为失业津贴制度存在对就业的积极效应，例如，随着再就业收入的增加，工作匹配程度更高）。

　　为了提供对于中东欧转型经济体失业津贴制度的综合性回顾，本章采取了两种方法。首先，在七个转型国家的家庭调查数据基础上分析失业津贴制度的收入保护效应。其次，基于 20 世纪 90 年代中东欧转型经济体失业津贴制度表现的大量文献评论，分析其效率效应。在介绍收入保护效应研究文献的基础上，也拓展了 Scarpetta 和 Reutersward 对转型早期失业津贴制度研究中关于转型国家失业津贴制度的评论①。其他关于转型国家劳动力市场的评论指出失业津贴制度并不普遍，当然相关评论也研究了其他方面的主题②，诸如关注津贴的瞄准度以及是否存在促进工作搜寻等问题③。

　　总之，对于转型经济体，尤其是那些行政管理能力较弱并且平均收入水平较低的国家而言，传统失业津贴制度具有较强的适应性，但是这些国家也普遍存在着对失业津贴制度的某种担忧。这一担忧来自收入分配角度，即失业津贴制度具有累退性，因为非正规就业工人很难符合领取失业津贴的条件，从而大部分失业津贴会支付给经济条件较佳的正规就业工人。因为这些国家的管理能力不佳，可能存在重大管理"漏洞"。此外，失业津贴可能对效率产生不利影响——失业津贴可能不利于就业，工人讨价还价的地位提高，结果会推高失业率，并导致非正规就业增加。古典理论认为，过度的收入扶持在两个方面影响

---

　　① Scarpetta, S and Reutersward A. Unemployment Benefit System and Active Labor Market Policies in Central and Eastern Europe: An Overview [A]. OECD. Unemployment in Transition Countries: Transient or Persistent [Z]. OECD: Paris, 1994.

　　② Tito Boeri, Katherine Terrell. Institutional Determinants of Labor Reallocation in Transition [J]. Journal of Economic Perspectives, 2002: 16 (1): 51~76.

　　③ Bardasi E, Lasaosa A, Micklewright J. Measuring the Generosity of Unemployment Benefit Systems: Evidence from Hungary and Elsewhere in Central Europe [J]. Acta Oeconomica, 2001, 51 (1): 17~42.

劳动力市场运行结果：它使失业者不愿寻找工作（通过提高他们能接受的工资水平），降低了他们对失业的"恐惧"，并因此增加了来自雇员（如通过工会）的增资压力。

本章结构如下：首先，描述了转型国家引入的正规失业津贴制度，同时讨论了其运行中产生的关键性问题。尤其关注于包括波罗的海国家在内的中东欧国家，这些国家组成了一个相对同质的组群。其次，在本章核心部分，通过检验收入保护效应（包括收入再分配效应）以及效率效应，评价这些国家的失业津贴制度。最后，总结主要的发现和政策建议。

第二节　转型时期的失业与收入支持

20世纪90年代中东欧国家的政治经济体制转型急剧减少了产出，并且严重影响了本国就业。数据表明，中东欧经济体GDP总和下降了25%～35%，波罗的海国家下降了40%～50%①。在大多数转型国家中，失业水平上升了两倍。由于只有少数失业者成功再就业，因此，对于中东欧国家而言，长期性失业也已成为一个严重的问题。

除南斯拉夫和匈牙利以外，转型前中东欧国家不存在失业者收入支持制度。中东欧所有国家都设有就业服务机构，但这些机构主要关注就业者的流动，并没有准备好为即将出现的大规模失业者提供就业服务。20世纪90年代初期所有转型国家预测到即将出现大规模失业，于是以西欧国家现行的失业津贴制度作为蓝图，出台了各自的失业者收入支持方面的法规。这些收入支持计划包括失业者津贴、社会救助制度、培训以及公共工程项目的就业补贴计划等积极劳动力市场政策手段。失业津贴和社会救助制度经历了几次激进改革，目的在于解决当失业高涨和严重财政约束时抑制支出以及减少制度中不利于就业的因素，具体措施包括维持津贴水平，但收紧资格条件、缩短领取失业津贴的最长待遇期。

首先，通过检验失业总体趋势以及一些失业者结构的主要变化，回顾转型国家的失业经历。其次，根据已描述失业津贴制度的主要特点，并讨论执行中

---

①　对于转型时期宏观经济趋势和政策的回顾，可见世界银行 World Bank（2002）。

出现的主要问题。

一、失业与转型

转型经济体的劳动力市场发展的最显著特点就是大规模失业的出现。一些国家的劳动力概况显示出持续并且高水平的失业率（见表 18-1）。除少数国家（捷克、斯洛文尼亚、罗马尼亚）以外，失业者数量都增加了两倍。一些国家在转型初期失业大量增加，直到 20 世纪 90 年代后半期失业开始下降（但截至 2000 年，波兰和斯洛伐克的失业率仍然在上升）。也有数据表明，转型经济体失业率大幅增加不是一蹴而就的，而是延缓发作的。例如，捷克转型初期保持较低的失业率，到 20 世纪 90 年代后半期，在微观经济结构调整和过度收入增长的双重压力下爆发大规模失业。然而罗马尼亚的失业率相对较低，这是因为该国没有开展大范围的企业重组，而且没有明显的劳动力囤积现象。

表 18-1　失业率、长期失业者比例和青年失业率

年份 经济体	1991	1992	1993	1994	1995	1996	1997	1998	1999	2000
失业率（%）										
保加利亚	—	—	21.4	20.5	14.7	13.7	15.0	16.0	14.1	18.7
捷克	—	—	3.9	3.8	4.1	3.9	4.8	6.5	8.5	8.8
爱沙尼亚	1.5	3.7	6.5	7.6	9.7	10.0	9.7	9.6	11.8	13.5
匈牙利	—	9.3	11.9	10.7	10.2	9.9	8.7	7.8	7.0	6.6
拉脱维亚	—	—	—	—	18.9	18.3	14.4	13.8	13.9	14.4
立陶宛	—	—	—	17.4	17.1	16.4	14.1	13.5	10.4	15.9
波兰	—	13.7	14.9	16.5	15.2	14.3	11.5	10.6	12.6	16.6
罗马尼亚	—	—	—	8.2	8.0	6.7	6.0	6.3	6.9	7.7
斯洛伐克	—	—	12.2	13.7	13.1	11.1	11.6	11.9	16.0	19.1
斯洛文尼亚	7.3	8.3	9.1	9.0	7.4	7.3	7.4	7.9	7.5	7.1
长期失业者的比例（%）										
保加利亚	—	—	53.8	60	65.6	59.9	57.6	54.4	58.3	53.0
捷克	—	—	—	—	—	—	27.6	29.5	36.6	50.0
爱沙尼亚	—	—	28.1	39.6	31.8	55.3	45.8	45	42.2	47.3

续表

经济体 \ 年份	1991	1992	1993	1994	1995	1996	1997	1998	1999	2000
匈牙利	—	—	32.2	41.3	45.6	49.8	46.5	44.3	47.9	47.9
拉脱维亚	—	—	—	—	—	—	—	56	53.0	55.9
立陶宛	—	—	—	—	—	—	—	38	38.8	52.4
波兰	—	—	33.5	38.6	40.5	40	39.1	37.9	41.6	44.6
罗马尼亚	—	—	—	—	—	—	44.3	—	45.2	49.2
斯洛伐克	—	—	30.2	41.6	53.1	52.7	51.1	49.7	47.6	54.7
斯洛文尼亚	—	—	54.8	62.1	59.0	53.8	59.6	57.1	41.8	62.7
青年失业率（%）										
保加利亚	—	—	47.0	44.9	37.7	33.5	36.0	36.0	31.3	39.4
捷克	—	—	—	7.7	7.9	7.2	8.6	12.4	16.6	17.0
爱沙尼亚	—	—	11.0	11.6	14.1	16.0	14.4	14.5	22.1	23.7
匈牙利	—	—	21.3	19.4	18.6	18.0	15.9	13.5	12.3	12.3
拉脱维亚	—	—	—	30.1	29.0	24.9	27.1	23.4	21.2
立陶宛	—	—	—	32.1	31.6	27.4	26.2	22.9	21.3	27.5
波兰	—	—	30.0	32.5	31.2	28.5	24.8	23.3	29.6	35.7
罗马尼亚	—	—	—	22.5	20.6	20.2	18	18.3	17.3	17.8
斯洛伐克	—	—	25.7	27.6	24.8	20.6	22.4	23.5	32.0	36.9
斯洛文尼亚	—	—	24.2	22.2	18.8	18.8	17.6	18.3	18.5	16.4

注：劳动力概况数据中长期失业者由失业持续 12 个月以上的工人计算得出。青年失业率是指 25 岁以下工人的失业率。

资料来源：Central European Countries Employment and Labor Market Review，EUROSTAT，Theme3，1999~2001；OECD：Country Surveys，Economic Outlook；CANSTAT Statistical Bulletin No. 2/2002。

除了失业水平高，长期失业问题也是许多中东欧转型经济体面临的严峻考验。在 1993~2000 年，长期失业人员的比例从 1/3 增加到超过一半，并且在 20 世纪 90 年代末期大多数国家这个比例都提高了（见表 18-1）。长期失业工人比例大幅度增加的原因之一是失业者的再就业率很低。Boeri 指出，转型国家的失业者再就业率明显低于 OECD 国家①。失业者可能遇到许多令其难以再就业的障碍，这些障碍导致长期失业者的再就业率较低。例如，裁员无法与创造就业机会匹配，结果产生更高比例的长期性失业；慷慨的失业津贴可能刺激了长期失业；非熟练工人更容易沦为长期失业者。

另一个令人担心的事实是失业者中青年所占的比例很大。所有国家中，25岁以下青年失业率大大高于平均失业率，二者的趋势非常相似。截至 2007 年，捷克是唯一一个青年失业率为一位数的国家，但是 2000 年该国失业率曾达到 17%。

总之，失业者较低的就业倾向使失业者数量以及长期失业所占比例几乎没有发生变化，青年失业率畸高。如果不通过收入支持制度对失业者收入损失进行充分弥补的话，失业者消费支出将大幅下降——这是我们下面将要讨论的主题。

二、失业津贴制度的描述

与大多数 OECD 国家类似，转型国家失业津贴制度是典型的强制性制度，即制度覆盖大多数就业者，而不论就业者所在的行业或职业（自雇职业者除外）。失业津贴水平与收入关联，失业津贴的待遇期与失业前的就业历史相关，最低津贴保证那些在工资分配最底层的工人的津贴不低于官方决定的最低线。但是，一些特殊群体如毕业生（在捷克和斯洛伐克、爱沙尼亚、波兰和罗马尼亚）以及其他一些群体有资格领取固定比例的津贴，虽然这一做法背离了保险原则②。此外，当超过失业保险中与收入相关的失业津贴资格期限，失业者可以通过"失业救助"制度继续领取津贴③。下表 18-2 详细列示了转型国家失业津贴制度的一些显著的制度特征。

---

① Boeri T. Unemployment out Flows and the Scope of Labor Market Policies in Central and Eastern Europe [A] //OECD, Lessons from Labor Market Policies in the Transition Countries [Z]. Proceedings Paris：OECD, 1996.

② Boeri T. Labor Market Reforms in Transition Economies [J]. Oxford Review of Economic Policy, 1997, 13（2）：126-135.

③ Vroman W. Unemployment Insurance and Unemployment Assistance：A Comparison World Bank [J]. Social Protection Discussion paper and Notes, 2002.

表 18-2　经济转型时期中东欧国家失业津贴制度的主要特征

	年份	参考期	规定的最低就业记录	津贴最大持续期	与个人总收入的关系	失业津贴水平（最低和最高，以占最低工资百分比的形式表述）	
						最低	最高
保加利亚	1989	12 个月	6 个月	6 个月	第 1 个月为最后一个月工资的 100%，以后 5 个月依次递减 10%	100%	—
	1991	12 个月	6 个月	12 个月	等于最低工资	—	—
	1992	12 个月	6 个月	12 个月	60%	90%	140%
	1998	12 个月	9 个月	12 个月	60%	85%	140%
捷克	1991	3 年	12 个月	12 个月	最初 6 个月为 60%；随后 6 个月为 50%（参加再培训课程的情况下为 70%）	无（但是如果以前没有就业则为最低生活标准的 70%）	—
	1992	—	—	6 个月	最初 6 个月为 60%；随后 6 个月为 50%（参加再培训课程的情况下为 70%）	无（但是如果以前没有就业则为最低生活标准的 70%）	150%～180%
	1996	3 年	12 个月	6 个月	最初 6 个月为 60%；随后 6 个月为 50%（参加再培训课程的情况下为 70%）	无（但是如果以前没有就业则为最低生活标准的 70%）	最低生活标准的 150%～180%
	1998	3 年	12 个月	6 个月	最初 6 个月为 50%；随后 6 个月为 40%（参加再培训课程的情况下为 60%）	无（但是如果以前没有就业则为最低生活标准的 70%）	最低生活标准的 150%～180%

	年份	参考期	规定的最低就业记录	津贴最大持续期	与个人总收入的关系	失业津贴水平（最低和最高，以占最低工资百分比的形式表述）	
						最低	最高
爱沙尼亚	1991	12个月	180天	6个月	由最低工资的60%决定的固定比率	—	—
	1995	12个月	180天	6个月（依据个人情况延长3个月）	由最低工资的60%决定的固定比率	—	—
	2001（有效期到2003年）	24个月	12个月	12个月	最初100天为50%，随后为40%	平均工资的40%	平均工资的150%
匈牙利	1989	3年	18个月	24个月	最初6个月为70%；随后6个月为60%；随后12个月为45%	自1990年为80%	300%
	1991	4年	360天	—	受益期前半段为70%；后半段为50%	100%	—
	1992	—	—	—	受益期前半段为70%；后半段为50%	无	200%
	1993	4年	90天	360天	受益期前半段为70%；后半段为50%	8600福林	第一阶段8600福林；第二阶段1500福林
	1997	4年	90天	360天	65%	最低养老金的90%	最低养老金的180%

续表

年份	参考期	规定的最低就业记录	津贴最大持续期	与个人总收入的关系	失业津贴水平（最低和最高，以占最低工资百分比的形式表述）	
					最低	最高
拉脱维亚 1993	—	—	6个月	最低工资的90%（新入职者为70%）	最低工资的70%	最低工资的140%
立陶宛 1993	—	—	6个月	70%，之后降低到60%和50%	—	—
波兰 1989	无	无	无	最初3个月为70%；随后的6个月为60%，之后的9个月为45%	—	平均工资的100%
波兰 1992~1994	1年	180天	12个月，特殊情况为2年	国民平均工资的36%	无	无
1997	18个月	1年	18个月	以固定数额3782支付	无	无
罗马尼亚 1996	1年	6个月1年	9个月	9个月为50%~60%	75%~80%	200%
1998	1年	1年	9个月	9个月为50%~60%	76%~92%	210%
斯洛伐克 1991	3年	12个月	12个月	最初6个月为65%；随后的6个月为60%；再培训期间为70%	无	无
1992	—	—	6个月	最初6个月为65%；随后的6个月为60%；再培训期间为70%	45%	150%~180%
1995	3年	12个月	12个月	最初3个月为60%，随后9个月为50%	无	150%
1997	3年	12个月	12个月	最初3个月为60%，随后9个月为50%	无	150%

续表

	年份	参考期	规定的 最低就 业记录	津贴 最大 持续期	与个人总收入 的关系	失业津贴水平（最低和 最高，以占最低工资百分 比的形式表述）	
						最低	最高
斯 洛 文 尼 亚	1996	18 个月	9~12 个月	24 个月	最初 3 个月为 70%， 随后 3 个月为 60%	80%	320%
	1998	18 个月	9~12 个月	24 个月	最初 3 个月为 70%， 随后 3 个月为 60%	100%	300%

资料来源：Employment Observatory, No. 8, OECD Short-term Economic Indicators. Sources and Definitions, National Labour Ministries; Micklewright and Nagy (1996), Vodopivec (1995), Lubyvova and van Ours (1999), Kwiatkowski (1998).

（一）资格条件

为获取享受失业津贴的资格，失业者必须在当地就业办公室进行失业登记并且在制度覆盖范围内的单位工作至少 9~12 个月，参考期限为 12~48 个月，具体依据各国规定。但是，匈牙利是一个例外，它规定持续失业 4 年内最低就业期限为 90 天。主动辞职的工人或者没有享受津贴的资格（捷克），或者需要遵守一个等待期（例如，保加利亚规定为 5 个月，匈牙利规定为 180 天，波兰和斯洛伐克规定为 90 天）。

转型经济体均要求申请者必须积极寻找能够胜任的工作，就业服务机构规定申请者必须愿意接受合适的工作机会，否则将会失去领取失业津贴的资格。此外，一些国家（例如，波兰）也规定申请者必须愿意加入职业培训或者公共就业工程，并且只要在没有得到其他任何公共转移支付的情况下才可以申领失业津贴，不遵守相关规定者依法将被剥夺领取失业津贴的资格。

因为失业津贴水平低，转型国家通常允许大量的"漠视收入"（Earnings Disregard）的存在，即允许失业津贴申请者获取收入的同时继续享有津贴资格。例如，匈牙利规定，只要某失业者收入不超过官方最低工资的 150%，他就能够继续申请失业津贴并且津贴水平不降低。此外，匈牙利规定允许失业者的最高收入水平是最低工资的 100%。在波兰和罗马尼亚，这一比例是 50%。Scarpetta 和 Reutersward 关注于可能广泛存在的失业津贴领取者隐瞒收入的行为，并得出结论认为一些失业津贴受益者剥夺了其他对失业津贴有更大需求的申请者的机会，结果导致基金分配的效果不良①。毫无疑问，这个问题使申请者的就业和收入状况审查的成本增加，导致非正规就业群体的制度参与率降低。

（二）待遇标准

失业津贴通常是按规定时间内的平均工资的一定比例计发，初始替代率一般是平均工资的50%～70%，并随着时间的推移而递减。例如，斯洛文尼亚的失业津贴最初三个月的替代率为月工资的70%，在随后的月份这一比例下降为60%。但波兰例外，其失业津贴水平与失业前的就业收入无关，而是被设置为国民平均工资的36%。在2003年之前，爱沙尼亚的失业津贴也处于较低的固定水平（低于平均工资的10%）。一些国家例如保加利亚和捷克对参加或完成就业培训课程的失业者提供更高的失业津贴替代率，并通过待遇上下限来限制津贴水平。待遇下限通常为法定最低工资或者略低于此（例如最低工资的75%至90%），然而比较具有代表性的是将待遇上限设定为最低工资的150%。然而，转型国家的待遇上限差异较大，保加利亚为最低工资的140%，而斯洛文尼亚为最低工资的300%。失业津贴区间的压缩，尤其设置较低的待遇上限，有助于控制失业津贴支出水平，而且待遇上限在收入再分配方面也发挥了重要作用。

作为不断增加的财政压力的结果，许多国家已经发现很难支撑失业津贴制度最初建立时设置的津贴水平。因此，20世纪90年代末有些国家降低了本国的失业保险替代率（见图18-1）。

（三）待遇期

除保加利亚之外（爱沙尼亚从2003年开始），其他转型国家均不同程度地缩短了失业津贴的最长待遇期。如图18-2所示，大部分转型国家的失业津贴最长待遇期为12个月。除了捷克的最长待遇期为最低的6个月，斯洛文尼亚为最高的24个月之外，其他转型国家的待遇期通常与失业前就业时间的长短以及年龄高低（例如，保加利亚、爱沙尼亚、斯洛伐克和斯洛文尼亚）有关。例如，斯洛文尼亚规定具有15年工龄的失业者的失业津贴待遇期为3个月；超过55岁并且工龄超过25年的失业者的失业津贴持续期为24个月。

---

① Scarpetta S. and Reutersward A. Unemployment Benefit System and Active Labor Market Policies in Central and Eastern Europe: An overview [A] //OECD. Unemployment in Transition Countries: Transient or Persistent [Z]. OECD: Paris, 1994.

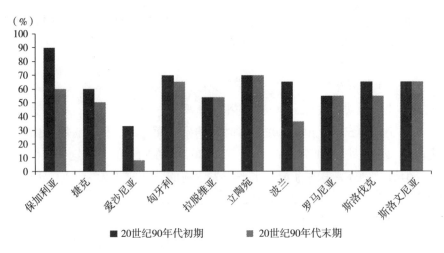

图 18-1　20 世纪 90 年代初期和末期中东欧转型经济体失业保险金替代率

资料来源：Employment Observatory，no. 8，OECD Short－term Economic Indicators. Sources and Definitions，National Labour Ministries；Micklewright and Nagy（1996），Vodopivec（1995），Lubvyova and van Ours（1999），Kwiatkowski（1998）.

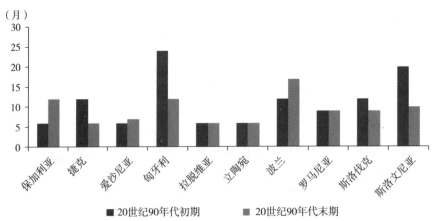

图 18-2　20 世纪 90 年代初期和末期中东欧经济转型体失业保险最长待遇期

资料来源：Employment Observatory，no. 8，OECD Short－term Economic Indicators. Sources and Definitions，National Labor Ministries；Micklewright and Nagy（1996），Vodopivec（1995），Lubvyova and van Ours（1999），Kwiatkowski（1998）.

（四）特殊规定

与 OECD 国家相同，转型国家给予毕业生、大龄失业者和"高失业"地区的失业者专项转移支付。那些不能在一定期限（例如，保加利亚的规定是一个月，波兰的规定是四个月）内找到合适工作的毕业生有资格领取比常规期限稍短的失业津贴，这些津贴被作为"工作搜寻补贴"，待遇水平为法定最低工资的一定百分比（例如，匈牙利规定这一补贴是最低工资的 75%，保加利亚规定的是最低工资的 90%）。大龄失业者的选择范围更广，但是具有代表性的是包括津贴范围的扩大。这些国家规定那些接近退休年龄的失业者的失业津贴将发放至其退休时为止。同样地，特别规定在那些失业率特别高或者失业率与全国平均失业率相比增加迅猛的地区，失业者有资格领取更大范围的津贴，例如，波兰规定失业津贴的待遇期与当地劳动力市场失业发生率以及其他一些相关标准有关。

（五）融资

20 世纪 90 年代至改革前，除爱沙尼亚的失业津贴完全来源于税收之外，其他中东欧转型国家与大多数 OECD 国家类似，失业津贴来源于雇主（在一些国家中包括雇员）的定期缴费，并通过预算外方式筹集。这些缴费形成专门的基金，该基金用于消极的（包括失业津贴）和积极的劳动力市场政策。匈牙利为失业津贴建立专门的基金，即"团结基金"（Solidarity Fund）。如前所述，所有国家都规定雇主为失业津贴缴费，而仅有一些国家规定雇员也需要参与缴费（例如捷克和斯洛伐克）。雇主的缴费率从波兰与斯洛伐克的 3% 到保加利亚和匈牙利的 7% 不等。雇员的缴费率相对低，占其工资的 1% 或者 2%。雇主与雇员的缴费率与 OECD 国家类似，但是又有所不同，转型国家失业津贴制度在筹资能力上通常不足，制度赤字必须通过政府预算予以弥补。例如，1992 年匈牙利和波兰各自拿出其全部失业津贴费用的 30% 和总税收收入的 70% 用于弥补其赤字。

（六）失业救助

一些转型国家规定失业保险津贴享受资格到期的失业者能够领取"失业救助"从而继续获得保障。例如，斯洛文尼亚规定家庭成员平均收入低于最低工资的 80% 的失业者可以享受失业救助津贴，该津贴可以持续支付 15 个月。保加利亚和匈牙利也规定有类似的失业救助制度。

（七）社会救助

转型国家失业津贴的制度覆盖率下降导致这些国家越来越依赖社会救助——作为最后一根救命稻草为失业者提供收入支持。尽管总体而言，社会救助方面的开支低于 GDP 的 1%，但随着受益对象的日益增长，一些国家的社会救助开支也稳步增长。

一般而言，社会救助以最低收入保障计划（例如捷克和斯洛伐克、保加利亚和罗马尼亚）的形式存在，受益对象是那些包括失业者在内的有需求的人。

除此之外，一些国家也向长期失业者提供基于家计调查的社会救助制度（例如匈牙利）。社会救助津贴通常采取统一费率（以最低收入保证的统一比率），待遇水平低于收入关联的失业津贴。罗马尼亚最低社会救助津贴水平仅占 1997 年至 1998 年平均工资的 10.6%，斯洛伐克为 32.5%，其他中东欧转型国家的待遇水平介于这两者之间。社会救助津贴无限期发放，相关机构定期审核以确定待遇领取者是否具有继续享受救助的资格。保加利亚和斯洛文尼亚规定最长领取失业救助的期限为 6 个月，匈牙利规定为 24 个月。如果失业，社会救助申请者必须积极寻找工作，提高获得工作的能力，必须定期向就业服务机构报告，尽管这种定期报告的频率通常少于对失业津贴申请者的要求。

Boeri 指出，对于失业者而言从与收入相关的失业津贴转到家计调查的统一比率的社会救助会损失一些补偿金[1]。然而，因为社会救助津贴的发放结合家庭特征（例如受扶养人的数量），大家庭的低收入申请者会从失业津贴制度中获得更多的钱。此外，社会救助提供的实物津贴可能比失业津贴更慷慨。

尽管表面上失业津贴与社会救助的待遇水平存在差异，但一些高通货膨胀国家因为失业津贴（以及较次要的社会救助）无法根据通货膨胀做出调整，或者根本没有在实际条款中做出相应规定，结果通货膨胀会大大降低失业者收入支持的慷慨度。因此，一些国家失业津贴必须用社会救助"补足"以保证最低收入申请者至少获得社会收入的最小值（例如捷克、斯洛伐克）。另外，物价上涨还会造成从失业津贴转向社会救助后落入失业陷阱。正如申请者（尤其那些没有额外收入的大家庭的成员）可能宁愿选择就业相关的社会救助津贴（通常以实物供给的方式，例如提供住房或者免费餐点），这种情况通常会导致其工资水平较低[2]。换言之，这种情况不利于促进就业。从失业津贴转向社会救助需要进行家计调查，这也会加大管理成本。

三、执行力问题

为失业者提供包括失业津贴在内的就业服务的管理任务已经极具挑战。随

---

① Boeri T. Labor Market Flows in the Midst of Structural Change［A］//Commander S. Enterprise Restructuring and Unemployment Models of Transition，EDI Development Studies［Z］. Washington，D. C.：World Bank，1998.

② Boeri T. Labor Market Reforms in Transition Economies［J］. Oxford Review of Economic Policy，1997，13（2）：126-135.

着津贴申请者数量的快速增长，就业服务机构面临人员数量不够和装备不足的压力。津贴发放相关的信息系统必须"撤销"，并且所有转型经济体中用来发放所有现金津贴的整合信息系统仍然保持远期目标。就业服务机构还肩负着控制积极与消极劳动力市场政策实施的任务，要监督申请者照章办事。帮助找到工作和监督待遇资格的两大任务通常很难同时达成。实施失业津贴制度必须清晰认识到津贴过于慷慨无法保证长期可持续，立法不能为管理这些津贴提供足够的基础，需要不断修订。

一些国家在设立"可操作的"失业津贴领取资格方面遇到很多困难：第一，应该如何监督失业者是否真正失业？斯洛文尼亚试图规定失业津贴接受者必须保证与就业服务机构每天保持长达三小时的联系——但是这项目标在于防止非正规就业者领取失业津贴的规定没有达到理想的效果。第二，立法不能清晰规定怎样才算"积极寻求工作"，失业者的求职意愿完全依赖于个人情况（例如技能、资格、经验和失业期间的长度）以及当地劳动力市场的就业前景。第三，限制工作数量可能不会影响津贴水平或者是否接受的情况下，如何界定"适当的工作"。

中东欧转型经济体在监督失业津贴资格的工作方面难度更大：第一，适应当地情况并规范失业津贴相关立法的调整需要时间（实践中转型经济体对相关立法频繁的修改证实了这一点）。直到立法漏洞和缺陷被锁定，很多领域同时存在"第一类错误"（不公平地将一些雇员排除在外，例如那些雇主不为其缴费的雇员）和"第二类错误"（轻易获得失业津贴，例如那些实际上有工作的人）。第二，转型经济体为队伍不断庞大的非正规就业者提供更多的就业机会，并由非正规就业者支付该制度的监督成本。第三，许多失业者相信他们自己有资格获得失业津贴——并在就业服务机构的顾问调查时表明自己的态度。

转型经济体对失业津贴资格的监督能力以及执行能力的不足限制了失业津贴资格监督任务的完成。这些经济体缺乏技术、资源，相关部门也经常有在监督和执行现行法律方面争权夺利的情况[1]。例如，Bardasi 等公布的结果显示：斯洛文尼亚搜寻工作的失业津贴接受者的比例低于50%，捷克、匈牙利、波兰和斯洛伐克这一比例是60%～90%。这些国家的报告指出，当一国仅仅考虑积

---

[1]　Earle 和 Pauna（1998）报告称1993年在罗马尼亚平均待处理案件的数量为每名工作人员对应668名失业者，而只有一些 OECD 国家这一数字超过100。

极搜寻工作（界定为运用任何方法而不是访问就业服务机构）时，失业津贴的接受者急剧下降：斯洛伐克这一比例大约降低25%，波兰和匈牙利利降低超过50%（仅男性）①。此外，通常没有对自我报告收入进行彻底或部分地精确度验证，因为管理信息制度无法对津贴接受者进行交叉核对。因此，报告称毫无疑问在匈牙利很少发生剥夺失业保险津贴资格的情况，例如，1992年3月失业保险接受者在其失业期间仅有4%的人失去津贴资格。对青年、受教育程度低、蓝领工人和生活在首都布达佩斯的人而言，不符合失业津贴资格的风险较高②。

　　然而令人信服的是，中东欧转型国家的国内服务机构之间或各国服务机构之间行政管理流程相似，但执行力有明显差异。例如，斯洛文尼亚失业津贴资格被剥夺的风险比匈牙利低，尽管立法修改的目的在于完善津贴资格的监督，但是1998年斯洛文尼亚仅有1%的失业者在失业期间被剥夺了津贴资格，1999年这一比例仅有0.5%。并且在有着最为适中失业津贴的爱沙尼亚，随机证据表明因为失业津贴水平太低，就业服务机构有时会与失业者站到同一边，让失业者领取失业津贴直到该津贴用光为止。

　　上文所考虑的对收入支持制度的效应有重要影响，主要影响作出离职从而（正式）失业的决定。例如，如果对工作搜寻的监督是松懈的，或者他们可能通过得到津贴并且同时不申报工作收入来滥用该制度。当我们讨论效率效应时我们转为讨论这些议题。

第三节　失业津贴制度的评价

　　本节试图通过检验收入保护效应和效率效应从而评价转型经济体失业津贴制度的成就。例如，这些制度的覆盖面一直以来怎样？工人中哪个群体从该制度中受益最多？这些制度减少贫困了吗？尤其与OECD国家制度的慷慨相比较，转型国家这些制度的支出水平如何并且津贴是否慷慨？此外，这些制度的

---

　　① 为了便于比较，Bardasi等（2001）在其对中欧国家的分析中也包括了英国和西班牙。然而英国有最高比例的，积极搜寻工作的津贴接受者，西班牙这一数字与中欧国家类似。

　　② Micklewright J，Nagy G. Evaluating Labor Market Policy in Hungary［A］//OECD. Lessons from Labor Market Policies in the Transition Countries［Z］. Paris：OECD，1996.

效率效应一直以来如何？正如发达经济体中常见的，这些制度对津贴接受者再就业产生消极影响了吗？总之，转型国家减少了工作搜寻的强度并增加了保留工资，因此延长了失业持续期并催生了更高的失业率？此外，转型国家已经引入的失业津贴制度缓解企业重组所产生的巨大并且痛苦的裁员任务了吗？在解答这些问题的过程中，我们试图将这些国家的制度规则和管理能力与这些制度的成就联系起来。

一、收入保护

为了研究失业津贴的收入保护和福利效应（目前在研究转型国家的文献中至今未研究的一个议题），我们开发了基于家庭支出与收入的大型数据库——The HEIDE Database（转型国家家庭支出与收入数据库），该数据库可以从世界银行获取。该数据库包括来自 20 世纪 90 年代中期七个中东欧转型经济体：保加利亚、捷克、爱沙尼亚、匈牙利、拉脱维亚、波兰和斯洛伐克的家庭预算概况的数据，我们还增加了第八个国家——斯洛文尼亚的可比较数据。变量包括收入和支出的水平和构成（包括失业津贴的数额在内），并且选择了家庭特征。总体概况是分国家的，选择家庭在于利用分层随机样本程序。

我们的研究结果表明，20 世纪 90 年代中期，匈牙利和波兰的失业津贴占家庭收入的比例较高，绝大部分家庭的失业工人获得了失业津贴，并且这些国家直接将大部分的津贴给予贫穷的家庭成员或者给予那些通过失业津贴能够摆脱贫困的人。虽然它们并未明确这样做，但是在这两个国家失业津贴大大减少了贫困。相反，在我们所举例子中的其他一些国家，由于限制失业津贴制度的覆盖范围，其津贴水平占家庭收入的比例相对较低，没有惠及更多的贫困失业者。需要注意的重要问题是，上述事实与匈牙利和波兰的失业津贴受益率较高相关（纵观各年度，匈牙利和波兰的受益率在我们分析的国家中最高——见下文中有关失业津贴制度的慷慨度的讨论），也与这两个国家失业津贴的相对较长的待遇期相关。20 世纪 90 年代所有国家的失业津贴持续大幅度上涨，从富人到穷人的收入再分配效应明显。

（一）覆盖范围

20 世纪 90 年代中东欧转型经济体中失业津贴的覆盖范围差异很大（见表 18-3）。匈牙利拥有至少一个失业者的家庭占到 77.53%，波兰为 64.73%；比较而言，有一个失业者的家庭的覆盖范围在爱沙尼亚和拉脱维亚仅为 18.74%、

表18-3　覆盖范围、瞄准度、平均比例和由津贴产生贫困下降[a]

	保加利亚[b]	爱沙尼亚		匈牙利		拉脱维亚		波兰		斯洛伐克		斯洛文尼亚	
	所有家庭	所有家庭	有失业者的家庭	所有家庭	有失业者的家庭	所有家庭	有失业者的家庭	所有家庭	有失业者的家庭	所有家庭	有失业者的家庭	所有家庭	有失业者的家庭
覆盖面（%）													
获得失业津贴的家庭所占比例	4.22	1.94	18.74	16.20	77.53	2.14	17.42	9.31	64.73	7.83	24.35	8.08	42.69
获得失业津贴的贫困家庭所占比例[c]	10.57	5.08	20.76	32.49	64.45	5.22	13.01	15.60	51.56	17.75	32.10	13.84	34.64
瞄准度：下列不同人群得失业津贴预算的比例（%）													
贫困家庭	38.92	46.27	46.27	12.77	12.77	19.68	19.68	18.49	18.49	9.94	9.94	19.75	19.75
通过失业津贴摆脱贫困的家庭	12.16	11.60	11.60	38.24	38.24	33.24	33.24	34.35	34.35	25.59	25.59	25.14	25.14
即使没有获得失业津贴，但仍在贫困线之上的家庭	48.92	42.12	42.12	49.00	49.00	47.08	47.08	47.17	47.17	64.47	64.47	55.11	55.11
失业津贴占家庭总收入中的平均比例（%）													
所有家庭	0.55	0.43	4.11	4.17	19.94	0.78	6.31	3.21	22.34	0.67	2.07	2.13	11.28
获得津贴的家庭	13.04	21.92	21.92	25.72	25.72	36.21	36.21	34.51	34.51	8.51	8.51	26.43	26.43
失业津贴引发的贫困下降（%）													
占假设贫困发放前的贫困人数[d]的比例	3.29	1.33	4.68	40.00	53.28	3.96	9.22	20.57	44.73	21.58	31.19	7.96	15.71
占总人口的比例	0.60	0.25	1.84	5.23	19.72	0.59	3.79	3.53	19.21	1.05	2.97	1.31	5.84

续表

	保加利亚	爱沙尼亚		匈牙利		拉脱维亚		波兰		斯洛伐克		斯洛文尼亚	
	所有家庭	所有家庭	有失业者的家庭	所有家庭	有失业者的家庭	所有家庭	有失业者的家庭	所有家庭	有失业者的家庭	所有家庭	有失业者的家庭	所有家庭	有失业者的家庭
						其他（%）							
贫困发生率	17.58	18.58	37.41	7.84	17.29	14.32	37.31	13.63	23.74	3.83	6.55	15.15	31.35
有失业者的家庭所占的比例(%)	n. a.	10.37	100	20.90	100	12.31	100	14.38	100	32.14	100	18.92	100
贫困差距e	3.36	3.43		0.94		1.95		1.89		0.17		2.56	

注：a 表示失业津贴包括失业保险支付款项和失业救助支付款项。b 表示保加利亚数据不识别失业家庭成员。c 表示贫困者是指家庭（不是家庭中的个人）中每个成年人中收入低于每个成年人分配的中位数的60%。成年人数量来源于 OECD 采用下列方法加权平均获得：家庭中第一个成年人为1，随后的成年人每个为0.7，15岁以下儿童每个为0.5。d 表示假设贫困者是平均每个成年人津贴支付前家庭收入低于贫困线的收入。e 表示贫困差距是距贫困家庭全部收入的一定比例，这一收入将会使贫困家庭摆脱贫困。

资料来源：基于在线数据库 HEIDE（online HEIDE data）的转型经济体 HEIDE（Household Expenditure and Income Data for Transitional Economies）的计算。网址：http://www.worldbank.org/research/inequality/data.htm。调查年份：保加利亚，1995年；匈牙利，1993年；斯洛伐克，1997年；斯洛文尼亚，1993年；波兰，1997~1998年；斯洛文尼亚，1993年；波兰，1997~1998年。样本量大小：保加利亚：2466；匈牙利：8105；拉脱维亚：7690；波兰：16051；斯洛伐克：2129；斯洛文尼亚：2577。在适当时使用地方调查权重。

17.42%。这些发现恰好与津贴接受者占失业者的比例相对应（见下文），也与津贴水平对应（例如，爱沙尼亚的覆盖范围较窄，这与下文中提到的其吝啬的津贴水平相关）。持认同所有家庭应纳入覆盖范围的观点的国家较少，但是差异很大。有趣的是，除爱沙尼亚外，在有一个失业成员的家庭中失业津贴的接受者不像在贫困家庭中那么普遍。

（二）失业津贴在家庭收入中的平均比例

在失业津贴占家庭收入中的平均比例方面，各国之间也有明显不同。这一比例最高的是匈牙利（4.17%），其次是波兰（3.21%）；当关注于拥有至少一个失业者的家庭时，这两个国家也同样领先于其他国家（匈牙利该指标是19.94%，波兰是22.34%）。相比之下，其他国家的这一比例在各个时期都较低，最低的是爱沙尼亚（失业者在所有家庭以及在拥有至少一个失业者的家庭中的比例分别为0.43%和4.11%）。

（三）瞄准度

失业津贴的另一个分布特征是不同人群如何获得津贴，以及津贴的多大比例分配给失业风险高的群体。到目前为止，在所有国家中，爱沙尼亚将失业津贴的最大比例分配给了贫困者（46.27%），但是通过失业津贴摆脱贫困的个人所占的比例却最低。20世纪90年代爱沙尼亚失业津贴的水平适中，而且瞄准度较高，原因在于该国失业津贴按固定比例发放，那些收入较高的工人参保率较低。匈牙利、波兰和拉脱维亚的个人摆脱贫困的比例较高。如前文所述，匈牙利和波兰失业津贴占家庭收入的比例在所有转型国家中较高。失业津贴占失业前贫困线以上家庭的收入的比例最高的是斯洛伐克（64.47%）和斯洛文尼亚（55.11%）。

（四）减少贫困

诚然，尽管失业保险制度的目标是平滑失业者的收入和消费而不是减少贫困，但是有趣的是，失业保险制度在一定程度上导致返贫。与上述讨论措施所具有的广泛变动范围一致，不同国家间在减少贫困效应方面也有极大的不同。波兰和匈牙利减少贫困的效应较大。匈牙利贫困失业者减少了超过50%（换言之，如果不存在失业者津贴，那么贫困失业者的数量将增加一倍多），波兰减少44.73%。从总人口占比来看，数字也很突出：匈牙利总人口的5.23%通过失业津贴摆脱贫困，波兰的这一比例为3.53%。上述讨论的收入保护特征产生了如此有利的结果——广泛的覆盖范围，贫困者获得失业津贴的比例较高，失业津贴占家庭总收入的比例很大。但是这两个国家（匈牙利和波兰该数据分别为 0.94% 和 1.95%）的失业津贴也部分地导致贫困差距相对较小。爱沙尼亚失业津贴的减贫效应最弱，该国失业者的 4.68%，总人口的 0.25% 摆脱了贫困。保加利亚和拉脱维亚的减贫效应较弱，主要原因在于其覆盖率和失业者津贴占总收入的比例都较低。

（五）不同收入水平人群的津贴受益率

通过调查失业津贴的受益率可以深入洞察失业津贴产生的隐性收入再分配。在所有国家中，20 世纪 90 年代中期津贴大幅度上升（见表 18-4——越贫困的家庭获得津贴的比例越大）。爱沙尼亚的制度最具有进步意义（40% 的收入底层家庭获得 73% 的失业津贴）。这可能是统一的失业津贴制度产生的结果（失业津贴制度对较富裕人群的吸引力较低）。有趣的是，在拥有至少一个失业者的家庭中，津贴的受益率呈现回归状态，这表明失业津贴有效地推进了受益者家庭的收入再分配。爱沙尼亚和斯洛伐克这两个国家例外，它们的失业津贴占家庭收入比例最小（见表 18-4），这两个国家失业津贴发放后没有产生收入分配上的差异。以上证据强有力地印证了失业津贴能够有效地改善受益者的相对收入地位。在拥有至少一个失业者的家庭中，发放津贴前收入的排名在所有国家都是逐步上升的。

（六）失业保障的支出与慷慨度

运用 Vroman 提出的账户框架，我们估计了转型经济体失业津贴制度的总成本及其慷慨度。绝大多数转型经济体保持其失业津贴支出低于 GDP 的 1%，爱沙尼亚和捷克甚至低于 GDP 的 0.25%，这一数值低于绝大多数 OECD 国家。波兰和匈牙利（匈牙利这一比例在 20 世纪 90 年代末期迅速下降）的津贴支出比例最高[1]。

失业保障成本的两个关键性决定因素是占平均工资一定比例的收入替代率（RRate）或者津贴水平以及由劳动力概况确定的津贴受益者人数与失业者人数的比例（NBen/Uemp；注意，津贴受益者未必是失业者的一个子集，因此这一比例可能大于 1）。前一个因素反映了津贴的相对价值，后一个因素则反映了津贴的相对可获性，两个因素都是政策选择的结果。Vroman 指出失业津贴制度的替代率和受益失业者的比例更多地显示出失业津贴制度的慷慨程度[2]。我们把这一指标界定为"慷慨度指标"（G）：

①②　Vroman W. Unemployment Insurance and Unemployment Assistance：A Comparison ［J］. Social Protection Discussion Paper and Notes，2002.

表18-4　20世纪90年代中期通过收入分组显示的失业津贴的发生率[a]

	保加利亚[b]	爱沙尼亚		匈牙利		拉脱维亚		波兰		斯洛伐克		斯洛文尼亚	
	所有家庭	所有家庭	有失业者的家庭	所有家庭	有失业者的家庭	所有家庭	有失业者的家庭	所有家庭	有失业者的家庭	所有家庭	有失业者的家庭	所有家庭	有失业者的家庭
津贴发放后家庭收入排名（%）													
最高组（最富裕）	11.54	6.44	19.83	7.97	19.49	20.01	37.62	5.28	20.45	13.27	24.81	8.70	32.75
第二组	7.42	13.99	12.74	13.00	21.23	18.59	27.48	11.43	22.33	11.53	13.10	18.67	25.51
第三组	12.90	11.05	24.28	17.63	21.55	16.64	14.12	20.05	20.93	15.18	20.24	26.31	15.17
第四组	19.28	16.50	11.77	24.05	21.12	15.67	11.68	28.13	19.99	26.06	16.08	18.77	15.05
最低组（最贫困）	48.86	52.02	31.38	37.35	16.62	29.09	9.10	35.11	16.30	33.95	25.78	27.54	11.52
津贴发放前家庭收入排名（%）													
最高组（最富裕）	6.29	5.81	16.73	2.92	12.82	5.11	13.55	2.60	14.34	7.46	15.98	3.85	18.62
第二组	10.26	10.91	11.48	4.95	14.97	7.67	16.58	4.03	16.79	8.51	13.96	8.14	18.09
第三组	7.72	8.33	15.13	9.78	18.69	13.33	17.71	9.67	18.40	14.80	13.10	14.19	17.82
第四组	16.70	13.94	18.76	14.61	22.57	8.99	15.18	19.15	21.07	15.56	12.27	24.86	17.30
最低组（最贫困）	59.03	61.01	37.90	67.75	30.95	64.90	36.97	64.55	29.40	53.66	44.69	48.96	28.17

注：a 表示按照平均每个成年人的收入为家庭排名（见表18-3中数据）。失业津贴包括失业保险支付的款项和失业救助支付的款项。b 表示保加利亚的数据不识别家庭成员。

资料来源：基于在线数据库 HEIDE（online HEIDE data）的转型经济体家庭支出与收入数据库（Household Expenditure and Income data for Transitional Economies）的计算，网址：http://www.worldbank.org/research/inequality/data.htm。斯洛文尼亚的数据来自斯洛文尼亚统计办公室。调查年份：保加利亚，1995年；匈牙利，1993年；拉脱维亚，1997年；波兰，1993年；斯洛伐克，1993年；斯洛文尼亚，1997~1998年。样本量大小：保加利亚：2466；匈牙利：8105；拉脱维亚：7690；波兰：16051；斯洛伐克：2129；斯洛文尼亚：2577。在适当的地方使用调查权重。

慷慨度指标（G）= 100×RRare×（Nben/Unemp）。

可获得的证据表明，除斯洛文尼亚之外的转型国家的替代率（RRate）已明显下降（见表 18-5）。背景情况是得到津贴的失业者的构成更复杂——波兰的指标下降幅度最大，从 1991 年的 79% 到 1999 年下降为 24%；其他国家在此期间该指标的偏差相对较小或者中等。一个有趣的例子是在匈牙利获取津贴相对容易，1999 年其津贴受益者的人数甚至超过失业者的人数。津贴制度慷慨度指标调查清晰地揭示出受益者比例下降对波兰失业津贴制度慷慨度的影响。结合这两种影响，慷慨度指标表明，斯洛文尼亚和匈牙利的失业津贴慷慨程度较高，爱沙尼亚最低，其他国家在 5%~15%。

表 18-5　20 世纪 90 年代失业津贴的支出与慷慨度

	1991 年	1992 年	1993 年	1994 年	1995 年	1996 年	1997 年	1998 年	1999 年
失业津贴方面的支出（占 GDP 的百分比）（%）									
匈牙利	0.55	0.64	0.96	0.54	—	—	—	—	—
捷克	0.23	0.18	0.15	—	0.13	0.14	0.21	0.24	—
爱沙尼亚	—	—	—	0.11	0.07	0.07	0.08	—	—
匈牙利[a]	—	2.16	2.03	1.07	0.71	0.60	0.46	—	—
波兰	—	1.71	1.72	1.77	1.88	1.77	—	—	—
斯洛伐克	0.98	0.60	0.56	0.43	—	—	—	—	—
斯洛文尼亚[a]	0.57	0.82	1.22	1.13	0.75	0.71	0.90	0.89	0.79
失业津贴替代率（%）									
匈牙利	0.68	0.29	0.34	0.31	0.30	0.38	0.30	—	—
捷克	—	0.42	0.30	0.28	0.27	0.25	0.24	0.24	0.20
爱沙尼亚	—	—	0.17	0.10	0.08	0.07	0.07	0.09	0.09
匈牙利[a]	—	—	—	0.25	0.23	0.21	0.20	0.20	0.22
波兰	0.34	0.38	0.36	0.37	0.37	0.33	0.32	0.30	0.24
斯洛伐克	0.49	0.32	0.30	0.27	0.26	0.23	0.30	—	—
斯洛文尼亚[a]	0.32	0.29	0.33	0.34	0.33	0.31	0.36	0.37	—
失业津贴接受者占失业者的比例（%）									
匈牙利	—	—	0.23	0.23	0.29	0.29	0.35	—	—
捷克	—	—	—	0.33	0.37	0.34	0.37	0.45	0.45
爱沙尼亚	—	—	—	0.30	0.20	0.24	0.26	0.25	0.31

续表

	1991 年	1992 年	1993 年	1994 年	1995 年	1996 年	1997 年	1998 年	1999 年
匈牙利[a]	—	—	—	0.93	0.94	0.96	0.98	1.00	1.06
波兰	0.79	0.52	0.48	0.50	0.59	0.52	0.31	0.23	0.24
斯洛伐克	—	—	0.40	0.37	0.26	0.32	0.33		
斯洛文尼亚[a]	0.46	0.65	0.73	0.72	0.61	0.62	0.72	0.66	0.61
慷慨度指标（%）									
匈牙利	—	—	7.7	7.1	8.8	10.9	10.6	—	—
捷克				9.5	9.9	8.6	8.9	10.8	9.0
爱沙尼亚				3.2	1.5	1.9	1.8	1.8	2.8
匈牙利[a]	—	—		23.5	22.1	20.4	19.9	20.4	22.7
波兰	27.0	19.8	17.4	18.6	21.6	17.3	9.8	6.9	5.6
斯洛伐克	—	—	12.1	10.1	6.6	7.5	9.8		
斯洛文尼亚[a]	14.6	18.9	24.2	24.2	20.5	20.1	26.6	24.6	22.8

注：a 表示款项包括了接受者在失业保险与失业救助的款项。

资料来源：Employment Outlook, OECD, Various Issues; Czech Republic: Statistical Office and Ministry of Labor and Social Affairs; Estonia: National Labor Board; Hungary: Central Statistical Office and National Labor Centre; Slovenia: Yearly Work Report of Employment Office, Various Issues.

　　转型经济体失业津贴制度慷慨度指标与一些 OECD 国家的比较表明，转型经济体的制度没有大多数 OECD 国家慷慨——仅仅比较了葡萄牙、希腊和美国。转型经济体的平均慷慨度指标是 11.3，而 OECD 国家样本的指标为 26.3。最显著的例外是匈牙利和斯洛文尼亚，这两个国家的慷慨度指标已经赶上了 OECD 国家。

　　总之，尽管失业津贴制度关注失业者，而且转型国家的失业津贴并没有 OECD 国家慷慨，但这项制度的实施却显著减少贫困。显然，对于许多家庭而言，工作收入是其唯一且最重要的家庭收入来源，除非得到额外补偿，否则失去工作将使这些家庭立即陷入贫困。上述证据也表明，如果失业津贴的覆盖范围很大并且津贴数额很高，那么失业津贴将会产生收入差距。事实上，爱沙尼亚的失业津贴是以固定数额方式支付的（换言之，对所有人而言失业津贴是相等的），这有助于提高贫困者获得失业津贴的比例，但是较低的津贴水平阻碍更好地发挥津贴的减贫效应。当然，贫困差距的大小也决定了减贫所需转移支付规模的大小，例如，尽管爱沙尼亚和保加利亚给予贫困者的失业津贴比例很高，但是其减贫总效应是适度的，原因不仅在于低水平的失业津贴，还在于这两个国家的贫困程度很深。证据也表明，失业者津贴并未对收入再分配有明显的效果，但是待遇水平不断提高，例如，智利人口收入五等分中最贫困的人群取得了大约60%的失业津贴①。因为失业保险缴费率与收入相关联，失业津贴净额的受益率（考虑了津贴和成本的津贴受益率）不断上升。

上述关于分配效应的证据表明，失业津贴制度有助于从富人向穷人的收入再分配，能够显著减少贫困。这些效应的产生伤害效率了吗？例如，产生不利于就业的因素了吗？这是我们下文将讨论的内容。

二、效率效应

下文总结了失业保险如何影响经济效率。关注的焦点在于激励效应（搜寻工作努力和持续失业期、企业重组和劳动力再分配以及其他家庭成员的劳动力供应）和效应总和。

（一）失业持续期效应

失业津贴对搜寻工作努力的效应预测理论是模糊的。一个来自简单理论模型的时髦预测是，增加失业津贴会削弱失业津贴受益者再就业的动力。换言之，该模型预测，增加失业津贴会增加失业持续期的长度。这一结论依据工作搜寻模型（因为保留工资最初被认为随着津贴水平的提高而增加）以及劳动力供给模型（因为人们通常会选择放弃较少的工资收入而继续失业）。然而，一旦引入模型，情况将更复杂（例如，认识到失业保险仅在有限制的期间内支付，并且通过再就业努力，一个人才能重新获得领取失业保险的资格）。这也表明提高受益率增强了向就业转换的吸引力，而不是削弱吸引力②。也有人坚持主张失业津贴增加了用于搜寻工作的资源，因此增加了找到工作的概率。换言之，有关更久待遇期和更高替代率对于从失业到就业转变概率的影响的理论预测还是不确定的。

与来自理论模型模糊的预测相比，经验主义的证据要明确得多。与发达经济体的证据类似，对转型经济体经验主义的研究表明，失业津贴降低了失业者

---

① Krumm K, Milanovic B, Walton M. Transfers and the Transition from Socialism: Key Tradeoffs [J]. Policy Research Working Paper, 1994: 1-56.

② Atkinson A B, Micklewright J. Unemployment Compensation and Labor Market Transitions: A Critical Review [J]. Journal of Economic Literature, 1991, 29 (4): 1679-1727.

再就业的概率。除罗马尼亚之外，对所有国家进行的研究已经证实，失业津贴的待遇期不利于失业者的再就业。尽管一些研究也发现几乎没有证据表明失业津贴会不利于失业者的再就业（见表18-4中经验主义的发现）。尤其有趣的是在爱沙尼亚出现了相反的激励效应。20世纪90年代该国拥有目前为止最为吝啬的失业津贴制度。大多数研究发现，当失业津贴接近用光时，失业者的再就业概率显著增加（一些国家的失业者退出劳动力市场的概率也在增加）。替代率效应很少被提到：Ham等指出替代率效应对捷克存在显著影响，而对斯洛伐克的影响较弱[1]。Vodopivec也发现替代率效应对于斯洛文尼亚没什么影响[2]。至于这些影响的程度，Ham等发现对于捷克的影响与发达经济体（考虑到失业津贴的持续期和津贴水平，几乎没有研究提出对于失业持续期弹性的估计）类似[3]。Micklewright和Nagy估计在失业津贴用光时大约8%的失业者成功再就业[4]，Vodopivec估计该值大约为6%[5]。

上述关于失业津贴制度不利于工作因素的经验主义研究结果表明，转型经济体已确定没能逃脱于此，与发达经济体类似，但不利影响的强度存在很大差异，并且吝啬和慷慨的失业津贴制度都会产生这种不利于工作的因素。国家之间监督工作搜寻与实施工作检验的影响差异也使这些影响的程度不同。

（二）强化企业重组与劳动力再分配

为了加速企业重组，转型期间失业保险的理想保护水平应该高些（例如为了克服经理人不愿意裁员）。然而，增加失业津贴能够促进企业重组的理论基础很薄弱。Blanchard指出更优厚的失业津贴确实增加了企业重组的吸引力，但是也会阻碍创造新的工作岗位。他认为，"现实中有关增加失业津贴对效率影响的例子很有限"。基于转型经济体的文献回顾中没有发现关于这一议题的任何缜密调查，尽管几项研究宣称失业津贴的引入有助于推动企业重组进程[6]。

①③ Ham JC, Svejnar J, Terrell K. Unemployment and the Social Safety Net During Transitions to a Market Economy: Evidence from the Czech and Slovak Republics [J]. American Economic Review, 1998 (5): 1117-1142.

②⑤ Vodopivec M. Unemployment Insurance and Duration of Unemployment [Z]. World Bank Policy Research Working Paper no. 1552, D. C.: The World Bank, 1995.

④ Micklewright J and Nagy G. Evaluating Labor Market Policy in Hungary [A] //OECD. Lessons from Labor Market Policies in the Transition Countries, Paris: OECD, 1996.

⑥ Blanchard O. The Economics of Post-communist Transition Clarendon Lectures in Economics [M]. Oxford: Oxford University Press, 1997: 113-114.

从政治经济学视角，愿意接受大规模裁员与存在社会安全网相关联看起来很合理。然而，国家间政策和结果的随机比较表明，在就业影响企业重组进程和劳动力再分配方面存在着其他更为强大的力量。例如，在转型国家中斯洛文尼亚是拥有最慷慨失业津贴的国家之一，其劳动力再分配的步伐落后于爱沙尼亚。在转型国家中爱沙尼亚拥有最为吝啬的津贴（参见 1999 年，Faggio 和 Konings 关于所选取转型国家的重组强度的对比）①。

值得注意的是，一些其他机构习惯保持低失业率或者首先采取措施促进失业用以直接取代劳动力再分配：就业保护立法（包括提供解雇金）清楚地位于列表的前面②（见 1998 年 Blanchard 在其提出的模式中指出，增加就业保障会导致更加僵化的劳动力市场）。也要注意到吝啬的就业保障措施减少了劳动力参与。例如，OECD 国家发行更加严格的就业保护立法与下列情况有较强的相关性：①青年工人更高的失业率；②自雇职业者更高的失业率；③中年女性、青年和老年工人更低的失业率③。Heckman 和 Pages 也证实在就业保障与较低的就业率相关联，并且将拉丁美洲就业下降 5% 归因于其提供了就业保障措施④。

（三）对其他家庭成员劳动力供给的影响

因为失业救助需要家计调查，可以预料到的是这将不利于其他家庭成员的就业。斯洛伐克和波兰的经验主义证据支持了这种预测。例如，Terrell 等报告称，社会救助对象有失业配偶时，女性和男性退出劳动力市场的风险分别降低了 72% 和 82%⑤。Boeri 的报告也得出了类似的结论⑥。

（四）效应总和

文献调查表明，几乎没有研究明确揭示出失业津贴制度的慷慨度和效应总

① Faggio G，Konings J. Gross Job Flows and Firm Growth in Transition Countries：Evidence Using Firm Level Data on Five Countries ［J］. CEPR Discussion Paper，1996.

② Blanchard O. Employment Protection and Unemployment［DB/OL］. Cambridge：MIT，1998. http：// web. mit. edu/blanchar/www/16pp.

③ OECD. Employment Outlook ［M］. Paris：OECD，1999.

④ Heckman J J，Pages C. The Cost of Job Security Regulation：Evidence from Latin American Labor Markets ［Z］. NBER Working paper No. 7773，Cambridge：NBER，2000.

⑤ Terrell K，Lubyova M，Strapec M. Evidence on the Implementation and Effectiveness of Passive and Active Labor Market Policies in the Slovak Republic ［A］//OECD. Lessons from Labor Market Policies in the Transition Countries ［C］. Paris：OECD，1996.

⑥ Boeri T. Labor Market Reforms in Transition Economies ［J］. Oxford Review of Economic Policy，1997，13（2）：126-135.

和。Boeri 报告称，20 世纪 90 年代初期匈牙利、波兰和斯洛伐克与失业津贴的慷慨度联系起来的就业逃逸率没有明显变化。但是他也发现，捷克（存在更多的就业机会）的政策改变增加了就业逃逸率的强度①。20 世纪 90 年代末 Cazes 通过运用简单的横截面数据调查八个转型经济体失业与劳动力市场机构之间的联系，发现失业津贴制度的替代率和持续期没能剧烈影响总体和长期失业率，但是稍微违反直觉的、更长的失业津贴持续期与青年失业率显著正相关②。相比之下，Haltiwanger 等运用固定样本数据对 20 世纪 90 年代 12 个转型国家的类似分析中证实失业保险更高的津贴水平和更久的享受资格期限与较低就业率和较高的失业率有关③。另一个悬而未决的问题是在相对强势的工会和中央集权的工资设置的环境中引入传统失业保险的长期后果——尤其是这种解决办法是否会产生与欧洲大陆共同体国家劳动力市场类似的结果（"欧洲僵化症"）④。

第四节　结论和政策影响

为了帮助膨胀的失业大军，所有转型经济体根据传统失业保险制度建立起包括专门的收入支持制度和积极措施在内的新劳动力市场计划。因为转型经济体没有为大规模失业的出现做好充分准备，所以建立失业者公共现金津贴制度毫无疑问是必要的。由于失业无法预料并且具有突发性，个人不能通过自我保险（例如，通过储蓄）和自我保护（例如，通过选择更稳定的工作）的方式预防失业风险；如果金融市场不发达，那么情况会变得更糟。此外，经济转型

---

① Boeri T. Unemployment Outflows and the Scope of Labor Market Policies in Central and Eastern Europe ［C］//OECD. Lessons from Labor Market Policies in the Transition Countries，Paris：OECD，1996.

② Cazes S. Do labor Market Institutions Matter in Transition Economies? An Analysis of Labor Market Flexibility in the Late Nineties ［Z］. Geneva：ILO，2002.

③ Haltiwanger J，Scarpetta S，Vodopivec M. How Institutions Affect Labor Market Outcomes：Evidence from Transition Countries ［C］. Washington，D. C.：The World Bank，2003.

④ 失业维持理论模型显示，伴随着转型的冲击拥有失业保险制度的经济体经历了更大更久的失业。例如，Ljungqvist 和 Sargent（1997）开发的模型研究了当经济转型时两个经济体（其中一个有失业保险制度，另一个没有）的动态变化。没有失业保险的经济体能够更迅速地恢复经济，因为其保留工资调整更快并且工作搜寻强度也高于有失业保险的经济体。Nickell 和 Layard（1999）的研究也表明失业津贴推高了失业平衡。

造成冲击的幅度和协方差也使其他私人应对机制（如私人转让）显示出不足。

上述执行情况的回顾表明，这些国家的失业津贴制度有非常积极的效果。证据表明，我们所举例子的所有中东欧转型经济体的失业津贴有助于从富人向穷人的收入再分配。此外，尽管没有将减少贫困设计为一项任务，但是一些经济体的失业津贴确实明显减少了贫困。尤其一些国家失业津贴减贫效果非常显著。这些国家的制度有着广泛的覆盖范围，并且失业津贴构成家庭收入的很大比例。此外，就发达经济体而言也存在宏观经济的证据表明，失业津贴不利于就业；难以找到来自国家间关于这些效应的交叉研究的证据。

如何完善这些制度呢？至少对于那些管理能力较弱的转型经济体，上述分析表明，固定津贴水平（所有津贴接受者的待遇相同）可能比收入关联的津贴（等于个人失业前收入的一定百分比）更适用。固定津贴不仅促进从富人向穷人的收入再分配并减轻了对就业的不利影响，而且简化了津贴管理并减少滥用范围。上述关于不利因素的结果与津贴制度面临的执行问题的描述表明，转型经济体应该完善其失业津贴制度的管理。这包括对失业津贴的更好的监督条件，例如，核对工作的可得性与隐性就业，强化工作搜寻（例如，通过规定工作搜寻证明）并通过咨询服务、讲习班和工作俱乐部的方式提供足够的工作搜寻帮助①。

西方国家采用如下方式制止对该制度的滥用：①规定失业津贴受益者必须定期申报其临时收入；②当临时收入超过一定限额时削减一定比例的失业津贴，该比例依据其申报收入而定；③通过交叉参照行政管理数据库（例如，税收返还和工作历史数据库）核对申报收入的精确度②。

随着失业类型的变化，20世纪90年代所有转型经济体中长期失业者的比例有所上升，是否对失业津贴的待遇期予以限制备受争议。解决这个问题的一种方式是通过为失业保险津贴权利即将到期的申请者提供失业救助，一些转型国家在实践中普遍采取这种做法，而不是延长失业津贴的最长待遇期。虽然失业救助不一定比失业保险产生更少的不利于就业的因素，但是失业救助制度更精确的瞄准度能激励储蓄，并且其管理将不会对中东欧转型国家日益增长的复杂的传递制度创造过量需求③。

---

①　OECD（2000）报告在OECD国家中几个成功的范例，这些国家严格执行国家受益资格标准和更严格的制裁导致失业率降低。

②　对于如何完善失业者的收入保护的更广泛途径的评论，见Vodopivec（2004）。

③　Vroman W. Unemployment Insurance and Unemployment Assistance：A Comparison［J］. Social Protection Discussion paper and Notes，2002.

后　记

　　中国社会科学院世界社保研究中心（社会保障实验室）对失业保险制度一直保持持续关注，包括此次疫情期间失业保险的改革等。2011 年以来，人力资源和社会保障部失业保险司委托我们就失业保险制度的功能定位、制度改革方向、扩大支出试点的成效等方面做了多次研究，其间也进行了多次实地调研，完成了一系列学术成果的积累。2017 年 11 月，人力资源和社会保障部就《失业保险条例（修订草案征求意见稿）》向社会公开征求意见，我们组织相关力量对其做了专门的学习、研读和讨论，并产生了一些新的认识和观点。为更好地将关于失业保险的研究系统呈现出来，为政策制定提供参考，也为学术讨论提供更多的视角，历时两年有余的研究准备工作，终有此书的面世。

　　本书是对失业保险研究的阶段性成果，随着我国劳动力市场结构性变化，新形态就业层出不穷，如何更好地设计失业保险制度，让失业保险能够适应劳动力市场的变化，满足就业多元化的要求，既为劳动者提供充分的失业保护，又能够提升劳动力市场的活力，始终是这个时代需要研究的重要课题之一，中国社会科学院世界社保研究中心（社会保障实验室）愿勉力为之。

　　本书共有四篇十八章内容。导论由郑秉文撰写；第一篇由五章构成，由郑秉文、张盈华、张占力讨论，张占力主笔，张盈华修改定稿；第二篇由四章构成，张盈华、陈谦撰写第六章，赵秀斋撰写第七章和第八章，张盈华撰写第九章；第三篇的第十章至第十三章由张盈华撰写；第四篇由五章构成，其中第十四章由娄宇、张彦丽撰写，第十五章至第十七章由张彦丽撰写，第十八章由张彦丽翻译。

各章序号	题目	作者及单位
导论	失业保险的改革历程与疫情应对	郑秉文，中国社会科学院世界社保研究中心主任，中国社会科学院社会保障实验室首席专家
第一篇	制度建立、发展与完善	
第一章	我国失业保险制度发展沿革的考察	张占力，中国社会科学院世界社保研究中心执行研究员
第二章	我国失业保险制度运行效果与评价	张占力，中国社会科学院世界社保研究中心执行研究员
第三章	我国失业保险制度顶层设计应关注的重点问题	张占力，中国社会科学院世界社保研究中心执行研究员
第四章	对《失业保险条例（修订草案征求意见稿）》的讨论和思考	张占力，中国社会科学院世界社保研究中心执行研究员
第五章	进一步完善我国失业保险制度的改革方向	张占力，中国社会科学院世界社保研究中心执行研究员；张盈华，中国社会科学院社会发展战略研究院副研究员，中国社会科学院世界社保研究中心执行研究员
第二篇	东部七省（市）试点探索	
第六章	东部七省（市）扩大失业保险基金支出试点政策的出台与调整	张盈华，中国社会科学院社会发展战略研究院副研究员；陈谦，陕西省汉阴县教育体育和科技局主任科员
第七章	试点政策的实施情况及比较分析	赵秀斋，北京劳动保障职业学院讲师
第八章	试点政策的实施效果及经验总结	赵秀斋，北京劳动保障职业学院讲师
第九章	试点政策及其实施过程中存在的问题	张盈华，中国社会科学院社会发展战略研究院副研究员，中国社会科学院世界社保研究中心执行研究员
第三篇	国外改革与经验	
第十章	世界失业保险制度现状概览	张盈华，中国社会科学院社会发展战略研究院副研究员，中国社会科学院世界社保研究中心执行研究员
第十一章	不同失业保险制度的比较与评价	张盈华，中国社会科学院社会发展战略研究院副研究员，中国社会科学院世界社保研究中心执行研究员

续表

各章序号	题目	作者及单位
第十二章	失业保险制度向"促进就业"功能的扩展	张盈华,中国社会科学院社会发展战略研究院副研究员,中国社会科学院世界社保研究中心执行研究员
第十三章	失业保险制度的改革方向	张盈华,中国社会科学院社会发展战略研究院副研究员,中国社会科学院世界社保研究中心执行研究员
第四篇	典型国家和地区案例	
第十四章	德国:面对金融危机失业率不升反降	娄宇,中国政法大学民商经济法学院教授,社会法研究所所长;张彦丽,山东工商学院讲师
第十五章	美国:高效的失业保险财务机制	张彦丽,山东工商学院讲师
第十六章	日本:从失业保险转向雇用保险	张彦丽,山东工商学院讲师
第十七章	韩国:年轻的失业保险制度在十年内经受两次金融危机考验	张彦丽,山东工商学院讲师
第十八章	中东欧转型经济体:失业保险制度建立与总体评价	Milan Vodopivec(The World Bank,Washington,DC,USA.),Andreas Wörgötter(OECD,Paris),Dhushyanth Raju(Cornell University,Ithaca,NY,USA.);张彦丽(翻译),山东工商学院讲师

在课题研究过程中,中国劳动和社会保障科学研究院谭中和研究员、首都经济贸易大学吕学静教授等提出了宝贵的意见,人力资源和社会保障部失业保险司提供了相关数据、调研支持,对此编者表示真挚的感谢!本书得以出版,离不开经济管理出版社的支持和帮助,张永美女士、胡茜女士为本书的出版付出了大量心血,否则本书也不会如此顺利地出版。

当然,囿于编者学识、精力和资料原因,书中肯定存在诸多谬误,还请方家指正,我们会在以后的研究中继续改进、完善。唯愿一切的美好,皆因不断完善而更有价值,失业保险研究亦如是。

中国社会科学院世界社保研究中心主任
中国社会科学院社会保障实验室首席专家
郑秉文
2020 年 8 月 30 日